Irene Eber

Ich bin allein und bang

Irene Eber

Ich bin allein und bang

Ein jüdisches Mädchen in Polen 1939-1945

Aus dem Englischen
von Reinhild Böhnke

Verlag C.H.Beck

Titel der englischen Originalausgabe:
The choice. Poland, 1939-1945

Mit 18 Abbildungen und 1 Karte

Satz: Fotosatz Amann, Aichstetten
Druck und Bindung: Pustet, Regensburg
Gedruckt auf säurefreiem, alterungsbeständigem Papier
(hergestellt aus chlorfrei gebleichtem Zellstoff)
Printed in Germany

ISBN 978 3 406 55652 4

www.beck.de

Für meine geliebte Familie -
Jonathan Michael und Miriam Alisa Eber
Lore und Susan Ann Smith
Sandra Naomi und Michael Lynn McDowell

Und zum Gedenken an die Mitglieder der Familien Geminder und Ganger, die während des Zweiten Weltkriegs umkamen:
Mein Vater, Jedidia Geminder
Seine Schwester Schejndl Padawer
Ihre Kinder Hella und Gerda
Seine Schwester Feige Kurtz
Ihr Mann Reuben Kurtz
Ihre Kinder Malka und Esther
Hanna Lipper, die Schwester meiner Mutter
Ihr Mann Leo Lipper
Ihr Sohn Heini
Ihre Schwester Dora Kalmann
Ihr Mann Julius Kalmann
Ihre Kinder Evelyn und Horst
Die Kinder ihrer Schwester Clara Riesel:
Püppe (Friedel), Ette (Senta) und Heinz

POLEN
Ostsee
Danzig
Weichsel
Warschau
Bug
WEISSRUSSLAND
Łódź
Parczew
Włodawa
Sosnowice
Sobibór
Lublin
Bełżyce
Piaski
Trawniki
Bug
0 Kilometer 100
Izbica
Weichsel
Czermin
Cyranka
Mielec
Bełżec
Wielki
Krakau
Dębica
Wisłoka
Lemberg
TSCHECH.
REP.
UKRAINE
Nordsee
Ostsee
Berlin
Warschau
Halle
Leipzig
POLEN
Mielec
DEUTSCH-
LAND
0 Kilometer 400
Jeffrey L. Ward

EINS

Erste Reisen

Mitte März 1942 lebten noch etwa 75 bis 80 Prozent aller Holocaust-Opfer; bis dahin hatten erst 20 bis 25 Prozent ihr Leben verloren. Nur elf Monate später, Mitte Februar 1943, hatten sich die Prozentzahlen genau umgekehrt. In der zentralen Phase des Holocaust kam es zu einer kurzen, intensiven Welle von Massenmorden.

Christopher R. Browning, Ganz normale Männer
(Dt. Übersetzung)

Eines Tages hörte Vater auf zu singen. Ich weiß nicht mehr genau, war es kurz vor dem Ende – dem Tod und der Zerstörung des jüdischen Mielec –, oder geschah es sogar noch früher. Vater liebte Musik. Er sang für mich, für sich selbst, für jeden, ob er nun zuhörte oder nicht. Wahrscheinlich waren es nicht mehr so fröhliche Lieder, als dann die Deutschen kamen, aber er sang weiter die jiddischen Melodien, von denen er erstaunlich viele kannte. «Die grünen Auen Zions, wo die Lämmer weiden …», sang Vater. Bei seinem Tod war Vater einundfünfzig. Ich frage mich, wie ich mich an ihn erinnern würde, hätte er länger gelebt. Wäre er mir dann noch als so fröhlicher Mensch im Gedächtnis geblieben, als Sänger von Liedern, die offenbar nur er kannte? Ich erfuhr von Vaters Tod erst viel später, und zu der Zeit hatte ich noch nicht gelernt zu trauern.

Ich erinnere mich daran, wie Mielec aufhörte zu existieren. Der Tag, an dem seine Auslöschung begann, und die Woche darauf stehen mir heute so klar vor Augen wie eh und je. Seit jenem ersten Tag durchlebe ich die Ereignisse wieder und wieder, im Traum und im Wachen. Wie in einem Stummfilm tauchen Szenen auf und werden wieder ausgeblendet; Gesichter erscheinen, werden erfasst und verschwinden; stumme Gestalten schleppen sich durch eine endlose frostige Landschaft, und ich bin eine Darstellerin in dem Schreckensstück, spiele meine Rolle als eine in der Menschenmenge.

Ich kann mir Schauplätze und Bilder der Stadt, wie sie einst gewesen ist, ins Gedächtnis zurückrufen. Ich sehe ihre ungepflasterten breiten und schmalen Straßen vor mir, die um die beiden Märkte mit Kopfsteinpflaster angelegt waren – ein großer und ein kleiner Markt, beide waren schlammig im Herbst, doch in der Wintersonne glitzerte dort der reinweiße Schnee. Vom Fenster über Großmutters Laden schaue ich auf die Sandomierska-Straße hinunter, wo immer etwas Interessantes passiert. Vielleicht ist ein Fuhrwerk im Schlamm steckengeblieben oder ein Bauer kommt mit dem Pferdeschlitten zum Markt gefahren und merkt nicht, dass die Lausbuben des Städtchens ihre Schlitten hinten angehängt haben und sich ziehen lassen. Oder die unmäßig dicke Frau des Rebbe sitzt im Sommer vor ihrem Haus, umringt von ihren Kindern wie die Orgelpfeifen, zwölf oder fünfzehn an der Zahl. Meine Cousine Esther und ich versuchen zu erraten, welches das jüngste und welches das älteste ist und welche beiden Zwillinge sein könnten. Aber es ist schwer, sie auseinanderzuhalten; sie sehen sich alle so ähnlich. Oder vielleicht verhaut ein Vater seinen heulenden Sohn, weil er etwas angestellt hat. Gern beobachte ich von oben die Straße, besonders die überdachten Durchgänge, die von den Häusern rings um den Großen Markt in die Straße dahinter führen. Von den Wohnungen im oberen Stockwerk aus wirken sie wie dunkle Tunnel, aus denen Leute auftauchen und in die hinein sie verschwinden, verschwinden und auftauchen – sie werden verschluckt und wieder ausgespien. Aber bald stehe ich dort unten auf dem Markt, eine von vielleicht achttausend Juden, und werde mit ihnen aus der Stadt getrieben auf der hart gefrorenen Straße, die quer über den Großen Markt führt.

Wie zuverlässig ist mein Gedächtnis? Das frage ich mich heute. Hat so das Ende von Mielec, einer Kleinstadt in Westpolen, begonnen? Natürlich kann sich ein Beteiligter und ein Beobachter nur an das Bruchstück des Geschehens erinnern, das er miterlebt hat, niemals an das ganze Ereignis in seiner Vielschichtigkeit. Schließlich hat der Schauspieler in einem Stück nur seine Rolle im Gedächtnis und nicht die der anderen; der blinde Inder beschreibt den Elefanten als den Rüssel, den seine Hand berührt; der Brunnenfrosch des chinesischen Philosophen hält das runde Himmelsstück über dem Brunnen für die Welt. Die Geschichte, die ich hier erzähle, ist nur ein Bruchstück, doch ich weiß, selbst wenn ein kleiner Bereich der Geschichte zurückgewonnen wird, werden dafür andere Bruchstücke der Geschichte verloren gehen.

Jeden Winter gab es Nächte, in denen der Schlamm der Straßen gefror und die Spuren der Pferdehufe und der Bauernwagen zu steinharten Vertiefungen und Rillen erstarrten. An manchen Tagen hüllten graue Wolken die Frostlandschaft ein. Dann begann es unablässig zu schneien und auf den Fensterscheiben erblühten herrliche Eisblumen. Aber in diesem dritten Kriegswinter war es anders. Es gab nur ein paar unbedeutende Schneefälle zu Winteranfang, sonst war lange nicht viel Schnee zu sehen; die Luft war trocken und kalt und die Feuchtigkeit reichte nicht einmal für Eiszapfen an den Dachrinnen aus.

Das Leben der Stadt verlief in diesem Winter im gewohnten Rhythmus – Donnerstag war Markttag, und jeden Tag musste Essen besorgt werden, fingen Deutsche jüdische Männer von der Straße weg für Arbeitseinsätze, wurden Juden verprügelt und es wurden ihnen die Bärte abgenommen –, aber hinter diesen zur Routine gewordenen Aktionen, so schrecklich sie auch waren, herrschte eine besondere Spannung, eine Unruhe, genährt von Gerüchten darüber, was die Deutschen als Nächstes vorhatten. Ich glaube, die Gerüchte begannen im Dezember 1941 zu kursieren, und Mitte Januar wurde bestätigt: Die Juden aus Mielec sollten deportiert werden. Zunächst nannte man als Zahl zweitausend, dann viertausendfünfhundert. Aber 1941 waren ganz gewiss mehr als viertausendfünfhundert Juden in Mielec, nachdem immer mehr Flüchtlinge hereinströmten, die aus anderen Gebieten von den Deutschen deportiert worden waren. Was also stand den vielen Tausenden bevor, abgesehen von denen, die nach «Osten», in den Lubliner Bezirk, geschickt werden sollten? Das würden wir bald erfahren – es würde Selektionen und Morde geben. Obwohl die Juden, seit die Deutschen einmarschiert waren, wie Vieh von einer Stadt in die andere getrieben, in Ghettos gesperrt und in Arbeitslager verschleppt worden waren, wussten wir mittlerweile, dass diese Deportation anders sein würde. Bisher war in keiner Stadt die gesamte jüdische Bevölkerung deportiert worden. Doch in jenem Winter sollten wir die Ersten sein, die eine totale Deportation erlebten. Wir hätten damals wissen können, dass Mielec (wie ich inzwischen erfahren habe) für diese Auszeichnung von der neu geschaffenen Aktion Reinhardt ausgewählt worden war. Die Geschichtsschreibung notierte später, dass Mielec zur ersten *judenfreien* Stadt im Generalgouvernement Polen wurde.

Wie die Information über die uns drohende Deportation zu uns durchdrang, ist etwas rätselhaft. Die Nachricht von dem deutschen Befehl sickerte offenbar in Lublin durch und reiste 240 km nach Westen, obwohl nur die Deutschen Telefone hatten, und bald wussten alle in Mielec davon. Das gefiel den Deutschen gar nicht.

Aus einem Brief vom 20. Januar 1942:

> **An die Regierung des Generalgouvernements Krakau**
> Betrifft: Judeneinsiedlung in die Kreise Cholm und Hrubieszów
> Zur Feststellung, dass der Vorsitzende des Jüdischen Hilfskomitees für den Kreis Lublin-Land am 18. d. M. schon gewusst hat, dass am 17. ein Brief mit der Anweisung für die obengenannte jüdische Einsiedlung hier eingelangt ist, teile ich mit, dass nach Rücksprache mit meinem Referenten es unmöglich erscheint, dass er [der Jude] von irgend einer Dienststelle oder darin tätigen Personen das [den Inhalt des Briefes] erfahren haben kann. Es gäbe eine Möglichkeit, dass der fragliche Jude vielleicht irgend ein Ferngespräch vom Korridor aus mitangehört hat …

Bald gab es neue Gerüchte. Die angedrohte Deportation sollte aufgeschoben werden oder der Befehl könnte aufgehoben werden, vorausgesetzt, dass die Juden alles Gold, allen Schmuck, alle Pelze und andere Wertsachen an die Deutschen auslieferten. Hatte der Judenrat vor, die Deutschen mit Halsketten und Ringen zu bestechen? Oder hatten sich das die Deutschen ausgedacht – die Juden sollten ihre Wertsachen freiwillig abliefern, damit sie nicht danach suchen mussten?

Mutter holte ihr Schmuckkästchen hervor, das Wunderkästchen, das sie manchmal nur für mich öffnete und mir erlaubte, unter ihrer Aufsicht vorsichtig die Ringe mit ihren funkelnden Steinen herauszunehmen und die schweren Goldketten mit ihren feinen Mustern, die das Licht einfingen, wenn man sie drehte und wendete. Am meisten liebte ich die Perlenketten, die sich so kühl und fest anfühlten, doch von einer inneren Wärme erfüllt waren. Nun, wo angeblich unsere Existenz davon abhing, wählte Mutter Schmuckstücke aus, die sie zum Judenrat bringen wollte, doch sie entschied, ihren liebsten Besitz zu behalten – Urgroßmutter Blimes Perlen, die ihren Turban geschmückt hatten, als sie noch lebte. Die Perlen, ein paar Ketten, den einen oder anderen Ring, Mutters Persianer und Silberfuchs (die Glasaugen blickten so lebendig wie immer) sowie einige Fotos wurden zur Korpantowa geschafft, einer Polin und langjährigen Bekannten unserer Familie, damit sie alles für uns aufbewahrte, falls die Bestechung nicht funktionierte. Als Mutter ihren Schmuck zum Judenrat brachte, glaubte sie zweifellos mit einer Hälfte ihres Herzens, dass sie ihren Teil dazu beitrug, uns und die Juden von Mielec zu retten.

Die andere Hälfte ihres Herzens warnte sie davor, den Versprechungen der Deutschen (oder des Judenrats) zu trauen. Wir machten uns ans Packen. In jedem jüdischen Haus wurde gepackt – Bündel, Koffer, große Taschen, kleine Taschen, nichts allzu Schweres, denn wir mussten auch Verpflegung mitnehmen. Es folgten lange Diskussionen, was man mitnehmen, was zurücklassen sollte; Taschen wurden gepackt und umgepackt. Man brauchte auch Sommersachen, denn irgendwann würde der Sommer kommen, doch die Wintersachen nahmen viel Platz ein und ließen keinen Raum für leichtere Bekleidungsstücke. Mein Rucksack war klein und Mutter wies mich an, mehrere Kleider übereinander zu tragen. Sie legte sie auf einem Stuhl bereit und ermahnte mich, sie nicht zu vergessen – es könnte hektisch zugehen, wenn wir aufbrechen mussten.

Schließlich waren wir bereit. Die Taschen waren gepackt und standen ordentlich nebeneinander vor der Tür zur kleinen Mansarde, wo ich mit meinen Eltern, meiner Schwester Lore und Cousine Püppe wohnte. Nun war das Zimmerchen noch voller als sonst, und irgendeiner stolperte stets über die Taschen. Der letzte Akt der Reisevorbereitung war, dass

In Mielec, 1940. Von links nach rechts: Lore, Mutter und meine Cousine Püppe, die mit uns während dieser Zeit zusammenlebte.

Mutter einige Dollarscheine (ich habe keine Ahnung, wo und wann sie die bekommen hatte) in den Saum ihres karierten Wintermantels einnähte. Sie waren neu und steif und Mutter machte sich sofort Sorgen, dass man sie rascheln hören könnte.

Und dann warteten wir. Es begann für uns ein seltsames Leben, bei dem sich jede Tätigkeit, die gesamte tägliche Arbeit, um die Frage drehte, ob wir morgen oder übermorgen noch hier sein würden. Mir wurde gesagt, ich solle in der Nähe des Hauses bleiben; wenn der Abmarschbefehl käme, hätten die anderen keine Zeit, nach mir zu suchen. Über Nacht hatte unser Zuhause seine Beständigkeit verloren;

es war zu einem seltsamen Ort geworden, zu einer bloßen Durchgangsstation. Vertraute Gegenstände verloren ihre Wärme. Die Nerven waren angespannt. Wir reagierten gereizt aufeinander. Die Luft war elektrisch geladen wie vor einem Gewitter. Wenn ich auf diese Wochen des Wartens zurückblicke, in denen wir nicht hofften, auf irgendeine Weise gerettet zu werden, sondern uns abfanden mit der Unabwendbarkeit, den Ort verlassen zu müssen, den wir Heimat nannten, bin ich erstaunt. Wie war es möglich, dass wir uns so schnell mit dieser unwirklichen Situation abfanden? Nach all den Jahren verstehe ich immer noch nicht, wie schnell wir uns darein ergaben, die Kontrolle über unser Leben zu verlieren. Wir warteten.

Ich ging meine beste Freundin Tośka besuchen, die mit ihrer Mutter und Schwester am Kleinen Markt wohnte. Die drei warteten auch, im grauen Licht des Nachmittags saßen sie um ihren Tisch, die Lampe hatten sie nicht angezündet, sie sprachen kein Wort. Sie luden mich ein, mich zu ihnen zu setzen, und ich wurde an eine Totenwache erinnert, von der Tośka und ich gelesen hatten. Danach ging ich durch die fast menschenleeren Straßen zu meiner Cousine Esther, wo es nicht viel besser aussah. Onkel Reuben war nicht zu Hause; als Mitglied des Judenrats war er in diesen Tagen des Wartens ständig auf Zusammenkünften. Esther und ihre ältere Schwester Malka saßen im Zimmer in der oberen Etage zusammengekauert beim Ofen. Sie schwiegen. Vielleicht habe ich Esther gefragt, was ihrer Meinung nach passieren würde, und vermutlich hat sie mir in der verächtlichen Art geantwortet, die sie an sich hatte, als wollte sie sagen, nur Dummköpfe würden an Wunder glauben. Ich war zwölf Jahre alt und meine Cousine Esther war nur zwei Jahre älter als ich, doch sie schien sich verändert zu haben, seit die Deutschen gekommen waren. Sie war kein Kind mehr. Ihre Mutter, meine Tante Feige, war unten im Laden und räumte ruhelos die wenigen dürftigen Lebensmittelbestände von einem Ort zum anderen. Sie hatte nicht mehr viel zu verkaufen; ihre Vorräte waren seit Kriegsbeginn zusammengeschmolzen, und es hatte ja keinen Sinn, auch nur den Versuch zu machen, Nachschub zu organisieren, wenn man jeden Tag damit rechnete, alles zurücklassen zu müssen.

Die Tage vergingen und dehnten sich bald zu einer Woche und dann zu noch einer. Winzige Hoffnungsflämmchen wurden entfacht, und wir kehrten – vorsichtig zunächst – zu unseren Tagesgeschäften zurück. Wir holten die Kleidungsstücke, die wir nicht entbehren konnten, eins nach dem anderen aus den Taschen. Mutter schaffte die Taschen auf den Dachboden. Allmählich kamen ihre Kunden wieder, um sich von ihr Anträge für Reisegenehmigungen tippen zu lassen. Vielleicht würde in ein paar Wochen das Gewitter vorüberziehen.

Das Geschehen liegt nun so lange zurück, dass ich mich nicht dafür verbürgen kann, wie gut wir informiert waren oder wie sehr Hoffnung, die Dienerin der Illusion, die Beobachtungen von uns allen beeinflusste. Auch wenn das so ist, gibt es Dinge, die ich heute weiß, die damals niemand wissen konnte, nicht einmal Onkel Reuben, der als Judenrat-Mitglied besser informiert war als andere Leute. Ich weiß jetzt, dass die Aktion Mielec nur aufgeschoben worden war. Der Deportationsbefehl wurde nie aufgehoben, und die beim Judenrat abgelieferten Wertsachen hatten den Juden von Mielec nichts erkauft außer Zeit – Wartezeit. Ich weiß jetzt auch, dass die Deutschen schon im Januar unseren Bestimmungsort festgelegt hatten. Wir sollten in Orte in der Nähe von Bełżec, Chełmno und Sobibór, den Todeslagern, geschickt werden. Das alles kann ich heute in den Dokumenten nachlesen.

Aus einem Fernschreiben vom 21. Januar 1942:

An die Regierung des Generalgouvernements Krakau
Z. Hdn. Herrn Major Ragger
Betrifft: Aussiedlung von Juden aus Mielec
Fernschreiben vom 6.1. betr. Aussiedlung von 2000 Juden überholt. Neue Zahl 4500. Verteilung wie folgt vorgesehen: 1000 Kreis Radzyń; 500 Kreis Zamość; 1500 Kreis Hrubieszów; 1500 Kreis Cholm.

Und ich weiß heute, dass es für Onkel Reuben genauso unerwartet kam wie für uns, als das Warten am 9. März ein Ende fand. Der deutsche Befehl wurde am Samstag, den 7. März, 13:30 Uhr telefonisch erteilt, zweifellos nach einem kräftigen Mittagsmahl.

Ich habe die folgende Erinnerung an den 8. März: polternde Stiefel auf der Treppe. Sie nähern sich unserem winzigen, überfüllten Zimmer, die Tür fliegt auf, und plötzlich füllen riesige Männer in grauen Mänteln jeden Zentimeter in diesem kleinen Raum aus; sie verbrauchen alle vorhandene Luft. Wir weichen vor ihnen in die Zimmerecken zurück. Ihre brutalen roten Gesichter blicken von hoch oben auf uns herab, unter ihnen das des verhassten Rudi Zimmermann – ein ehemaliger Freund der Familie, der jetzt *Volksdeutscher*, Gestapomitglied und ein Mörder ist. Weder sie noch wir sagen ein Wort; Worte sind nicht vonnöten, unser Leben ist in ihrer Hand. Doch nein, sie sind nicht zum Töten gekommen. Zimmermann nimmt bloß Mutters Schreibmaschine und sie marschieren zur Tür hinaus. Stiefel trampeln die Treppe hinunter. Nach einer langen qualvollen Stille, in der die Angst greifbarer denn je in der verbrauchten Luft des Zimmers steht, flüstert Mutter, dass sie verstehe. Morgen werden wir deportiert, sagt sie, und ihr Gesicht ist weiß wie ein Laken. Sie haben die Schreibmaschine mitgenommen, weil Anträge nicht mehr gebraucht werden.

Plötzlich gerieten wir in hektische Bewegung. Wir holten die Koffer vom Dachboden und packten verzweifelt, Hals über Kopf, nun ohne Vorbedacht oder Plan. Kleider wurden in Taschen gestopft, wieder herausgezerrt, durch andere ersetzt. Unterwäsche wurde aus Schubfächern geholt, gemustert, auf den Boden geworfen. Große Stücke von Frau Feiners schwerem Brot wurden aus der Küche heraufgebracht und auf dem Bett aufgetürmt, weil nirgendwo sonst Platz war. Innerhalb kürzester Zeit verwandelte sich das kleine Zimmer in ein Tollhaus.

Ich fühlte mich wie ein Fremdling in diesem Raum, schon heimatlos, denn die Heimat hatte aufgehört, der warme vertraute Ort zu sein, den ich kannte. Nicht wissend, was uns erwartete, umgeben von Chaos, stand ich da und dieser neue Zustand der Heimatlosigkeit nahm mich gänzlich gefangen. Er musste begriffen werden, man musste sich an ihn gewöhnen. Ich dachte an die bedauernswerte, wimpernlose Frau des Rabbis (unserer fetten Frau des Rebbe so unähnlich) – sie war mit ihren beiden quengelnden Kindern vor einem Jahr als Flüchtling nach Mielec gekommen. Sie wohnten bei Frau Feiner, die sich mit Brotbacken den Lebensunterhalt verdiente, aber das war nicht ihr Zuhause; auch sie waren heimatlos. Ich hatte Schuldgefühle, weil ich die Frau und ihre Kinder verabscheut hatte, da wir nun selbst Flüchtlinge an einem unbekannten Ort werden würden. Es kam mir nicht in den Sinn (denn keiner konnte das wissen), wie nahe wir dem Tod statt bloßer Heimatlosigkeit waren.

Im Sommer bei Kriegsausbruch hatte es in den Straßen gewimmelt vor Flüchtlingen, die um Brot und Milch bettelten. Würden wir an dem Ort, wo wir hingingen, betteln müssen? Selbst wenn jetzt in Mielec Brot und Milch nur in herzlich kleinen Mengen zu bekommen war, gab es vielleicht beides dort gar nicht, wohin wir gingen, und kein noch so eifriges Betteln würde unsere Mägen füllen. Angst vor dem

Die Deportation aus Mielec am 9. März 1941. Einige Juden der Stadt sind mit ihren wenigen Habseligkeiten auf dem Weg zum Sammelpunkt, dem Großen Markt.

Die Deportation aus Mielec am 9. März 1941. Ein deutscher Soldat beobachtet, wie sich die Juden sammeln.

Die Deportation aus Mielec am 9. März 1941. Junge Männer werden für die Arbeit selektiert. Man befiehlt ihnen, ihre Bündel abzulegen.

Die Deportation aus Mielec am 9. März 1941. Die Männer marschieren aus der Stadt, von einem Soldaten angeführt.

Die Deportation aus Mielec am 9. März 1941. Ein alter Mann sitzt zurückgelassen einsam auf seinem Bündel; seine Füße sind in Lumpen gegen die Kälte eingewickelt. Höchstwahrscheinlich wurde er erschossen.

Unbekannten überwältigte mich und ich konnte keinem davon erzählen; Vater, Mutter, Schwester, selbst die laute Cousine Püppe (die nach dem Tod ihrer Eltern bei uns lebte) waren ebenso von panischem Schrecken ergriffen wie ich und konnten das nur durch hektisches Packen und Auspacken abreagieren. Jeder von uns war auf einer Insel des stillen Schreckens gefangen.

Reisende blicken sich beim Aufbruch oft ein letztes Mal ausführlich in ihrem Heim um, das sie zu verlassen im Begriff sind. Der Anblick der Zimmer mit den Möbeln darin, der Bilder an den Wänden, all der kleinen nützlichen und nutzlosen Dinge, die das Leben angenehm machen, prägt sich ihnen ein. Und dieses Bild nehmen die Reisenden mit und bewahren es, bis sie in ihre vertraute Umgebung zurückkehren. Für uns war keine Zeit zum Abschiednehmen, als der graue Morgen anbrach. Wir wussten, dass wir sowieso nie zurückkehren würden, und wir wussten, dass der Hauswirt und seine knochige Frau mit dem harten Gesicht unsere Besitztümer eins nach dem anderen holen würden, sobald wir gegangen waren.

Am nächsten Morgen – einem Montag – wurden alle Juden aus Mielec auf dem Großen Markt unter Gebrüll und Gewehrschüssen versammelt. Es gab Selektionen (das wurde mir erst viele Jahre später durch Fotos klar, die ein Deutscher gemacht hatte): Junge Männer mussten sich aufstellen – damals wussten wir nicht, zu welchem Zweck –, alte Männer wurden abgeführt und ihre Bündel blieben auf einem Haufen zurück. Und andere, darunter wir, wurden bald darauf wie eine riesige Viehherde auf der Straße, die quer über den Großen Markt führt, dahingetrieben. Augen hinter Spitzengardinen, halb verdeckte Gesichter hinter geschlossenen Fenstern beobachteten stumm die wimmelnde, vorwärts drängende, rennende und stolpernde, dunkel gekleidete Menschenmenge, die von den Deutschen angetrieben wurde, die blindlings auf uns einschlugen und in die Menge schossen, die Männer und Frauen herauszerrten und sie auf einem Acker aufstellten, um sie später zu erschießen, als Mielec für uns Übrige weit hinter uns lag. Wie viele an diesem Vormittag auf dem Acker starben, umgebracht von Männern, die zu Ungeheuern geworden waren, werde ich nie erfahren.

Ich bin wieder in Mielec. Es ist September 1980. Ich lasse mich diese Landstraße entlangfahren, die Straße nach Berdechow, die endlose Leidensstraße, die mit Blut getränkt wurde. Vergeblich hoffe ich, ein Massengrab zu sehen, eine

Begräbnisstätte für die Alten, Kranken und Schwachen, die unterwegs erschossen wurden, wenn sie nicht mehr laufen konnten. Es gibt nichts dergleichen. Jetzt fahre ich ganz bequem auf der Straße nach Berdechow dahin. Damals liefen und taumelten wir diese Straße entlang und waren taub für alles außer dem deutschen Gebrüll, den Schüssen, den Schreien der Verwundeten und Sterbenden. Wir liefen um unser Leben, klammerten uns aneinander fest, damit wir uns nicht verloren, und wussten nicht, wer als nächster stürzen und sein Leben verlieren würde, aus der rennenden, stolpernden Masse gezerrt und zur Ermordung ausersehen. Stille Äcker breiten sich zu beiden Seiten der Straße nach Berdechow bis zum Horizont aus, genau wie damals – die stille Erde, Grab für so viele. Wer trauert jetzt um sie, frage ich mich. Ich möchte den Fahrer fragen, ob Bauern manchmal beim Pflügen ihrer Felder Knochen finden, aber er ist nicht von hier und würde es nicht wissen. Die Tausende Menschen, die über diese Straße gingen, haben keine Spur hinterlassen.

Das Auto bewältigt die wenigen Kilometer rasch. Damals schien die hartgefrorene Straße endlos zu sein, erinnere ich mich. Ich versuche mich zu erinnern, wie lange der Todesmarsch dauerte, kann es aber nicht. Die Zeit hatte damals ausgesetzt, war bedeutungslos geworden. Denn was kann Zeit bedeuten, wenn der Tod so nahe ist und wenn Angst, die Angst, zu stolpern und hinzufallen, die Angst vor einer deutschen Kugel, die einzige Wirklichkeit ist?

In einem Geschichtsbuch ist dem Schicksal der Juden von Mielec ein kurzer, ungenauer Paragraph gewidmet: «... die Aktion wurde mit bemerkenswerter Brutalität und Grausamkeit vom 7. bis zum 9. März durchgeführt. Viele Juden wurden auf den Straßen der Stadt und auf dem naheliegenden Flugplatz erschossen. Die restlichen Juden ... wurden an verschiedene Orte im Lubliner Distrikt verbracht.»

Der Historiker weiß nicht, dass die *Aktion* nur einen Tag dauerte, und er kann auch nicht beschreiben, was Tod und Todesangst bedeuten. Doch ich kann ihm keinen Vorwurf machen. Geschichte muss sich auf Fakten stützen. Beweise für das, was an jenem Märztag 1942 wirklich geschah, gibt es keine, außer woran ich oder ein anderer damals Beteiligter uns erinnern – manchmal deutlich, manchmal dunkel. Was bekannt wurde – wieviele Menschen ermordet, wieviele für Arbeitslager selektiert, wieviele nach Osten abtransportiert wurden –, sind nur Erinnerungsbruchstücke. Jeder von uns, der an jenem Tag auf dem Markt gestanden hat und auf der Straße nach Berdechow marschiert ist und überlebt hat, besitzt verschiedene Bruchstücke; diejenigen, die die Deportation durchführten oder die Morde begingen, würden sich am liebsten gar nicht an diesen Tag erinnern. Aber es gab wenigstens einen Deutschen, der mit der Beobachtung der Ereignisse beauftragt war, der sich zwanzig Jahre später tatsächlich erinnerte, dass ihm einer der Beteiligten gesagt habe, die Männer hätten die *Aktion* «in einem Blutrausch» durchgeführt.

Nach der Vertreibung aus Mielec und dem Todesmarsch maß ich die Zeit als Hunger, Durst und Angst, ermordet zu werden. Wir wurden zu einem Flugplatz einige Kilometer vor der Stadt getrieben und in Flugzeughangars gepfercht. Selbst nach den Morden und der Selektierung vieler Männer für Arbeitslager waren wir noch etliche tausend Menschen. Auf dem Fußboden des Hangars hockend fing ich hemmungslos zu weinen an. Mutter und Vater versuchten mich zu trösten – welchen Trost gab es denn? –, doch ich erinnere mich, dass ich sehr lange geweint habe. Als meine Tränen schließlich versiegten, machte ich mich auf die Suche nach unseren Verwandten – Esther, Malka und Tante Feige – und Freunden – Tośka, ihre Mutter und Schwester.

So weit das Auge blickte, saßen oder standen die Leute dicht gedrängt in dem riesigen Hangar bis in die dunklen Winkel hinein. Familien hatten sich wie zu einem makabren Picknick auf dem Boden niedergelassen. Eltern hielten ihre Kinder umschlungen, alte Männer beteten, Kleinkinder schrien, Mütter riefen schrill nach ihren älteren Kindern, andere starrten einfach leer vor sich hin oder runzelten angestrengt die Stirn, als versuchten sie herauszufinden, wo sie sich befanden oder wie sie hierher gelangt waren. Ein unablässiges Stimmengewirr erfüllte den Hangar. Gesichter schienen vorbei zu schweben und zu verschwinden, als ich über Kinder und Bündel stolperte.

So intensiv ich auch suchte, es tauchte kein einziges vertrautes Gesicht aus den dicht beieinander kauernden Grüppchen auf. Je genauer ich hinsah, desto mehr verschmolzen die Menschen zu einer ununterscheidbaren grauschwarzen Masse. Ich schien hier keinen zu kennen, und keiner kannte mich. Sie schienen nicht einmal wahrzunehmen, dass ich über sie kletterte und auf ihre Sachen trat. Es war, als hätten wir alle, die wir unser Zuhause verloren hatten, auch unsere Identität verloren, überhaupt alles, was uns füreinander wiedererkennbar machte. Ich war am Rande der Verzweiflung. Manchmal meinte ich, ein vertrautes Profil zu sehen – Tośkas zarte Gestalt, Esthers strähniges Haar –, aber wenn ich über Menschen und Bündel hinwegtrampelnd der Person näher kam, entpuppte sie sich als Fremde. Wer sind diese Leute, fragte ich mich. Sie müssen woanders herkommen, sie können nicht aus Mielec sein. Sind alle Leute aus Mielec tot, auf der Straße nach Berdechow ermordet worden? Unter diesen Fremden verlor ich meine Orientierung.

Von panischem Schrecken ergriffen trat ich den Rückzug an. Mit einem Mal war ich nicht mehr sicher, ob ich meine kleine Familie lebend wiederfinden würde. In einer verrückt gewordenen Welt, wo das Vertraute zu existieren aufgehört hatte, suchte ich verzweifelt nach unserem kleinen Kreis auf dem kalten Boden des Hangars. Als ich sie gefunden hatte, saß ich dicht bei ihnen und sah in ihre Gesichter, die einzigen vertrauten Gesichter in dieser neuen Welt. Überzeugt davon, dass alle anderen, die ich jemals in Mielec gekannt hatte, tot waren, wich ich nicht mehr von Mutters Seite.

Wir erhielten weder Essen noch Wasser. Langsam und sparsam aßen wir, was wir mitgebracht hatten. Wir schmolzen den Schnee, den wir rings um den Hangar fanden, und tranken das Schmelzwasser. Wir entdeckten, dass Schmelzwasser den Durst nicht stillt, deshalb benutzten wir es hauptsächlich, um unsere ausgetrockneten Lippen und den Mund zu befeuchten. Der Schnee war bald verschwunden oder von den unachtsamen Leuten zu Matsch zertrampelt.

Neben dem Hangar waren lange Gräben ausgehoben worden, und man hatte Bretter auf zwei Böcke am jeweiligen Grabenende gelegt. Das waren die «Toiletten». Männer und Frauen saßen unter den wachsamen Augen der Bewacher, tauschten Informationen und Vermutungen über unser endgültiges Schicksal aus. Aus deutscher Sicht war die Toilette vielleicht ein weiterer Beweis für unseren Untermenschen-Status. An einem Punkt während unserer Zeit im Hangar beschloss Mutter, die Dollars zu vernichten, die sie so sorgfältig in den Saum ihres karierten Mantels eingenäht hatte. Es erschien mir damals nicht merkwürdig, erst heute wundert es mich, dass sie glaubte, wenn man die Dollars entdeckte, würde man uns wegen Besitzes von ausländischer Währung umbringen. Wir gingen zur «Toilette», zerrissen die neuen Scheine in winzige Fetzen und ließen sie in den stinkenden Graben fallen. Damals war es für sie genauso klar wie für mich, dass unser Leben davon abhing, dieses Geld nicht bei uns zu haben. Heute deute ich diese Episode symbolisch: Sie bedeutete, dass wir noch ein wenig

Kontrolle über Leben und Tod hatten, dass wir noch Entscheidungen treffen konnten, dass wir unser Schicksal selbst lenkten. Das war natürlich eine Illusion. Und wenn wir die Dollars behalten hätten, hätten wir sie später im Sommer gut gebrauchen können.

Nach etwa einem Tag wurde unser sicherer kleiner Kreis zur Heimat, das Stimmengewirr, das Campieren im Hangar zur normalen Daseinsweise. Trotz nagenden Hungers und brennenden Durstes schien es mit der Zeit, als sei es irgendwann einmal jedermanns Schicksal, auf Hangarfußböden zu wohnen, nie die Kleider zu wechseln oder sich zu waschen. Wenn wir jemals ein Zuhause gehabt hatten, wo wir in Betten schliefen, war das lange her, in einer kaum erinnerten Vergangenheit.

Eines Tages wurde ein Zug auf ein nahegelegenes Nebengleis gefahren – es waren eine dampfende Lokomotive und eine lange Reihe Viehwaggons –, und mit viel Gebrüll und vielen Schlägen (selbst das war nichts Besonderes mehr) wurden die meisten Hangar-Bewohner in den Zug verladen. Wir waren dicht an dicht in die Viehwaggons gestopft worden, so dass nicht jeder sitzen konnte, und hüteten das bißchen Nahrung, das wir noch hatten. Der Fensterschlitz ließ nur einen kleinen Lichtstreifen und wenig Luft herein. Nun erschien der Hangar wie das verlorene Paradies. Dort waren wir wenigstens in der Nähe von Mielec gewesen, hatten Luft zum Atmen gehabt, Platz, um uns zu bewegen. Jetzt war die Welt geschrumpft zu einem Beförderungsmittel auf Rädern, das uns an einen Ort brachte, den wir nie gesehen, von dem wir nie gehört hatten. Von Hunger und Durst geschwächt fragte ich nicht, wohin uns der Zug brachte. Was jetzt zählte war einzig und allein, bis zum Ende dieser Reise am Leben zu bleiben.

Und wieder verlor die Zeit ihre Bedeutung. Der Zug fuhr hin und wieder. Oft stand er auf Nebengleisen. Es gab kurze Momente am Fenster zum Luftschnappen, ungehörte Bitten um Wasser und schließlich stilles Versinken in Apathie, wenn keiner mehr danach fragte, wie weit wir gefahren waren oder wo wir waren. Das Leben, das wir einst in Mielec gelebt hatten, und sogar das im Hangar, rückte in eine Vergangenheit, die so unwirklich war wie die Gegenwart. Es gab nur den furchtbaren Durst, das Dämmerlicht in einem Viehwaggon mit seiner schmutzigen, stinkenden menschlichen Fracht. Wir waren aller Hinweise auf unsere frühere Stellung im Leben beraubt, und doch glaubten wir irregeführten Menschenwesen, dass das Ende der Reise uns zu irgendeiner Form akzeptablen Lebens zurückführen würde. Reiche und Arme, Junge und Alte, Gute und Böse, Ehrliche und Falsche – alle waren auf ein gemeinsames Ziel reduziert worden: bis zur Ankunft am Leben zu bleiben.

Aus einem Fernschreiben vom 10. März 1942:

Dringend – Sofort Vorlegen – Streng Vertraulich
Gouverneur des Distrikts Lublin – Innere Verwaltung
Betrifft: Judenaussiedlung aus Mielec
Am 11. März 1942 abgeht ein Transport mit 2000 Juden von Mielec mit Zielstation Parczew und Międzyrzec. Auf beiden Zielstationen werden 1000 Juden ausgeladen. Ankunft in Parczew am 12. März, 5.53 Uhr ... Ankunft in Międzyrzec am 12. März 12 Uhr mittags.

Eines Abends kamen wir in einer schneebedeckten Stadt an, deren Dächer unter einem hellen Mond glitzerten. Keine Menschenseele war zu sehen, obwohl es eine größere Stadt gewesen sein muss, weil sie einen Bahnhof hatte. Schnell wurden wir ausgeladen und für die Nacht in ein großes Gebäude getrieben. Es spielte keine Rolle, dass es stockfinster in dem Gebäude war; wir waren erschöpft und fielen einfach auf den kalten Boden. Wir brauchten kein Licht und hatten auch keine Kraft, um wissen zu wollen, was das für ein Gebäude war oder in welche Stadt wir ausgespien worden waren. Es war nicht mehr wichtig. Wir waren sogar zu erschöpft, um zu fragen, warum wir nur noch so wenige waren, Tausende weniger als auf der Straße nach Berdechow. Ich hatte nicht einmal Angst – dazu braucht man Energie, und ich hatte nicht mehr die Kraft, Angst zu haben. Ich schlief.

Am nächsten Morgen wurden wir von deutschen Soldaten ins Freie getrieben. Es war ein schöner sonniger und unglaublich kalter Tag. Eine blendend weiße Schneedecke lag auf den Feldern, so weit das Auge sehen konnte. Keine Menschenseele war unterwegs; die Straßen waren leer. Wieder formierte sich eine lange Kolonne schwarzgekleideter Menschen unter den wachsamen Augen der Deutschen. Sie schlängelte sich wie eine dunkle Riesenschlange aus der schneebedeckten Stadt hinaus aufs weiße Land. Aber der Marsch zu einem unbekannten Ziel war diesmal ganz anders. Auf der Straße nach Berdechow waren die Leute hierhin und dahin gelaufen in heilloser Verwirrung und hatten den Schlägen und Kugeln der Deutschen auszuweichen versucht. Nun trotteten wir dahin, völlig kraftlos, auf jeden Schritt konzentriert und bemüht, auf den tückisch glatten, vereisten Abschnitten nicht hinzufallen.

Ich entsinne mich nicht, Dörfer an dieser Straße gesehen zu haben; da war niemand, der uns hinter geschlossenen Fenstern beobachtete. Ich kann mich auch an sonst keinen Menschen auf dieser einsamen Straße erinnern, die sich in einer unheimlich stillen und leeren Landschaft bis weit in die Ferne erstreckte. Ich sah weder Bauern, die mit ihren Schlitten zum Markt fuhren, noch Frauen, die von einem Dorf zum anderen wanderten. An diesem Tag waren nur die Juden aus Mielec und die Deutschen in ihren Schlitten mit ihren Gewehren und Hunden auf der Landstraße. Und nur die Deutschen wussten, wohin sie führte.

Aus einem Brief vom 18. März 1942:

An den Herrn Gouverneur des Distriktes
Abteilung: Innere Verwaltung, Bevölkerungswesen u. Fürsorge, Lublin
Betrifft: Umsiedlung von 1000 Juden; Zielbahnhof Parczew
Wie ich Ihnen bereits telefonisch berichtet habe, ist der Transport am 13.III.42 in Parczew angekommen. Der Gendarmerie-Zug Cholm berichtet dazu folgendes: «Am 13.3.42 abends gegen 17 Uhr wurde ein Transport von 1000 Juden in Parczew durch die Gendarmerie in Empfang genommen. Der Weitertransport erfolgt am 14.3.1942. Von den Juden wurden 200 in Sosnowiec und 800 in Włodawa untergebracht. Schwierigkeiten sind während des Transportes nicht entstanden.»

Eine wieder andere Zeit herrschte nun, nicht mehr die zeitlose, endlose Zeit des fahrenden und haltenden Zuges. Auf dieser Landstraße war jede Minute kostbar, jede Sekunde geprägt von der Nähe einer Kugel oder eines tödlichen Schlags. Jeder Schritt, den wir ohne zu fallen machten und dabei die Kraft für den nächsten zu haben meinten, bedeutete, dass wir einen Augenblick länger am Leben blieben, obwohl keiner wissen konnte, für wie lange. Unser Marsch war nicht laut, anders als auf der Landstraße nach Berdechow. Keiner hatte die Kraft zum Reden; unsere Kehlen waren völlig ausgetrocknet. Sogar die Deutschen lärmten und brüllten weniger, vielleicht als Reaktion auf das ehrfurchtgebietende Weiß, das uns umgab. Doch es gab andere Laute: das Klatschen von Peitschen auf Pferderücken und Menschenkörper und in regelmäßigen Abständen einzelne Schüsse hinter oder vor uns.

Wer ausrutschte und stürzte oder vor Erschöpfung hinfiel und nicht wieder hochkam, wurde auf der Stelle erschossen. Es gab andere, die offenbar am Ende ihrer Kräfte waren oder die vielleicht beschlossen hatten, da sie die Kontrolle über ihr Leben verloren hatten, sollten sie wenigstens die Kontrolle über ihr Sterben behalten. Männer und Frauen scherten aus der dunklen Kolonne aus, gingen zu den Schneewehen an beiden Straßenrändern und setzten sich stumm hin. Sie saßen dort und warteten darauf, dass die Deutschen kamen und sie töteten. Alte Männer, junge Frauen mit Babys, Kinder, alle waren still versammelt in der weißen Weite ihres Friedhofs. Die Soldaten kamen der Aufforderung methodisch und effizient nach. Vielleicht hatte ich den Wunsch, mich diesen auf den Tod Wartenden anzuschließen, und sei es nur, um mich einen Moment auszuruhen, denn ich glaubte nicht, dass mich meine Füße noch tragen konnten. Aber Vater hielt mich fest bei der Hand, als spürte er, dass ich versucht war, mich ihnen anzuschließen. Im Laufe des Tages scherten immer mehr Menschen aus der langen Kolonne aus, und bald waren die Straßenränder mit zusammengebrochenen Körpern bedeckt. Der weiße Schnee schluckte gierig ihr rotes Blut. Innerhalb kürzester Zeit glitzerte der Schnee an beiden Straßenrändern nicht länger weiß im hellen Sonnenschein, sondern in Schattierungen von Rot und Rosa. In der Straßenmitte schleppte sich die dunkle Kolonne weiter in die leere Ferne, während hinter ihr die weggeworfenen persönlichen Dinge über die Straße verstreut waren wie eine neue, seltsame Art von Schneeblumen.

Mutter, Schwester und Cousine Püppe liefen wie mechanisch angetrieben, doch Vater konnte seltsamerweise wieder etwas Energie zusammenraffen und warnte uns vor großen Gefahren auf diesem Marsch. Er schien fast wieder sein früheres Selbst zu sein, als er uns Anweisungen gab, uns nicht an die Spitze oder ans Ende der Kolonne zu begeben, wo wir den Deutschen leicht auffallen konnten. Wir sollten uns von den Rändern fernhalten, damit uns nicht andere unbeabsichtigt aus der Kolonne schubsen könnten und es so aussähe, als wollten wir zu den Schneewehen. Vor allem ermahnte er uns, nicht zu stolpern oder hinzufallen, sondern stets auf den Weg zu blicken und auf vereiste Abschnitte zu achten. Er murmelte jedem von uns abwechselnd Ermutigendes zu, hielt Mutters Arm oder meine Hand. Noch einen Schritt, sagte er, und noch einen und noch einen – so versuchte er uns mit bloßen Worten Kraft zu geben.

Während sich die Kolonne durch die stille, weiße Landschaft schleppte, wurden zweihundert von uns vom Rest getrennt und auf einer Nebenstraße nach Sosnowiec, einem winzigen Dörfchen am Rand eines tiefen Waldes, geführt. Wir kamen bei Sonnenuntergang an, nachdem wir von Parczew aus neunundzwanzig Kilometer in weniger als zehn Stunden gelaufen, gerannt und getaumelt waren. Vor sechs Tagen hatte man uns aus unseren Häusern getrieben, sechs Tage voll Kälte, Hunger und Durst, sechs Tage voll Terror und Mord. Die anderen achthundert Juden aus Mielec brauchten sieben Tage, um nach Włodawa zu gelangen – laut Fernschreiben kamen sie am 15. März halb sieben Uhr abends an –, also konnte man uns zweihundert glücklich nennen. Die Deutschen hatten Włodawa, Sosnowiec, Radzyń und Hrubieszów als Bestimmungsorte für die Juden aus Mielec gewählt, weil sie alle in der Nähe von Sobibór lagen, das zu der Zeit fast bereit für sein Vernichtungswerk war, und das Gleiche galt für Bełżec mit seinen drei neuen Gaskammern.

Major A. D. Ragger, der Leiter der Abteilung Bevölkerungswesen und Fürsorge in Krakau, konnte am 13. März zufrieden berichten, dass die Aktion Mielec drei Tage später, am Montag, um 1:12 Uhr beendet sein würde, wenn alle Juden an ihren Bestimmungsorten angekommen sein würden. Er erwähnte nicht – das brauchte er nicht –, dass Nachzügler, die das angekündigte pünktliche Eintreffen vielleicht verhindert hätten, erschossen werden müssten. Hermann Höfle, der die Transporte mit bewundernswerter Effizienz von seiner Lubliner Amtsstube in der Kaserne mit dem passenden Namen «Schreckkaserne» aus organisierte, erklärte ganz wahrheitsgetreu am Nachmittag des 16. März 1942, dass die nach Bełżec verschickten Juden niemals ins Generalgouvernement zurückkehren würden. Und in der Tat waren sie bis zum Herbst von der Bildfläche verschwunden und alle Spuren ihrer Existenz waren ausgelöscht. Es verging viel Zeit, bis wir erfuhren, wer tot war und wer überlebt hatte. Lange nach Kriegsende gab es noch Gerüchte, dass man diesen oder jenen an dem und dem Ort gesehen habe oder dass an einem anderen Ort ein anderer von ihm gehört habe; vage Hoffnungen wurden genährt, dass Verwandte oder Bekannte auf irgendeine Weise überlebt hatten und gesund und munter in einem weit entfernten Winkel der Welt existierten. Das waren jedoch leere Gerüchte, und bald waren sogar diese letzten Illusionen dahin. Von den Juden aus Mielec, die die Todesmärsche überlebt hatten, wurden die meisten vom Reserve-Polizeibataillon 101 ermordet, das viel einschlägige Erfahrung hatte und im Juli 1942 in den Lubliner Distrikt verlegt wurde.

FEBRUAR 1994

Im Oktober tauchen plötzlich Berge von Persimonen auf den Jerusalemer Märkten und an den Ständen der Gemüsehändler auf. Sie sind rund und weich, und ihre Farbe gleicht keiner anderen Frucht. Vor über fünfzehn Jahren begann man hier, Persimonen zu verkaufen. Es gibt sie den ganzen Winter lang, doch wenn der Februar kommt und Jerusalem, wo ich wohne, in graue Wolken gehüllt ist, schnellt ihr Preis in die Höhe, und irgendwann im März sind sie so plötzlich wieder verschwunden, wie sie aufgetaucht waren. Ich nehme die Persimonen nicht als selbstverständlich hin. Vielleicht gibt es sie nächstes Jahr hier nicht mehr. Ich weiß alles über das Verschwinden von Menschen und Dingen. Deshalb esse ich den ganzen Winter lang die Persimonen und denke mir, dass das wohl die letzten Persimonen sein werden, die ich esse.

Die fleischige Frucht hat eine ungewöhnliche Konsistenz, und ihr Aussehen – die rötlich-orange-beige Farbe, ihre gedrungene, weder ganz runde noch ovale Form – überrascht mich jedes Mal mit ihrer Fremdartigkeit. Persimonen erinnern mich an nichts, was mir als Kind vertraut war. Damals hatten wir rote Erdbeeren, zartrote Wassermelonen, grüne und rote Äpfel, blassgelbe Birnen, dunkelblaue Heidelbeeren – jede Frucht mit ihrer klar definierten Farbe und ihrem ganz eigenen Geschmack, und keine besaß die zarte Unbestimmtheit der Persimonen.

Persimonen gehörten nicht zur Landschaft meiner Kindheit, der Landschaft, die man als Kind für dauerhaft und beständig hält. Selbst Apfelsinen, Bananen und Ananas wurden als seltene Köstlichkeiten angesehen; die Letzteren bekam man kaum zu Gesicht und vielleicht einmal im Jahr zu kosten. Doch in Jerusalem gehören diese Früchte zur Landschaft, und wenn ich die Aza-Straße hinaufgehe, vor Jomtows Gemüsestand stehenbleibe und den Reichtum an Farben und Formen bestaune, wird mir klar, dass das Sonderbare in mir steckt, dass ich hier eine Fremde bin.

Die alten Frauen in ihren sackartigen Kleidern und die forschen jungen Mütter in ihren hautengen Hosen, die ihre Plastiktüten mit dunkelvioletten Weintrauben, leuchtenden Apfelsinen und zarten Mandarinen füllen, zweifeln nicht daran, dass Jomtow und seine Persimonenberge auch im nächsten Oktober da sein werden. Auch Jomtow zweifelt nicht daran. Ein wenig schielend, eine Mütze tief in die Stirn gezogen, so steht er hinter dem Ladentisch, wiegt ab und zählt zusammen, zählt zusammen und wiegt ab. Seine vier jüngeren Brüder packen Kartons mit Gemüse und Obst und der Lieferbursche radelt die Aza-Straße hinunter, ohne auf den dichten Verkehr zu achten. Jomtow, der Gemüsehändler, ist fast vierzig Jahre hier. Er hat junge Matronen zu grummelnden alten Damen werden sehen. Er hat mittellose Flüchtlinge reich werden sehen. Er hat den Wandel des Viertels gesehen – wie neureiche junge Paare die alternde deutsche Flüchtlingsbevölkerung verdrängen. Er ist eine konstante Größe, wie er da all die Jahre hinter dem Ladentisch steht, abwiegt und zusammenzählt. Doch ich mache mir Sorgen, dass die Persimonen zusammen mit Jomtow wie eine Traumlandschaft verschwinden könnten, als hätte es sie nie gegeben. Meine Welt besteht aus Ungewissheiten; ich kann keinen Teil davon als selbstverständlich hinnehmen. Wie ein Reisender im fremden Land bin ich desorientiert, und die Wahrzeichen sind mir nicht vertraut.

Jerusalem ist eine Stadt aus Stein. Sie ist auf gewachsenem Fels errichtet, und wenn ein Abwasserkanal oder eine Wasserleitung repariert werden muss, bringen die Arbeiter schweres Gerät, um durch den Fels von Jerusalem zu bohren. Gebäude sind aus diesem Gestein errichtet, jeder Stein wurde geduldig herausgehauen und von arabischen Steinmetzen bearbeitet (wie in Umkehrung der Prophezeiung Samuels). Mit weißem Staub bedeckt sitzen die Arbeiter inmitten von Steinen unter einem Leinwanddach. Jerusalem ist immer eine Stadt aus Stein gewesen. Alle, die jemals hier gewesen sind – Israeliten, byzantinische Christen, Kreuzritter, Türken, Briten –, haben Häuser aus Stein gebaut.

Ich laufe durch das Mamilla-Viertel hinunter zum Jaffa-Tor. Einige seiner Häuser werden schon abgerissen, um Platz für neue, moderne Steingebäude zu schaffen. Die alten Häuser bröckeln; einige Wände sind eingestürzt und haben die sauber geschichteten kleine Steine zwischen den dicken äußeren und inneren Steinwänden freigelegt. Die Mamilla-Häuser stammen nur aus der türkischen Ottomanenzeit. Doch bald werden die größeren Steine zerkleinert und dann zu Schutt und Staub zermahlen werden.

Ich schreite durch das Jaffa-Tor und biege rechts in das armenische Viertel ein. Mich umgibt das alte und doch immer neue Leben der Gerüche und Geräusche dieser seltsamen Stadt: traurig blickende Esel mit ihren schweren Lasten; Gruppen von Touristen, die ihre Kameras bereithalten, um die ungewohnten Anblicke festzuhalten; arabische und jüdische Käufer, die die David-Straße hinunter zum Markt laufen, wo sich die Düfte von frisch gemahlenem Kaffee und Gewürzen mit denen von Obst und Gemüse mischen. Ich schaue auf die stillen Überbleibsel von über zweitausend Jahre alten Mauern, Stein akkurat auf Stein getürmt, genau eingepasst und immer noch an ihrem Platz, wenn auch die obersten Mauersteine vor langer Zeit herabgestürzt und fortgerollt sind. Der Schutt und Staub, auf dem ich jetzt laufe, war einmal das Haus eines Menschen. Ich möchte ganz vorsichtig über diesen Staub gehen, weil ich, seitdem ich hierher gekommen bin, die Unbeständigkeit sogar von Steinen begreife.

Ich habe nach Jerusalem ein Bild eines anderen Jerusalem mitgebracht, das nicht aus Stein gemacht ist. Es ist ein Bild von einer Sukka-Wand meiner Kindheit, auf dem Jerusalem zwischen Himmel und Erde schwebt. Haus ist auf Haus getürmt; die akkuraten, hohen Steinhäuser kriechen den Berghang empor und über seinen Gipfel. Das gemalte Jerusalem hatte weder Bäume noch Straßen noch Menschen. Der Berg war von einer Mauer umgeben. Dieses Bild von Jerusalem war nicht das Jerusalem von lebendigen, liebenden, fröhlichen oder traurigen Menschen. Keiner, den ich je in Mielec gekannt oder von dem ich gehört habe, lebte in Jerusalem. Für mich war es der Ort, wo einst der Heilige Tempel gestanden, wo Salomo seine Urteile gesprochen hatte, wohin fromme Leute gingen, um an der Mauer des Tempels, den es nicht mehr gab, zu weinen. Jerusalem war keine wirklich existierende Stadt wie andere Städte, und daher kam es mir nicht seltsam vor, dass das Sukka-Bild keine Gesichter hinter den Fenstern zeigte, keine Straßen, auf denen Menschen gehen und Kinder spielen konnten, keine Bäume, in denen Vögel singen konnten.

Jerusalem war in Zion. Zion war etwas anderes als Jerusalem, und Vater kannte ein Lied, das so anfing: «Die grünen Auen Zions, wo die Lämmer weiden…» Das Zion meiner Kindheit war hell und sonnig, die Auen waren stets grün und die Lämmchen waren weiß, wollig und rund. Neben diesen sonnigen grünen Auen des Zions meiner Kindheit schwebte Jerusalem zwischen Himmel und Erde. Ich bin vielleicht wegen dieses Bildes nach Jerusalem gekommen oder vielleicht wegen Vaters Lied, obwohl möglicherweise beides nicht der Grund war. Vielleicht glaubte ich einfach, ich müsse eine Schuld begleichen.

Ich koste die fleischige Frucht der Persimone. Ich beobachte, wie zeitlose Steine zu neuen Häusern werden, während andere zum Staub werden, auf dem ich gehe. Doch ich bin ein Fremdling hier, weil ich, wenn ich durch diese sonnendurchfluteten, lauten Straßen laufe, nicht aufhöre, durch Schneefelder und Tod zu laufen, wo man Vaters Lied von Zion nicht mehr hört und wo mein Kindheitsbild von Jerusalem lang schon in Fetzen gerissen wurde.

ZWEI

Noch mehr Reisen

… sie glaubte nicht mehr an Väter … sie fügten ihr Schmerz zu, und er konnte sie nicht hindern … Danach war sie kein vollwertiger Mensch mehr, uns allen verschwistert. Gewisse Gefühle starben, gewisse Regungen des Herzens waren ihr nicht mehr möglich.

J. M. Coetzee, Warten auf die Barbaren

Sosnowiec – ein Dorf, bestehend aus zwei Reihen von niedrigen, strohgedeckten Hütten an der Straße nach Sobibór – war ein winziger Punkt auf der Landkarte. Es war so bitter arm, dass selbst Kartoffeln einen Luxus darstellten. Die Dorfbewohner nannten Kartoffelsuppe Schokoladensuppe, vielleicht weil sie braun war, doch eher weil sie nie Schokolade gegessen hatten und nur wussten, dass sie sehr gut schmeckte. Wir wurden nach Plan in Sosnowiec abgesetzt; es gab keine Möglichkeit, aus dem Dorf zu fliehen.

Aus einem Brief vom 9. Januar 1942:

An die Kreishauptmannschaft und Bevölkerungswesen und Fürsorge, Cholm

Betrifft: 2000 Juden aus Mielec

… Ich bitte Sie, unbedingt dafür zu sorgen, dass bei den Zielstationen die Juden empfangen und richtig dort hingeleitet werden, wo es von Ihnen bestimmt wird; nicht, dass es so passiert wie in anderen Fällen, dass die Juden ohne Aufsicht an der Zielstation ankommen und sich nun über das Land verstreuen.

Ein Verstreuen war tatsächlich unmöglich. So weit das Auge blickte, waren nur schneebedeckte Felder und der bedrohliche Wald. Kein anderes Dorf und keinerlei menschliche Behausung weit und breit.

Beinahe zwei Monate lebten wir in einer dürftigen Hütte, die einem alten Mann, offenbar Witwer, gehörte. Die Hütte bestand aus einer Küche und einem weiteren Raum; der Alte schlief in der Küche, wir fünf in dem Raum daneben. Unsere Hütte war nicht schlechter als jede andere im Dorf. Sie war aus Brettern mit breiten Spalten dazwischen errichtet, und drinnen war es fast genauso kalt wie draußen. Als die Temperatur auf vierzig oder mehr Grad unter null sank, bekamen wir noch Gesellschaft von der Ziege und den Hühnern aus dem Stall. Ihr kräftiger Tiergeruch vermischte sich mit dem Gestank ungewaschener Menschenkörper, und wenn wir uns im Dunkeln bewegten, mussten wir sehr auf den herumliegenden Kot achten. Ratten, so groß wie kleine Kätzchen und offensichtlich wild vor Hunger, sprangen die ganze Nacht zur niedrigen Decke hoch und versuchten, an die Nahrungsmittel zu kommen, die dort in Kissenbezügen an den Dachsparren hingen. Außenklos gab es nicht mehr; man hatte sie schon vor langer Zeit abgerissen und das Holz zu Ausbesserungsarbeiten oder als Feuerholz verwendet.

Trotz oder vielleicht gerade wegen ihrer Armut klammerten sich Sosnowiecs Juden zäh an ihre religiösen Bräuche und haderten scheinbar nie mit ihrem Schicksal. Der alte Mann, mit dem wir die Hütte teilten – ein sanftmütiger Mensch in einer harten Umgebung –, stand jeden Tag vor der Morgendämmerung auf. Er goß sich Wasser über die Fingernägel, wand sich die Gebetsriemen um Kopf und Arm und sagte die Morgengebete auf. Ich wachte stets bei seinen tiefen Seufzern und gemurmelten Segenssprüchen auf. Er betete lange und inbrünstig, offenbar ohne die beißende Kälte zu spüren, während die Ziege in der Ecke döste und die Hühner zu seinen Füßen nach unsichtbaren Körnern pickten.

Wenn der alte Mann verärgert über seine ungebetenen Gäste war, dann sagte er es nicht. Er sprach kaum mit uns und äußerte weder Missvergnügen noch Mitgefühl. Selbst meine erfrorenen Füße, die jetzt unförmig geschwollen waren, so dass ich kaum herumhumpeln konnte, rangen ihm kein Mitleid ab; er fragte uns nichts und bot auch keine Hilfe an. Nachdem er uns in seinem einzigen Zimmer Unterschlupf gewährt hatte, behandelte er uns als Teil seines eingegrenzten Daseins. Er haderte nicht mit dem Schicksal und fragte nicht, warum alles so geschah, wie es geschah, warum Deutsche da waren und warum Juden aus unbekannten Gegenden hier auftauchten.

Ganz anders die Mädchen, vielleicht die unverheirateten Töchter des Alten oder andere Verwandte – wir fanden es nie heraus –, die regelmäßig nachmittags kamen. Es waren kräftige, rotwangige Bauernmädchen, kein bißchen scheu, die es sich in unserem Zimmer bequem machten und ihr Strickzeug hervorholten. Sie beherrschten die kompliziertesten Muster und freuten sich, wenn wir ihre Handarbeiten bewunderten. Während der Alte in der Küche blieb und betete oder vor sich hin murmelte, waren wir manchmal zehn oder zwölf in dem kleinen Raum, vielleicht etwas gedrängt, aber so froren wir wenigstens nicht so leicht, während die Mädchen ihre Geschichten vom Leben in Sosnowiec erzählten.

Deutsche waren in dem Dorf nicht stationiert, doch sie vergaßen die Juden nicht und tauchten regelmäßig auf, um gewaltsam jüdische Bärte abzurasieren und Schläge zu verabreichen. Durch die Spalten in der Hütte beobachtete ich, wie sie die Männer quälten, die schweigend Schmerzen und Erniedrigungen ertrugen, bis sie umfielen. Offensichtlich war dieses Tun und das passive Dulden der Opfer sehr unterhaltend für die Deutschen. Sie lachten ausgelassen, während ihr Schlitten die Straße hinunterfuhr und verschwand. Sobald sie fort waren, tauchte «unser» Alter, der sich irgendwo versteckt hatte, wieder in der Küche auf.

Ob es nun meine schmerzenden Füße waren oder völlige Erschöpfung oder ob der Hunger und die Kälte mich entkräftet hatten, ich erinnere mich, dass ich seltsam still geworden war, gleichgültig gegenüber dem, was um mich herum geschah. Vor der Deportation aus Mielec hatte ich Fragen gestellt, den Gesprächen der Erwachsenen zugehört, mir Sorgen um die Familie und meine Freundin Tośka gemacht. In Sosnowiec fiel es mir nun kaum auf, dass Onkel Reubens Familie nicht mitgekommen war. Ich ahnte unbestimmt, dass Tośka für immer verschwunden war. Keiner, den wir aus Mielec kannten, war offenbar mit uns hier in Sosnowiec.

Das Passahfest war 1942 zeitig im Jahr, in der ersten Aprilwoche. Es war noch nicht aller Schnee geschmolzen, obwohl es jetzt ein bißchen wärmer war. Der alte Mann hatte seine baufällige Hütte für das Passahfest vorbereitet, als gäbe es weder Deutsche noch drohende Gefahren. Er hatte zusammen mit einer seiner verheirateten Töchter eine ganze Woche vor dem Fest saubergemacht und etwa ein Dutzend ungesäuerte Brote gebacken, die Matzen, die wir gemeinsam während der Passahwoche wie Kuchen aßen. Seife gab es hier nicht zu kaufen, deshalb kochte jede Familie in Vorbereitung der Säuberung ihre eigene Seife unter Verwendung von Lauge und Schweineschmalz. Als der Alte seine Seife kochte, muss er geistesabwesend gewesen sein, denn als die Mixtur im letzten Stadium der Zubereitung schäumte, floss sie über und auf den Herd. Das war eine richtige Katastrophe: Das Schmalz hatte den Herd rituell verunreinigt und es durfte nicht mehr gekocht werden. Um den Herd wieder zu reinigen, mussten wir genug Holz sammeln, um ihn zum

Glühen zu bringen. Es vergingen viele Tage, an denen wir hungerten und noch verzweifelter froren als sonst.

Inzwischen waren Mutter und Vater vollauf damit beschäftigt, Mehl für die Matzen und andere passende Nahrungsmittel für die Festwoche aufzutreiben. Vater war mit sich zufrieden, als es ihm gelang, sich vom Bäcker eine Kissenhülle voll Matzen backen zu lassen, die er an die Dachsparren hing. Von da an und während der Passahwoche musste er jede Nacht aufstehen und den Ratten mit Vernichtung drohen – doch sie reagierten nur, wenn er direkt über ihnen stand. Sobald er ins Bett zurückkehrte, fingen sie wieder zu springen an, getrieben von einem Hunger, der noch größer als unserer war. Mutter kochte mehrere Kessel Rote-Bete-Borschtsch, die sie an unserer Zimmerwand nebeneinander stellte. Aber als wir beim letzten Kessel angekommen waren, entdeckten wir voller Ekel, dass eine Maus in der Suppe ertrunken war. In diesem Jahr hatten wir keine rituelle Mahlzeit, den Seder, weil es nichts gab, womit man einen Seder machen konnte – weder Wein noch Äpfel und Nüsse, weder Rettich noch Blattgemüse; keines der symbolischen Nahrungsmittel im Gedenken an den Exodus aus Ägypten war in Sosnowiec aufzutreiben. Wie sollte es auch möglich sein, die Befreiung aus der Sklaverei vor dreitausend Jahren zu feiern, wo wir nun offensichtlich noch schlimmer dran waren als die Sklaven des Pharaos? Wie konnten wir, wie erwartet wurde, die hoffnungsvollen Worte «Nächstes Jahr in Jerusalem» sagen, wenn wir kaum zu hoffen wagten, im nächsten Jahr noch am Leben zu sein? 1942 hatten wir keinen Seder, und es würden vier Jahre vergehen, ehe ich wieder einen Seder hatte. Dieses sederlose, doch rituell begangene Passahfest, als wir noch zusammen waren – Vaters letztes Passah auf dieser Erde, als er geduldig unsere Nahrung vor den Ratten beschützte, als Mutter wegen des verdorbenen Borschtsch weinte –, ist mir in zu schmerzlicher Erinnerung, als dass eine wirklich fröhliche Feier seitdem möglich gewesen wäre. Was uns zu dem machte, was wir waren – Juden mit einer gemeinsamen Tradition, einer Vergangenheit, die dem alten Mann genauso gehörte wie uns –, war im Begriff zu verschwinden, zur Erinnerung zu werden.

Onkel Reuben und seine Familie waren, wie auch die anderen Judenrat-Familien, nicht deportiert worden. Sie hatten dafür gesorgt, dass sie nach Radomyśl Wielki gehen konnten und hatten den Deutschen ganz sicher für diese Möglichkeit viel Geld bezahlt. 1942 konnte man noch eine kurze Gnadenfrist für Geld bekommen, wie ich viele Jahre später von einem anderen der nach Radomyśl Entkommenen erfuhr. Ich weiß nicht mehr, wie Onkel Reuben mit uns im weit entfernten Sosnowiec, das keine Post hatte, in Kontakt kam, aber einige Wochen nach Passah, als der Frühling zaghaft begann, tauchte eines Tages Korpantowa, die polnische Freundin der Familie, die Mutters Schmuck hatte, bei uns auf. Sie war nervös, ungeduldig, wahrscheinlich sogar voller Angst, doch sie trat dennoch gebieterisch auf in diesem gottverlassenen Nest. Sie war groß und hager, ihr dünnes graues Haar war straff zurückgekämmt und zu einem kleinen Knoten geschlungen, und sie überragte die Dörfler, die sich um den Pferdewagen drängten, mit dem sie gekommen war. Onkel Reuben hatte sie geschickt, um einen von uns mitzunehmen; es war ihr egal, wen. Es sei keine Zeit zu verlieren, drängte sie, der Zug würde pünktlich abfahren. Es wurde beschlossen, mich zu schicken; ich sah am wenigsten jüdisch aus und sprach fließend Polnisch.

Ohne mich noch einmal umzusehen, ohne Bedauern, mit einer Herzenskälte gegenüber dem Schicksal meiner Familie, für die ich mich bis heute schäme, stieg ich in den Wagen und fuhr mit der Korpantowa zum Bahnhof in Parczew, wo wir vor zwei Monaten angekommen waren. Ich verließ Sosnowiec ohne Schuldgefühl oder Kummer, da mir klar war, dass bleiben den sicheren Tod bedeutete. Obwohl ich mich nicht erinnere, dass der Name Sobibór schon gefallen war, hatte sich der traurige Ruf Majdaneks so weit verbreitet, dass Mutter überzeugt davon war, wir würden alle schließlich im Konzentrationslager enden. Onkel Reuben hatte wahrscheinlich gut bezahlt für die Rettungsaktion, und die Korpantowa hatte ja auch Mutters Schmuck erhalten. Obwohl sie später in jenem Jahr nicht mehr bereit war, ein Leben zu retten, muss man es der Korpantowa zugute halten, dass sie die Reise noch viermal machte und sich damit in beträchtliche Gefahr begab, um die restlichen Familienmitglieder nach Radomyśl Wielki zu bringen.

Bis zu diesem Tag sehe ich noch Sosnowiec vor mir, dieses Dorf am Rand des dunklen, undurchdringlichen Waldes, wo sich Partisanen versteckten, wie man munkelte. Ich sehe die beiden Reihen niedriger, strohgedeckter Hütten entlang der Straße und hinter dem letzten Haus das flache, leere Land. Außer dem Wald gab es in dieser düsteren Landschaft weder Bäume noch Büsche. Während der ganzen zwei Monate schaute ich sowohl sehnsüchtig als auch angstvoll zum Wald hin. Törichterweise glaubte ich, wir könnten dorthin fliehen und die Deutschen hätten ganz bestimmt keine Möglichkeit, uns in den dichten Wäldern zu finden. Vielleicht würden uns die Partisanen aufnehmen, uns Unterschlupf und Nahrung geben, phantasierte ich, ihr Wissen vom Wald und wie man darin überlebt mit uns teilen. Doch ich hatte auch Angst vor dem Wald, vor den hungrigen Wölfen und wilden Tieren, die, wie ich wusste, in seiner finsteren Tiefe lebten. Um mich zu erschrecken (was nie sehr schwer war), hatte Cousine Esther oft von Wölfen erzählt, wie sie Menschen anfielen, besonders Kinder, ihre Leichen dann zu ihrem Bau schleppten und sich an ihren Eingeweiden gütlich taten.

Ich wagte mich also nicht in den Wald um Sosnowiec, selbst dann nicht, als der Schnee geschmolzen war. Ich verließ eigentlich kaum je die Hütte. Draußen in der ungeheuren Leere kam ich mir klein und verletzlich vor, und die überbelegte Hütte, wo Leute kamen und gingen und Mädchen nachmittags zum Stricken kamen, schien ein sicherer Hafen zu sein.

Im Sommer waren die Tage in Radomyśl Wielki sonnig und ruhig. Es war eine Kleinstadt nicht weit von Mielec, aber wie klein genau, wusste ich nicht, denn ich entfernte mich nie weit von dem winzigen Zimmer, wo wir fünf nun lebten. Ich interessierte mich nicht für Radomyśl, für den Markt oder dafür, wer in den Häusern am Markt wohnte, da ich wusste, dass die Stadt nur eine weitere Durchgangsstation auf dem Weg zu einem anderen Ort war. Meine Cousine Esther und ich saßen auf der Schwelle vor dem Haus, wo unsere Familien je ein Zimmer hatten, und wir beobachteten die Menschen auf dem Markt bei ihren Beschäftigungen: beim Wasserholen von der Pumpe, beim Kauf eines Kanten Brot, beim Feilschen mit einem Bauern um ein Ei oder um Butter. Wir stritten uns nicht mehr in diesem Sommer, wie wir es in der Vergangenheit getan hatten. Wir waren traurig und hatten einander wenig zu sagen. Manchmal dachte ich an Tośka, die Freundin, von der ich wusste, dass ich sie nie wiedersehen würde, und ich nannte lautlos die Verwandten beim Namen – Mime Riwke und ihre Töchter; Schime-Duwid, den kleinen Chajm-Jankel und seine Mutter Hava –, die am Kleinen Markt gewohnt hatten und spurlos verschwunden waren.

Ich dachte an Mielec, so nah und doch so fern, als wäre es in einem anderen Land. Unser Zuhause, das überfüllte Zimmer in Mielec, die Straßen der Stadt und die Märkte gehörten schon zu einer weit entfernten Vergangenheit, zu einem anderen Leben, an das ich mich inzwischen nur noch in groben Zügen und dunkel erinnerte. Manchmal versuchte ich, Esther von dem Hangar, dem Zug und Sosnowiec zu erzählen, doch sie schaute mich nur müde an und nickte mit dem Kopf, ohne etwas zu erwidern. Sie rieb sich nicht mehr ihre gelben Zähne, wie sie es früher getan hatte, und wenn sie sprach, was selten geschah, hatte ihre Stimme nicht mehr den scharfen Ton. Esther schien eine Distanz zu ihrer Umgebung entwickelt zu haben. Sie hatte sich in sich selbst zurückgezogen und das Bedürfnis verloren, mich über die Gepflogenheiten dieser seltsamen Welt aufzuklären – oder sie legte keinen Wert mehr darauf, es zu tun. Die Erwachsenen stritten sich auch nicht mehr. Ein ungewohnter Friede hatte sich auf die Familie herabgesenkt, als hätten wir gemeinsam den Beschluss gefasst, unsere Meinungsverschiedenheiten und Animositäten einzustellen. Damals wusste ich nicht, was ich heute weiß: dass wir auf die nächste Deportation warteten, die bald stattfinden sollte.

Hans Frank, Generalgouverneur Polens, berichtet von einer Besprechung mit der Polizei am 18. Juni 1942:

> Das Problem der Judenaussiedlung dränge zu einer Entscheidung… Für die Durchführung einer solchen Aktion sei die Gestellung von ausreichenden Transportzügen notwendig. Trotzdem für die nächsten 14 Tage eine restlose Zugsperre verordnet sei, habe er… erreicht, dass für den Abtransport von Juden ab und zu Züge bereitgestellt würden. Nach Ablauf der Sperrfrist müsste die Judenaktion verstärkt durchgeführt werden.

Anders als die Erwachsenen hatte ich noch Vertrauen zu Onkel Reuben. Hatte er nicht schon einmal seine Familie gerettet? Hatte er uns nicht aus Sosnowiec zurückgeholt? Seine Verbindungen zu den Deutschen, von denen ich damals nichts wusste, die aber Vater und Mutter wahrscheinlich bekannt waren, funktionierten noch. In der Nähe wurde das Cyranka-Berdechow-Arbeitslager von Baeumer und Loesch, einer Straßenbaufirma, die Arbeiter brauchte, vorbereitet.

Heute mag das bizarr erscheinen, doch das Lager wurde von Juden errichtet und mit ihrem eigenen Geld bezahlt. Malka, die ältere Schwester von Esther, befand sich dort seit dem Frühsommer. Möglicherweise hatte Onkel Reuben gehofft, seine Familie, und vielleicht sogar uns, vor der nächsten Deportation im Lager unterzubringen. Doch es mag sein, dass er nicht mehr genug Geld hatte, um unsere Unterbringung dort zu erkaufen. Oder vielleicht hofften alle, dass die Deutschen Radomyśl übersehen und vergessen würden, dass sie die Juden der Stadt vergessen würden. Und während wir gefangen im verschlafenen, sonnigen Radomyśl warteten, entdeckte ich die Vögel und ihr magisches Freiheitsritual.

Seit Beginn des Sommers beobachtete ich jeden Morgen die Vögel in den hohen Bäumen um den Marktplatz. Sie fingen an zu singen und zu zwitschern, sobald das erste Licht der aufgehenden Sonne das andere Ende des Platzes dunkelrot leuchten ließ. Ich öffnete die Augen, kletterte vorsichtig über die Schläfer auf dem Boden und ging auf Zehenspitzen zum offenen Fenster. Zunächst waren die Vögel unsichtbar. Ich hörte nur das raschelnde Laub und das reine Tirilieren einiger Meistersänger. Wenn sich dann meine Augen an das dunkelrote Dämmerlicht gewöhnt hatten, konnte ich ein, zwei, fünf, Dutzende Vögel erkennen, die von Ast zu Ast hüpften, einander riefen und antworteten.

Allmählich färbte sich der Himmel orangerot und die Vögel wagten sich, auf ein nur ihnen bekanntes geheimes Signal hin, aus den Bäumen, breiteten die Flügel aus und kreisten elegant über dem Marktplatz. Mit offenbar wiedergewonnenem Vertrauen in ihre Fähigkeit zu fliegen stieg ein Schwarm – mir schien, es wären Hunderte – in den orangeroten Himmel, um im frühen Morgenlicht dahinzusegeln. Die Vögel beschrieben wundersame Muster, dicht beieinander und fächerförmig ausschwärmend, sie trennten sich und kamen wieder zusammen, so führten sie nur für mich einen magischen Lufttanz auf, dachte ich, während ich am offenen Fenster zusah. Dann war ihre Morgenübung vorbei, und die Vögel ließen sich auf den Dachrinnen nieder und schwatzen miteinander, während sie das Gefieder für den vor ihnen liegenden Tag putzten.

Inzwischen war das Orangerot in Zartrosa übergegangen, und in den ersten hellen Sonnenstrahlen schwanden die Schatten vor den Hauseingängen unten um den Markt. Die Vögel, nicht länger Darsteller, sondern Zuschauer, beobachteten von ihrer hohen Warte aus, wie Frühaufsteher Türen öffneten und schlossen, zur Pumpe gingen und Wasser holten. Das zarte Vogelgezwitscher trat in den Hintergrund. Es gab jetzt andere Geräusche. Männer und Frauen räusperten sich, husteten und spuckten aus; Eimer klapperten, Babys schrien, Töpfe polterten; und von fern rumpelten Bauernwagen auf die Stadt zu. Der Marktplatz erwachte, die magische Vorstellung war zu Ende und die Vögel zerstreuten sich. Ich wandte mich ab vom Fenster und sah wieder einem Tag des Wartens entgegen.

Eines Morgens im August änderte sich das. Ich wusste es sofort beim Aufwachen, denn alle schliefen voll angekleidet, zu Bündeln geknotete Betttücher waren im ganzen Zimmer verstreut, und Mutters karierter Mantel lag ordentlich zusammengefaltet neben ihr. Draußen schien alles wie immer zu sein. Die Vögel begannen ihren morgendlichen Gesang an den sich rötenden Himmel; dann raschelte das Laub und die Vögel flogen auf. Allmählich vergingen die Schatten, und die Vögel, die ihren Flug vollendet hatten, ließen sich auf den Dachrinnen nieder. Aber an diesem Tag öffneten und schlossen sich keine Türen. Keine Eimer klirrten. Der Markt verharrte, als schliefe er, bis die Stille plötzlich vom knatternden Motorradlärm und vom panischen Geschrei einer großen und noch unsichtbaren Menschenmenge gebrochen wurde. Die Deportation aus Radomyśl Wielki und den umliegenden Dörfern hatte begonnen.

Sie verlief in großen Zügen wie die Deportation aus Mielec, und doch anders. Wieder wurden die Juden auf dem Markt versammelt – die wie Vieh aus dem Umland hereingetriebenen und die in der Stadt lebenden Juden. Aber statt in Marsch gesetzt zu werden, mussten die Menschen in einer dichtgedrängten Masse warten und die Hausdurchsuchungen nach versteckten Juden miterleben, das «Durchkämmen», wie man es nannte.

Wir standen in der heißen Mittagssonne auf dem Markt und sahen das Entsetzliche geschehen, als wären wir zu einer makabren Vorführung geladen, bei der wir – für eine Weile wenigstens – Zuschauer und nicht die Darsteller waren. Laut schreiende, halb wahnsinnige Männer rannten blutüberströmt rings um den Markt, bis sie zusammenbrachen und sich nicht mehr bewegten. Babys wurden aus den Fenstern geworfen und landeten mit einem dumpfen Aufprall auf den grauen Pflastersteinen. Schüsse peitschten durch die schmalen Gassen hinterm Markt, als man immer mehr Verstecke fand. Sie liefen hierhin und dahin, wie erschreckte Tiere, und glaubten vielleicht, sie könnten den deutschen Kugeln ausweichen; ihre schrillen Schreie hallten in den Gassen und auf dem Markt wider. Wände wurden zertrümmert und Türen eingetreten bei der Suche nach Verstecken. Als dieser Lärm schließlich vorbei war, bekamen wir, die Massen auf dem Markt, wieder eine Rolle in der Vorführung zugeteilt. Man ließ uns in exakten Reihen antreten und zählte uns. Jeder Zehnte wurde herausgeholt und erschossen. Damals im März auf der eisigen Landstraße hatte ich die Todesnähe gespürt, die Leichtigkeit, mit der man von einem Moment zum nächsten aufhören kann zu existieren. Jetzt, an einem hellen Sommertag, als die Schatten am Abend immer länger wurden, war der Tod ganz nahe, so furchtbar, willkürlich nahe. Das Abzählen ging weiter, gnadenlos und systematisch, und die zum Erschießen Ausgesonderten ließen keine Lücke in der Reihe, ließen keine Erinnerung zurück, dass sie an einem bestimmten Tag an einer bestimmten Stelle auf dem Markt von Radomyśl gestanden hatten.

Der Tag neigte sich dem Ende zu, und wir Überlebenden wurden eilig aus der Stadt geführt, erneut unterwegs mit unbekanntem Ziel. Ich wandte die Augen nicht ab von den zusammengesunkenen, hingestreckten dunklen Gestalten auf dem Marktplatz, dem Ort des Blutbads, und das rote Blut war jetzt zu einem hässlichen Braun auf den grauen Pflastersteinen getrocknet. Eine kühle Abendbrise brachte den Klang von Kirchenglocken aus einem fernen Dorf, als wir die Stadt hinter uns ließen, und ihr friedliches Geläut mischte sich mit Gewehrsalven. Hier und da waren noch Kühe auf der Weide, doch ich hatte kein Auge für sie. Wieder war es wichtig, in der Menge zu bleiben, nicht an die Ränder der Marschkolonne zu geraten, wo eine Kugel bestimmt ihr Ziel fand. Wichtig war, nicht an den Durst oder die schmerzenden Füße zu denken. Unzusammenhängende Gedanken kehrten immer wieder: Ob die Vögel diese Nacht zu den Bäumen heimkehren würden? War meine Cousine Esther noch am Leben? War das nun das Ende oder stand uns noch mehr bevor? Ob es ein Morgen gäbe? Momentan hatten wir durch bloßen Zufall überlebt. Wir marschierten, stolperten dahin, und der Marsch schien kein Ende nehmen zu wollen.

Schließlich erreichten wir das Ghetto von Dębica. Hier wurden Juden jeglicher Herkunft aus benachbarten Städten und Dörfern gesammelt und zusammengewürfelt. Einige Tage lang vollzog sich eine uns nun schon bekannte Routine: Familien wurden bei stattfindenden Selektionen, Erschießungen und Deportationen auseinandergerissen. Nachts rollten Züge nach Auschwitz (für uns kein Geheimnis mehr), während diejenigen von uns, die das Glück hatten zurückzubleiben, sich unter Fremden befanden. Unsere fünfköpfige Familie war noch beisammen, aber wir wussten, dass das Ende des Wegs gekommen, dass unser Glück ausgereizt war.

Uns wurde ein Raum in einer Bruchbude zugewiesen, wo man die Anwesenheit der vorherigen Bewohner, höchstwahrscheinlich bereits tot in Auschwitz, noch spüren konnte: schmutzige Teller, von denen sie ihre letzte Mahlzeit gegessen hatten, ein Topf auf dem kalten Herd, etwas Wasser in einem Eimer. Ich verschwendete keinen Gedanken an die Menschen, die vielleicht hier gewesen und nun fort waren. Wir waren nicht mehr zartbesaitet.

Wir lebten fast drei Monate in Dębica in unbeschreiblichem, vor Ungeziefer wimmelndem Schmutz, in einem undichten, fensterlosen Schuppen, wo tatendurstige Schaben auf der Jagd nach Brotkrumen waren und Ratten nachts umherstreiften. Das Ghetto von Dębica war aus dem ärmsten, heruntergekommensten Stadtteil geschaffen worden und eine Seite, nicht weit von unserer Bruchbude, grenzte an den Marktplatz. Onkel Reuben wohnte mit seiner Familie in einem der wenigen Steinhäuser, mehrere Stockwerke hoch. Jetzt war er Mitglied des Ghetto-Judenrates und immer noch ein wichtiger Mann. Aber die meisten Menschen in dem eingezäunten Gebiet hausten in Schuppen ähnlich dem unseren. Sie waren ausgehungert, krank und verzweifelt, weil sie spürten, dass das Ende nah war mit noch mehr Selektionen und Deportationen, die auf sie warteten, deshalb bestahlen sie einander und bekämpften sich in einer Atmosphäre voll Angst und Misstrauen.

Die Mitglieder unserer Familie entfremdeten sich, als wollten wir Abstand voneinander gewinnen, um uns auf das Unausweichliche vorzubereiten, als ob jeder von uns auf seine oder ihre Weise sich nach innen konzentrierte, um die Reserven zu sammeln, die gebraucht wurden, um den nächsten und letzten Schlag auf irgendeine Weise zu überleben. Cousine Püppe arbeitete außerhalb des Ghettos in einer deutschen Amtsstube und verschaffte sich so, wie sie glaubte, einen sicheren Ort, wenn die nächste Deportation anstand. Sie war überzeugt, dass «ihre Deutschen» sie retten würden. Je mehr sie jedoch davon sprach, desto stärker fühlten wir Übrigen, dass wir verloren waren. Meine Schwester hatte Typhus und sprach in ihrem geschwächten Zustand kaum noch ein Wort. Mutter war in einen völlig apathischen Zustand verfallen und zu nichts mehr in der Lage, als meine kranke Schwester zu pflegen und davor zu schützen, dass man sie ins «Krankenhaus» wegbrachte, wo der sichere Tod auf sie wartete. Im Krankenhaus wurden die Kranken nicht mehr geheilt; sie wurden regelmäßig nach draußen gebracht und erschossen, um Raum für Neuankömmlinge zu schaffen. Während der Krankheit meiner Schwester hatten wir die ganze Zeit Angst vor Kontrollbesuchen jüdischer Polizisten – Opfer, die von den Deutschen zu Tätern gemacht worden waren –, die sie melden könnten.

Nur Vater schien noch heiter und um unser Wohl besorgt zu sein, während wir anderen uns voneinander zurückzogen und wahrscheinlich auch von ihm. Gewiss, er hatte schon vor langem zu singen aufgehört, aber er lächelte mich immer noch an, wenn er vom Holzlager, wo er von früh bis spät Bretter auf den Schultern trug, ins Ghetto zurückkehrte. Jeden Abend wartete ich auf ihn am Ghettotor; er hatte eine unheimliche Begabung, etwas Essbares aufzutreiben – einen verschrumpelten Apfel, eine Brotkruste, eine Möhre –, was er mir gab und was ich aß, ohne auch nur daran zu denken, es mit Mutter oder Schwester zu teilen. Seit Sosnowiec war ich gierig und selbstsüchtig geworden. Nachts brachte Vater Ratten um, und er tat das ohne offensichtlichen Abscheu. Ja, er tötete die Ratten fast mit diebischem Vergnügen, während ich, hypnotisiert von dem widerlichen Schauspiel, von meinem Zufluchtsort oben auf dem Tisch zuschaute. Er hatte eine Axt gefunden, und sobald die Ratten kamen, was sie mit selbstmörderischer Regelmäßigkeit taten, schwang er seine Waffe. Danach warf er die blutigen Reste über den Zaun vor die polnische Bäckerei. Der sanfte Vater hatte sich in einen grimmigen Henker verwandelt, fixiert auf die hoffnungslose Aufgabe, die Rattenpopulation von Dębica auszurotten. Wir hassten die Bäckerei, denn wir wurden den ganzen Tag lang gequält von ihrem verlockenden Duft nach frischem Brot. Wenn wir die toten Ratten vor ihre Tür warfen, war das ein kleiner Akt der Rache für unser Elend.

Seit unserer Ankunft in Dębica hatte ich mich in hektische Aktivitäten gestürzt. Meine Hauptaufgabe war der tägliche Gang zur Suppenküche, wo ich, klein und flink wie ich war, mit den Frauen um einen Platz in der ersten Reihe kämpfte, schon weit vor der Öffnungszeit. Die Suppenküche befand sich in einem Keller, und es war kein einfaches Unterfangen, meinen Suppentopf die Treppe hinaufzutragen, durch die nach unten drängende Menge. So wässrig und fade die Suppe auch war – nur hin und wieder schwamm ein Stück Kartoffel oder Kohl darin –, erschien sie uns doch als Delikatesse. Einmal pro Woche ging ich in die Ghetto-Bäckerei, um unsere Brotration abzuholen. Das konnte fast einen ganzen Tag in Anspruch nehmen und verlangte große Wachsamkeit, sowohl um meinen Platz in der Reihe zu behalten, als auch um zu knappes Gewicht zu entdecken. Es war bekannt, dass die Bäcker betrogen und einen Teil des kostbaren Brots für sich behielten. Das Brot war dunkel, schwer und feucht, und ich trug es heim wie eine kostbare Trophäe. Es gab nie genug davon. An Markttagen schlüpfte ich durch den Ghettozaun, da ich in der Nähe unseres Schuppens ein loses Brett gefunden hatte, um Gemüse bei den luchsäugigen Bäuerinnen zu stehlen (wir hatten kein Geld, um es zu kaufen). Der Hunger war stärker als die Angst; ich kann mich nicht erinnern, dass ich je Angst davor hatte, zu stehlen oder von den Deutschen erwischt zu werden.

Wenn ich nicht auf Nahrungssuche war, schrubbte ich den Boden unseres Raumes und wusch Wäsche. Auf Händen und Knien schrubbte ich den Boden, um die rauen Dielen von den Blutflecken zu befreien, die Vaters Rattengemetzel hinterlassen hatte, und ich wusch die Kleider in der Hoffnung, die Läuse und ihre Eier zu ertränken. Sauberkeit wurde zur Zwangsvorstellung, als ob Saubersein Leben nach einer gewissen Ordnung bedeutete, obwohl doch weder Ordnung noch Sauberkeit möglich waren. Wäschewaschen war ein ziemliches Unterfangen. Ich musste Holz sammeln, um das Wasser heiß zu machen, und hinterher, wenn die Kleider draußen zum Trocknen aufgehängt wurden, musste ich die wenigen Stücke vor Dieben beschützen, die genauso geschickt im Stehlen waren wie ich. Mit Waschen bekam man natürlich die Läuse nicht aus den Sachen, weil sie sich in den Säumen und Nähten festgesetzt hatten. Es gelang uns auch nicht, die Kopfläuse oder die Flöhe loszuwerden, die sich Tag und Nacht an uns gütlich taten. Während wir schliefen, gesellten sich ganze Horden von Wanzen zu den Flöhen und Läusen. Die Nahrungssuche ging unermüdlich weiter, für uns wie für unser Ungeziefer.

In jenen Monaten wurde ich wahrscheinlich zu einem der halbverhungerten Ghettokinder, die man heute bei Fotodokumentationen sieht. Zerlumpt, mit spitzem Gesicht, aber immer noch flink, kämpfte ich rücksichtslos um alles, was man essen konnte. Voll in Anspruch genommen von meinen täglichen Aufgaben vergaß ich, dass ich noch ein Kind war und dass es einmal ein Leben, angefüllt mit Lernen, Büchern, Freundschaften und Spielen gegeben hatte. Man konnte keine Zeit auf Erinnerungen verschwenden.

In diesem Herbst begingen wir die höchsten Feiertage nicht. Wir feierten in Sosnowiec nicht das Frühlingsfest; in

Dębica feierten wir nicht mehr die heiligen Tage des Herbstes. Sie kamen und gingen, ohne dass einer von uns Notiz von ihnen nahm, außer vielleicht Vater. Vielleicht betete er sogar und traf sich heimlich mit zehn Männern zum Totengebet, dem Kaddisch, für Großmutter Mindel. Aber es gab weder ein Festessen noch brennende Kerzen. Das Begehen von Feiertagen war im Ghetto verboten. Vater und Cousine Püppe gingen zur Arbeit wie jeden anderen Tag, sieben Tage die Woche. Die Vergangenheit mit ihren Feiern zu Ehren des Lebens, der Gemeinschaft und der Geschichte existierte nicht mehr.

Weil ich so beschäftigt war, sah ich meine Cousine Esther in diesen drei Monaten nur selten. Sie wagte sich nicht auf die Straße. Tante Feige kümmerte sich weiter um den Haushalt, und sie hatte offenbar noch Geld, um Lebensmittel zu kaufen, vielleicht auf dem Schwarzmarkt. Wenn ich in ihrem Zimmer zu Besuch war, roch es immer nach Kochen. Einmal entdeckte ich sogar einen Topf mit Essen auf einem hohen Bord (zu hoch für mich) in ihrer Toilette. Esther und ich hatten einander nichts mehr zu sagen. Zwischen uns hatte sich ein Abgrund aufgetan, sie auf der einen Seite nahm offenbar alles passiv hin, was kommen sollte, ich auf der anderen Seite klammerte mich mit aller Kraft an das Leben mit seiner verrückten neuen Logik und tat alles, was ich glaubte, dass es von den Lebenden getan werden müsse. Esther wusste, was uns bevorstand, da bin ich sicher, aber wie in Radomyśl machte sie sich nicht mehr die Mühe, darüber zu reden. Onkel Reuben wusste es mit Sicherheit. Auf dem Dachboden ihres Hauses markierte er heimlich einen kleinen Raum und zog eine Ziegelmauer hoch, in der er eine winzige Öffnung ließ, durch die wir am Tag der Deportation kriechen sollten. Er bereitete einen kleinen Haufen Ziegel, Sand und Wasser für den Mörtel vor, um die Öffnung zuzumauern, sobald seine und meine Familie sicher im Versteck waren.

Am Abend vor der Deportation brach Mutter plötzlich zusammen. Sie war ein Mensch, der selten die Fassung verlor, der ruhig und reserviert war. Doch als sie sich nun erneut der Katastrophe und dem Tod gegenübersah, war sie am Ende ihrer Kraft. Aus ihrem Schweigen brach lautes, hysterisches Schluchzen hervor. Im trüben Licht der so weit heruntergeschraubten Öllampe, dass tiefe Schatten sogar die Winkel dieses winzigen Raumes verbargen, lag Mutter auf der Pritsche, die meiner Schwester als Krankenlager gedient hatte, und wand sich in Weinkrämpfen. Während meine Schwester hilflos bei ihr saß und die Augen nicht von der schluchzenden Gestalt wandte, versuchte Vater die Mutter zu trösten und brachte ihr Tassen voll Wasser. Ich versuchte, ihr das Gesicht mit einem feuchten Lappen abzuwischen. Nichts schien zu helfen. Erschöpft und immer noch schluchzend fiel sie schließlich in einen unruhigen Schlaf.

Der bekannte Sturm der Zerstörung und des Todes brach an einem kalten Novembertag vor dem Morgengrauen los. Wir rannten zu Onkel Reubens Versteck durch wild wogende und schreiende Menschenmassen. Es schien, als suchten alle diese Menschen, die durch die engen Gassen liefen, nach einer Fluchtmöglichkeit in letzter Minute, oder vielleicht hatten auch sie Verstecke, zu denen sie rannten. Viele kamen zu unserem, obwohl es als wohlgehütetes Geheimnis gegolten hatte. Als wir dort ankamen, war der kleine Raum schon randvoll mit Menschen, und Onkel Reuben machte sich hektisch daran, die bereitgelegten Ziegel in die Öffnung einzusetzen. Er selbst würde draußen bleiben, da er offenbar das Versprechen der Deutschen hatte, dass er als Mitglied des Judenrats in Dębica bleiben durfte, wenn das Ghetto nach der Deportation in ein Arbeitslager umfunktioniert werden würde. Ich hoffte, dass Cousine Esther und Tante Feige auch auf dem Dachboden waren, doch ich sah sie nicht sofort in dem Gedränge von Alt und Jung und Säuglingen. Auch

Cousine Püppe sah ich nicht. Zuerst dachten wir, sie wäre auf dem Weg hierher verloren gegangen, aber einige Tage später, als die Deportation vonstattengegangen war und der Zug mit den Juden aus Dębica nach Auschwitz abgefahren war, erfuhren wir, was mit ihr geschehen war. Einer, der vom Zug gesprungen war, brachte uns die Kunde, dass Püppes Deutsche sie doch nicht gerettet hatten. Andere hatten ihr zugeredet, sie solle wie sie vom Zug springen, doch sie hatte allen Mut verloren und fuhr in ihren Tod.

Wir standen eng aneinandergepresst in dem beschränkten Raum hinter der Ziegelmauer, zusammen mit vielen anderen. Schulter an Schulter und Rücken an Rücken atmeten wir den Atem der anderen; Arm oder Bein zu bewegen bedeutete, dass ein anderer das Gleiche tun musste. Auf diesem Dachboden auszuharren, ohne jede Fluchtmöglichkeit, sollten die Deutschen uns entdecken, war eine entsetzliche Erfahrung und auch eine schwere Übung unserer Selbstbeherrschung. Wir schwiegen, als fürchteten wir, dass jemand auf der anderen Seite der Wand spionierte. Das Vergehen der Zeit in dem stetigen Zwielicht wurde nur von den verschiedenen Geräuschen markiert, die uns anzeigten, was geschah, denn alle von uns dort auf dem Dachboden waren inzwischen erfahrene Überlebende von Deportationen. Zunächst wurde das Ghetto geleert. Die Juden wurden auf eine große Weide an den Bahngleisen getrieben. Wir erkannten diesen Abschnitt an den Schreien der Menschen und dem Gebrüll der Deutschen, unterbrochen von Gewehrsalven; während einer Deportation wurden immer Menschen brutal zusammengeschlagen und getötet. Als der Lärm sich legte, wussten wir, dass die Selektionen begonnen hatten. Das Prügeln und Töten war jetzt beschränkt. Später hörten wir die Ankunft des langen Güterzugs. Und noch später sagte uns das klagende Pfeifen der Lokomotive, dass es Abend geworden war und der Zug sich auf die Fahrt nach Auschwitz machte.

Als der Zug abgefahren war, begann die bekannte Suche nach versteckten Juden. Das Verstreichen der Zeit prägt sich nicht leicht ins Gedächtnis ein, und ich kann nicht genau sagen, wann die Suche begann, ob am Tag der Deportation oder am darauffolgenden. Doch wir wussten aus Erfahrung, dass die Deutschen alles systematisch durchsuchen würden, ein Haus nach dem anderen, eine Hütte nach der anderen, Wände abklopfend, in Keller eindringend und auf Dachböden steigend. Ihnen war sehr gut bekannt, wie geschickt die Juden inzwischen geworden waren, sich während der Deportationen zu verstecken. Das war natürlich die allergefährlichste Zeit für uns: Wir mussten erstarren, absolut still sein. Wir wussten, für Juden, die im Versteck gefunden wurden, war das der sichere Tod. Obwohl wir die Grenzen des Erträglichen erreicht hatten, kam jetzt die wahre Prüfung; erst jetzt, während der Suche, wurde über Leben oder Tod entschieden. Ein Husten, ein Niesen, ein Stöhnen, das kleinste Geräusch konnte unser Versteck verraten.

Die Suche dauerte vielleicht Minuten, eine halbe Stunde oder länger; wenn der Tod so nahe ist, setzt das Denken aus und Zeit spielt keine Rolle. Ins Gedächtnis brennt sich die unbeschreibliche Angst, vage Bilder und Laute. Wir hörten die barschen Stimmen der Deutschen auf der anderen Seite der Mauer; wir hörten das Hecheln der scharfen Hunde. Wir hielten den Atem an und erstarrten. Endlich hörten wir ihre schweren Tritte auf der Treppe nach unten. Durch das schmutzige Dachfenster sahen wir, wie sie das Haus verließen. Der Tod war eine schwache Ziegelwand entfernt gewesen. Als die Deutschen fortgingen, starb ein Baby, von der eigenen Mutter erstickt. Ein Mann bekam einen Tobsuchtsanfall und musste gefesselt und geknebelt werden. Ich sah ohne Gefühlsregung zu, prägte mir alles ein, ohne zu wissen, dass ich am Leben bleiben würde, um diese Worte zu schreiben, die nicht angemessen wiedergeben, was ich miterlebt habe.

Wir glaubten uns gerettet. So täuschen sich die Menschen, für die nur der Augenblick zählt, wenn sie vom Tod bedroht sind, und nicht der Augenblick danach. Es reichte nicht, die Deportation zu überleben, obwohl wir, was die Vernichtungsmaschinerie betraf, nicht mehr existierten. Wir befanden uns im Zug nach Auschwitz oder waren schon zu Asche geworden. Wie man am Leben bliebe und was man als Nächstes tun sollte waren die entscheidenden Fragen. Es gab eine Liste mit denen, die in Dębica bleiben konnten, und nur Onkel Reuben und Mutter standen darauf. Ich bin sicher, dass er dafür gesorgt hatte, dass Mutters Name auf der Liste stand. Sie war Stenotypistin und die Deutschen liebten sauber getippte Berichte, Briefe und verschiedene andere Mitteilungen. Das hatte er sich zunutze gemacht. Gleichzeitig war er nicht in der Lage gewesen, seine eigene Frau und Tochter oder uns andere zu retten.

SEPTEMBER 1980

Die Fahrt von Krakau, meinem Aufenthaltsort auf dieser Polenreise, nach Dębica führt durch hübsche Felder, ferne Wäldchen und malerische Dörfer. Hier und da stehen noch ein paar alte strohgedeckte Häuser mit hohen Sonnenblumen hinter ordentlichen Bretterzäunen. Der Fahrer, ein gesprächiger Mann, erzählt mir, dass er am Tag vor der deutschen Kapitulation geboren wurde. Hier haben vor dem Krieg überall Juden in den Dörfern und Städten gewohnt, sagt er und zeigt nach links und nach rechts. Sie sind fortgegangen, sagt er, und kein einziger Jude ist geblieben. Er lügt nicht und er möchte mir auch nichts vormachen; schließlich hat er nie einen Juden gesehen (soviel er weiß) und hat keinen Grund zu bezweifeln, was ihm die Älteren und die Lehrer erzählt haben. In normalen Zeiten nimmt man nicht an, dass Leute, die fortgehen, fortgetrieben und umgebracht werden.

Der Fahrer war erstaunt, als ich ihn bat, mich nach Dębica zu fahren. Auf unserer vorherigen Fahrt nach Mielec in seinem bequemen Wagen hatte er eine Geschichte für mich erfunden: Ich war die Tochter einer polnischen Mutter, die mich als Kind nach Amerika mitgenommen hatte. Obwohl ich mein Vaterland seither nie gesehen hatte, hatte ich Polnisch gelernt, schlussfolgerte er, und war nun endlich gekommen, um Mielec, die Heimat meiner Vorfahren, zum ersten Mal zu besuchen. Warum ich denn nach Dębica fahren wolle, fragte er. Ich bin sicher, es kam ihm nicht in den Sinn, dass ich jüdisch sein könnte, und ich für mein Teil fühlte mich irgendwie wohl mit der mir zugeschriebenen Identität. Alte Schrecken wurden so in Schach gehalten, alte Gespenster sicher gebannt. Später würde ich mich darüber amüsieren, mit welcher Leichtigkeit ich wieder in die Rolle eines polnischen Mädchens schlüpfte, die mir auf einer früheren Reise das Leben gerettet hatte.

Wir erreichen Dębica am Nachmittag und erkundigen uns, wie wir zum Markt kommen. Jüngere Leute schütteln den Kopf; hier gibt es keinen Markt, sagen sie. Schließlich weist uns ein betagter Einwohner den Weg zu einem Park mit hohen Bäumen und sagt, das sei der Ort, wo der Markt vor dem Krieg gewesen sei. Das Gebiet ausfindig zu machen, wo einst das Ghetto gewesen ist – der letzte Aufenthalt unserer Familie, ehe jeder von uns fortging, um weiterzuleben oder zu sterben –, wird nicht einfach sein, stelle ich fest. Doch diesen Ort zu finden, auf den Fleck zu zeigen, wo alles endete, ist außerordentlich wichtig geworden.

Ich lasse den Fahrer im Park zurück, der einst ein Marktplatz gewesen ist, und sage ihm, ich möchte einen Spaziergang machen. Er setzt sich zufrieden auf eine Parkbank zwischen zwei Pfeife rauchende Alte. Der Park ist belebt.

Mädchen schlendern Arm in Arm dahin, Pärchen flirten miteinander, rowdyhaft wirkende Burschen in unmodischen Hosen lehnen an Laternenpfählen. Keinen hier plagen offenbar unauslöschliche Erinnerungen. Ältere Frauen mit Einkaufstaschen eilen geschäftig durch den Park, um sich in dieser oder jener Schlange nach Lebensmitteln anzustellen, wie das Polen offenbar überall tun. Ein Straßenverkäufer rollt einen kleinen Wagen mit Zitronen in den Park, und sofort bildet sich eine Schlange; erlaubt ist eine Zitrone pro Kunde.

Es ist ein trüber Tag, der die Häuser und sogar die grünen Bäume mit einem gewissen Grauton überzieht, den ich immer mit diesem Teil Polens verbinden werde. Ein freudloser, kühler grauer Tag, obwohl es noch nicht Herbst ist. Entschlossen, wenigstens die Umrisse des Ghettos zu finden, verlasse ich den Park. Irgendetwas müsste doch noch da sein, eine Erinnerung an seine Existenz.

Ich befinde mich auf einer hübschen, von Bäumen gesäumten Straße, auf deren einer Seite neuere Häuser stehen als auf der anderen. Die neuen Häuser sind große identische Wohnblocks – wahrscheinlich Arbeiterwohnungen und ganz bestimmt nach dem Krieg errichtet. Auf der anderen Straßenseite stehen kleinere und ältere, recht gut erhaltene Einfamilienhäuser, dazwischen andere mehrstöckige Wohnhäuser. Vor einem Laden weiter vorn hat sich eine lange Schlange gebildet, und beim Näherkommen rieche ich den nicht zu verwechselnden Geruch frischgebackenen Brots. Sofort ist mir klar: Die Straße, auf der ich stehe, war damals die Grenze zwischen dem polnischen Teil der Stadt und dem Ghetto und in ihrer Mitte verlief der Zaun. Die heutigen großen Wohnblocks hinter mir stehen auf dem Schutt des Ghettos, das man nach der letzten Deportation abgerissen hat, oder nach Kriegsende, um Platz für neue Häuser zu schaffen.

Ja, ich bin sicher, dass sich direkt gegenüber von der Bäckerei die Stelle befindet, wo unsere rattenverseuchte Hütte gestanden hat. Ich wüsste gern, ob sich einer der Älteren im Park noch an das Ghetto und seine leidenden Menschen erinnert. Wahrscheinlich nicht. Für manche ist es leicht zu vergessen. Zusammen mit den Häusern und Elendshütten wurde ohne Zweifel auch die Erinnerung ausgelöscht. Diese Feststellung tröstet mich kaum, genauso wenig wie der Umstand, dass ich diesen Teil des Ghettos gefunden habe. Ich hatte geglaubt, wenn ich auf die Stelle zeigen würde, könnte ich sagen: Hier, hier haben wir gelitten, hier hat alles geendet. Den Platz zu benennen würde mir zu finden helfen, was ich verloren hatte, so glaubte ich. Es war nicht so.

Mutter, Vater, Schwester und ich saßen auf dem Fußboden des dunklen Hauses, das wir gefunden hatten, als wir vom Dachboden herunterkamen. Nur wir vier waren jetzt beisammen. Um uns herum lagen wild durcheinander schlafende Menschen, als wären sie in Schlaf gesunken, wo immer sie gerade waren. Es waren Fremde, die wir noch nie gesehen hatten, die wie wir aus ihren Verstecken gekrochen waren, als die Durchsuchungen vorbei waren – gequält von Hunger und Durst, ohne genug Speichel, um sich die Lippen zu befeuchten. Sie hatten wie wir Zuflucht gesucht in diesem leeren, baufälligen Haus im Ghetto, das nach der Deportation nun ein Arbeitslager war. Sie hofften wie wir, das Haus würde für einen weiteren Tag, zwei weitere Tage Teil des Lagers sein und nicht außerhalb liegen.

Ich war zu müde und hungrig, um mir groß Gedanken zu machen, wo meine Cousine Esther und ihre Mutter waren. Ich hatte sie aus den Augen verloren, als wir endlich, einer nach dem anderen, aus dem Dachboden wankten. Meine einzige lebhafte Erinnerung ist die an die Frau, die das Kind trug, das sie während der Durchsuchung erstickt hatte.

Sie trug den kleinen Körper wie eine Opfergabe die Treppe hinunter und reichte ihn auf der Straße ihrem wartenden Mann.

Vater saß zusammengesunken neben meiner Mutter. Sie sprachen nicht. Er bewegte sich unruhig, seine Haltung drückte Niedergeschlagenheit und Hoffnungslosigkeit aus. Zum ersten Mal seit der Deportation aus Mielec schien er am Ende seiner Kräfte angelangt. Ohne dass er es sagte, fühlte ich, dass er nicht länger wusste, was er tun konnte, welche Pläne er machen sollte, wie er seine Familie vor der Vernichtung retten konnte. Neun Monate lang hatte er uns beigebracht, wie wir am Leben bleiben und überleben konnten. Kein einziges Mal hatte er aufgegeben, selbst wenn mit jeder Deportation, mit jeder Reise unsere Überlebenschancen sanken. Er hatte uns immer gestützt, uns geholfen und uns den Glauben einzuflößen versucht, dass wir es irgendwie schaffen und dem Tod noch einmal entgehen würden. Nun, da er keinen Ausweg mehr sah, hatte er die Hoffnung verloren und war hilflos. Am Ende musste er dem Auseinanderbrechen seiner Familie ins Auge sehen – nur Mutter und Onkel Reuben konnten an dem Ort bleiben, der jetzt das Arbeitslager Dębica war.

Ich begriff, dass Vater die Mutter verlassen musste, wenn er sich selbst retten wollte. Auch meine Schwester und ich mussten fortgehen. Aber Vater war immer noch nicht bereit, das Ende der Familie zu akzeptieren. Erst viele Jahre später, als ich eigene Kinder hatte, würde ich Vaters schrecklichen Kampf zu verstehen versuchen (ohne es wirklich zu können) – den Kampf zwischen seiner Liebe für uns und seiner Angst um unser Leben, zwischen seinem Wunsch, uns zu schützen, und seiner hartnäckigen Weigerung zuzugeben, dass er es nicht vermochte. Er begriff und begriff auch wieder nicht, dass er keine Rolle mehr für unser endgültiges Schicksal spielte. Vater verlor das Wesentliche, das seinem

Dasein Sinn verlieh. Er konnte es nicht hinnehmen, uns zu verlieren. Aber in Dębica hörte ich auf, auf die Stimme meines Vaters zu hören. Ich hörte nur meine eigene, die nach Leben schrie. Ich war fest entschlossen: Ich würde fortgehen, und zwar allein. Allein hatte ich eine Chance, spürte ich; jemand könnte mich verstecken. Allein würde ich einen Weg finden. Hatte nicht die Korpantowa Mutters Schmuck? Wenn nicht die Korpantowa, dann würde eine andere Mitleid mit mir haben. In meinem Herzen hatte ich Vater und Schwester schon ihrem Schicksal überlassen und fühlte wieder, wie in Sosnowiec, weder Bedauern noch Schuld. Ich hatte mich entschieden.

Wir saßen auf dem Fußboden des dunklen Hauses, Vater, Mutter, Schwester und ich, jeder getrennt von den anderen durch Hunger und Angst, die nicht geteilt werden konnten. Die bis ins Mark dringende Kälte des Raums schien unsere Seelen erstarren zu lassen.

Als sei er erschöpft von seinem Kampf, ruhte Vater auf einem zusammengebrochenen Bett in der Ecke. Das Bettzeug war aufgeschlitzt, und die meisten Federn waren herausgequollen, klebten an unseren Schuhen und Kleidern und gerieten uns in die Haare. Er fröstelte unter der zerfetzten Bettdecke. Es waren weniger Menschen im Raum als in der vergangenen Nacht. Vielleicht hatten sie andere Häuser gefunden, wo sie sich verstecken konnten. Oder vielleicht waren sie in den Wald geflohen. Jemand hatte eine Kerze gebracht. Ihr schwaches Flackern warf unheimliche Schatten an die Wände und zog die zerlumpten, stillen Gestalten der Flüchtlinge grotesk in die Länge.

Ich saß neben Vater und hielt seine Hand. Ich blickte hinunter in sein hageres Gesicht, das keinen Trost mehr bot. Er hatte die Augen geschlossen, aber er schlief nicht. Ich wollte mit ihm reden. Ich wollte ihm sagen, dass ich fort müsse, dass ich nicht erschossen werden, nicht sterben wollte. Ich wollte leben, und ich wollte seine Erlaubnis für mein Fortgehen. Ich wollte seine Zustimmung. Ich weiß nicht, was ich schließlich gesagt habe, doch ich werde seine Antwort nie vergessen: Geh nicht, sagte er, verlass die Familie nicht. Wir müssen zusammenbleiben, sagte er. Geh nicht. Das waren seine letzten an mich gerichteten Worte.

Ich muss mit Mutter gesprochen haben, obwohl ich mich nicht erinnere, ihr von meinem Plan, nach Mielec zu gehen und jemanden zu finden, der mich verstecken würde, erzählt zu haben. Anders als Vater akzeptierte sie meine Entscheidung, und ich wusste, sie würde mir zu fliehen helfen. Vor dem Morgengrauen schlüpften wir beide leise aus dem Zimmer. Vater sprach mit keinem von uns – hatte Mutter es ihm gesagt? Er saß auf dem zusammengebrochenen Bett, mit krummen Schultern und auf die Brust gesunkenem Kopf. Er sah mich nicht an, als ich die Tür zuzog.

Es gab keinen Mond. Die Luft war dunstig und ließ die Umrisse der rohen Hütten, wo keiner mehr wohnte, zerfließen. Dicht an den Hüttenwänden entlang schlichen wir uns zum Rand des Lagers. Meine Mutter musste diese Stelle äußerst sorgfältig gewählt haben – sie war nicht in der Nähe des Markts, wo wir gewohnt hatten und wo eine einsame Gestalt, die ihn überquerte, leicht entdeckt werden konnte. Stattdessen führte sie mich zu einem anderen Abschnitt des neu geschaffenen Lagers, der an eine dunkle Straße mit gegenüberliegenden Häusern grenzte. Dort trennte ein provisorisch errichteter Stacheldrahtzaun die Juden von den Nichtjuden. Sie musste sich ausgerechnet haben, dass ich an dieser Stelle leicht im dunklen Schatten der Bäume und Häuser verschwinden konnte. Als wir bei der letzten Hütte ankamen, schob mir Mutter etwas Geld in die kalten Hände, genug für eine Fahrkarte nach Mielec, sagte sie. Ich weiß nicht, wer ihr das Geld gegeben hatte. War es Onkel Reubens letztes Geschenk für sie, oder für mich? Sie flüsterte mir gehetzt zu, ich solle mich unter dem Stacheldraht durchgraben, aber auf den Suchscheinwerfer achten und dicht am Boden bleiben. Nimm den Zug nach Mielec, sagte Mutter. Geh zur Korpantowa und bitte sie, dich zu verstecken. Sie hat unser Geld und meinen Schmuck. Mutter küsste mich schnell und fuhr mir mit der Hand übers kalte Gesicht, als wolle sie seine Konturen ihrer Hand einprägen. Wie als Antwort auf meinen verzweifelten Lebenswillen hatte sie zu einer ehrfurchtgebietenden Stärke, geboren aus totaler Verzweiflung, gefunden – schickte sie mich ins Leben hinaus oder in den sicheren Tod? Als ich rasch zum Stacheldrahtzaun kroch, schaute ich mich nicht um, doch ich wusste, sie würde, noch lange nachdem ich verschwunden war, Ausschau halten und horchen.

Jetzt war ich völlig allein, nur auf mich selbst gestellt. Mit bloßen Händen grub ich wie wild im nassen Boden unter dem Stacheldraht und duckte mich tief, wenn der Suchscheinwerfer über mich hinstrich. Es war keine Zeit, an Angst zu denken oder daran, was als nächstes geschehen könnte. Ich grub. Ich kroch. Ich gelangte auf die andere Seite, einen kleinen Hang hinunter und dann auf die Straße.

Aber wenn ich diese Sätze noch einmal durchlese, sehe ich, dass es in meiner Schilderung zu leicht, zu einfach klingt. Ängste gingen mir damals vielleicht nicht durch den Kopf, aber Ängste waren in meinem Bauch, wühlten in meinen Eingeweiden. Kann einer wirklich ermessen, was Todesfurcht bedeutet, wenn er sie nie erlebt hat? Kann man würgende, bodenlose Angst überhaupt beschreiben?

Nachdem ich die Straße erreicht hatte und unterwegs zum Bahnhof war, musste ich besonders vorsichtig sein und meine fünf Sinne zusammennehmen. Jetzt musste ich mich darauf konzentrieren, mich in eine andere zu verwandeln, und die Rolle eines polnischen Mädchens annehmen, das keine der jüdischen Ängste zeigte. Ich stellte mir vor, ich sei von meinen polnischen Eltern geschickt worden, um eine kranke Großmutter zu besuchen, um ihr bei der Hausarbeit zu helfen. Ich war blond. Meine Gesichtszüge glichen nicht denen, die man für typisch jüdisch hielt – dessen war ich mir seit meinen Beutezügen auf dem Markt in Dębica bewusst. Doch ich musste meine Augen hüten; Deutsche, so sagte man, erkannten Juden am Blick. Als ich mich dem Fahrkartenschalter näherte, überkam mich eine andere Angst. Würden mich meine braunen Augen, die hätten blau sein sollen, wäre ich wirklich polnisch gewesen, verraten? Würden meine schmutzigen Hände Verdacht erregen? Doch das Täuschen fiel mir leicht – später im Leben wurde es zu einem vertrauten Spiel.

Dieser lange Tag, als ich die Kreuzung zwischen Leben und Tod überschritt, ist mir nur in gröbsten Umrissen im Gedächtnis geblieben. Zunächst war da die Bahnfahrt ins nahe Mielec mit ihrer kurzen beinahe angstfreien Zeit in der Dunkelheit des Zuges. Dann setzte eine neue Angst ein: Wenn mich nun einer in Mielec wiedererkannte oder mich an die Gestapo verriet oder an Rudi Zimmermann? Würde man mich ins Haus der Gestapo bringen und foltern? Wenn ich nun den Weg zur Korpantowa nicht fand? Schließlich war ich nie allein zu ihrem Haus gegangen, da man mich für zu jung hielt, um so weit allein zu gehen. Die Bahnfahrt war allzu schnell zu Ende.

Als ich in Mielec ankam, hatte ein Schneesturm die Häuser und Felder mit einer gleichmäßig weißen Decke überzogen. Bekannte Wahrzeichen waren getilgt und ich verirrte mich bald in den schneebedeckten Feldern. Die Landstraße zum Haus der Korpantowa war unter einer weichen weißen Schneedecke verschwunden. Schließlich fand ich doch hin. Mein Überlebenswille wurde jedoch bald erschüttert, als die Korpantowa, wild fluchend, ihren knurrenden schwarzen Hund von der Leine ließ, um mich fortzujagen. Eine Weile glaubte ich, dass ich ganz gewiss in der bitteren Kälte umkommen würde, und mir fielen Geschichten von Leuten ein, die im Schnee einschliefen und nie mehr aufwachten. Ich glaube nicht, dass ich damals zornig auf die Korpantowa war. In solch einer Situation kann man es sich nicht leisten, kostbare Kraft an Zorn oder Selbstmitleid zu vergeuden.

Irgendwie ging ich an diesem langen, kalten Tag immer weiter, doch ich weiß nicht mehr, wie. Ich ging weiter trotz Schnee und meiner nassen, schweren Schuhe, trotz Erschöpfung und Hunger. Ich kehrte in die Stadt zurück und suchte den Wirt des Hauses auf, in dem wir gewohnt hatten. An diese Begegnung erinnere ich mich äußerst lebhaft. Er war betrunken und weder seine knochige Frau noch ihre kleinen Zwillingsmädchen, die sonst immer an ihm hingen, waren zu Hause. Er saß allein am Tisch, eine Flasche Wodka vor sich, und sah mich mit blutunterlaufenen Augen an, vielleicht erkannte er mich, vielleicht nicht. Obwohl er kein dicker und kräftiger Mann war wie der Mann der Korpantowa, erschreckte er mich durch die Art, wie er mich anfasste und zu sich zog. Ich wusste damals nicht, wozu Männer in der Lage sind, doch ich spürte die Gefahr und wusste, dass ich sofort weg von ihm musste. Schreckerfüllt floh ich aus dem Haus und ließ eine große Pfütze geschmolzenen Schnee zurück, die der betrunkene Wirt verständnislos anstarrte.

Dem Schreck folgte Verzweiflung – erschöpfende, abgrundtiefe Verzweiflung. Die Dunkelheit war hereingebrochen und die Welt immer weniger erkennbar. Jeder Schatten war grotesk verzerrt und verkündete eine neue Gefahr. Da waren Straßen, die ich nie gesehen zu haben meinte, unbekannte Häuser. Ich wusste, Mütter waren in warmen Küchen und bereiteten das Abendessen; helle Öllampen standen auf dem Tisch, Kinder erledigten ihre Hausaufgaben – sie waren dort drinnen, und ich war hier draußen in der bitteren Kälte. Ich hatte nicht mehr die Kraft, mich zu fürchten, obwohl ich sicher war, dass ich im weißen kalten Schnee sterben würde, vergessen, allein, verlassen.

Es hatte aufgehört zu schneien, doch auf den Straßen bildete sich in der bitteren Kälte der Nacht rasch eine Eisschicht. Ich taumelte durch unbekannte Straßen und konnte mich oft auf dem glatten Eis nicht auf den Beinen halten. Wie durch ein Wunder gelangte ich schließlich zur Wohnung der Orlowskys. Hatte mich ein Gebet geleitet? Ich hatte wohl eher einen der seltenen Passanten auf der Straße gefragt, ob er wisse, wo die Orlowskys wohnten. Es könnte sogar sein, dass ich mehr als einen gefragt hatte, ehe jemand mir den Weg wies. Bis auf den heutigen Tag weiß ich nicht, wie ich auf die Idee kam, die Orlowskys als letzte Zuflucht aufzusuchen. Doch außer der Korpantowa und dem Wirt kannte ich keine anderen Polen in Mielec. Mutter hatte die Orlowskys nicht erwähnt, offenbar weil sie annahm, die Korpantowa würde mich aufnehmen.

Die Orlowskys waren fromme Katholiken und polnische Patrioten aus Poznań. Kurz nach der deutschen Invasion Polens hatten sie es abgelehnt, deutsche Staatsbürger zu werden, so dass sie als Flüchtlinge nach Mielec gekommen waren. Sie hatten die Kellerwohnung in dem Gebäude gemietet, in dem wir damals wohnten. Als Nachbarn und gewissermaßen Leidensgenossen hatten wir ein paar höfliche Worte ausgetauscht, aber nie mehr als das. Nach ihrem Umzug verloren wir den Kontakt zu ihnen. Leokadia Orlowsky war eine zarte Frau, die herzkrank war; ihr Mann Stanisław, ein Steuerbeamter, trank zu viel, wie viele polnische Männer. Mit ihrer Tochter Roma spielte ich nicht, während sie in der Kellerwohnung lebten. Sie war jünger als ich und sie ging zur Schule, während es jüdischen Kindern verboten war, die Schule zu besuchen.

Ich kam zu ihrer Wohnung nach Einbruch der Dunkelheit, klatschnass und fast erfroren. Auch wenn ich nicht mehr weiß, wie ich dahin gelangte, erinnere ich mich noch, wie ich betäubt in der Küchentür stand und die plötzlich herausströmende Wärme spürte, die lang vergessenen köstlichen Gerüche eines Zuhauses einsog und den goldenen Schein der hell brennenden Öllampe auf dem Tisch unter dem Fenster sah. Es schien eine Ewigkeit her zu sein, seit ich ein Zuhause gesehen hatte. Da standen zwei Betten an der Wand, auf denen sich Federbetten türmten, ein großer Kachelofen auf der anderen Seite, ein Tisch und Stühle. Frau Orlowsky zog mich herein, verriegelte die Tür und kontrollierte, ob die Gardinen zugezogen waren. Hat dich jemand gesehen?, fragte sie. Dann gab sie mir trockene Sachen, wärmte meine eiskalten Füße, gab mir zu essen und versteckte mich später im Hühnerstall. Schließlich weihte sie ihren Mann ein, vielleicht erst nach einigen Tagen. Mit den Tatsachen konfrontiert hatte er nicht das Herz, mich fortzuschicken, obwohl er es vielleicht gewollt hatte. Das Umherreisen hatte für eine gewisse Zeit ein Ende.

SEPTEMBER 1997

Die Historiker haben Dębica und Radomyśl Wielki vergessen. Man kann von ihnen schließlich nicht erwarten, dass sie sich an jedes kleine Ghetto und jede kleinere Deportation erinnern, bei der nur ein paar tausend Juden (waren es achttausend oder sogar zehntausend?) ihrem Tod entgegengingen und bei der nur ein paar hundert niedergeschossen oder erschlagen wurden. Der Historiker muss sich mit den größeren Fragen beschäftigen, was ihm die Distanz zur Vergangenheit vermutlich gestattet. Er muss sich mit sechs Millionen befassen – wie kann er da dem winzigen Punkt auf der Landkarte allzu viel Beachtung, wenn überhaupt welche, schenken – Dębica, wo an einem kalten und grauen Herbsttag nur etliche Tausend in den Tod getrieben wurden. Ich könnte die Historiker für ihre Versäumnisse, ihre

Nachlässigkeit oder ihre Vergesslichkeit kritisieren. Doch auch ich vergesse sogar beim Erinnern. Die Bilder, die vor meinen Augen vorüberziehen, sind manchmal schmerzlich klar, ein andermal undeutlich, bloße Schatten. Ich kann sie und die Bereiche der Vergangenheit, zu denen sie gehören, nicht mehr entschlüsseln.

In New York, Chicago oder Boston fällt das Vergessen leichter als in Jerusalem. Doch sogar hier fällt das Erinnern seit kurzem schwerer, wenn bröckelnde Steinmauern von gnadenlosen Bulldozern zermalmt werden und alte Häuser in vernachlässigten Gärten modernen Hochhäusern weichen. Ich gehe den Herzl Boulevard hinauf zum Yad Vashem, der Holocaust-Gedenkstätte. Zu meiner Rechten befindet sich der Militärfriedhof mit seinen zahllosen Gräbern junger Männer, die in Kriegen gefallen sind, die – wie einige jetzt sagen – vielleicht unnötig waren. Vor mir ist die rote Alexander-Calder-Skulptur – kurzlebige Modernität und die Zeitlosigkeit des konkreten Todes nahe beieinander. Am Calder biege ich rechts ab und bin bald am Yad Vashem. Aus Bussen steigen Hunderte Touristen mit ihren Videokameras; Busladungen von Soldaten auf Tagesausflug wimmeln fröhlich um den Kiosk; lärmende Schulkinder kommen mit ihren Lehrern an; Delegationen von Geschäftsleuten mit eigenen Führern steigen aus Kleinbussen – es herrscht eine Art Karnevalsatmosphäre im hellen Jerusalemer Sonnenschein. Bald werden alle verstummen während der zwanzigminütigen Führung durch das Museum mit seinen Bildern von Tod und Vernichtung.

Ich lasse die Touristen und Soldaten hinter mir und gehe hinunter in das Tal der Gemeinden, vorbei an bewaldeten Berghängen, vorbei am Viehwaggon, der absurd halb über dem Rand eines Abgrunds schwebt, vorbei an den Gedenktafeln für die Gerechten unter den Völkern. Dort unten auf dem Grund des Wadi ist das Tal der Gemeinden, wohin die

Touristen nicht immer kommen. Dort ist Stein auf Stein getürmt, riesige Blöcke des goldenen Jerusalemer Steins, darauf sind Namen eingegraben von Tausenden Großstädten, Kleinstädten und Dörfern, in denen Juden einst lebten und gediehen, und dann nicht mehr waren. Die Namen der Gemeinden in Frankreich, Belgien, Deutschland, Russland, in der Tschechoslowakei und anderswo sind mit größeren und kleineren Lettern eingegraben, so hoch oben, dass ich den Hals recken muss, um sie zu lesen, oder tief unten am Boden. Hier gibt es weder Bäume noch Büsche, man hört auch keine Vögel singen. Da ist nur das tiefe Schweigen des toten Steins. Doch hier sind die Geschichten von Mielec, Wieliczka, Dąbrowica, Dębica und Radomyśl, und ich fasse Mut. Selbst wenn sterbliche Historiker sich nicht an diese Geschichten erinnern, so wird es doch, weil sie in haltbaren Stein gegraben sind, wohl etwas länger dauern, ehe sie vergessen sind – vielleicht bis zum Tag, wenn keiner mehr da ist, um auf die Geschichten zu hören, die die Steine erzählen.

DREI

Als Großmutter starb

Jeder, der Erinnerungen an einen Krieg aus eigenem Erleben hat, weiß, dass diese Bilder mit besonderer Deutlichkeit im Gedächtnis bleiben. Die Ungeheuerlichkeit der Vorgänge, ihr absurdes Abweichen von den Gepflogenheiten der normalen Welt, garantiert, dass ihnen eine Struktur … anhaftet, die das erzählende Erinnern erleichtert.

Paul Fussell, Der Erste Weltkrieg und das moderne Gedächtnis

Es gab eine Zeit vor den Reisen. Das war die Kindheit, eine Zeit, ausgefüllt mit Büchern und Lernen, mit Spielen und Freundschaft, mit Liebe und Vertrauen, mit Streit – ernsthaft, solange er anhielt, bald vergessen, wenn er vorbei war. Was mich betraf, so war es eine Zeit, als jeder, den ich kannte, genau an dem Platz war, wo er hingehörte, und so war, wie er sein sollte. Es war eine Zeit, von der ich viele Jahre lang glaubte, sie wäre ein Traum gewesen, bis ich nach Mielec reiste und die Häuser, Straßen und Märkte genau dort vorfand, wo ich sie im Geist hingesetzt hatte.

Als Kind erlebte ich eine allumfassende Ordnung in unserer Lebensweise. Es war keineswegs eine ideale Ordnung, denn es gab vieles, was unschön oder hässlich war, und vieles, was mir nicht gefiel. Aber das Leben war geregelt und hatte einen Rhythmus. Es drehte sich alles um die Feiertage mit ihren speziellen Bräuchen und Nahrungsmitteln und um den wöchentlichen Sabbat – jeden Freitagnachmittag brachte ich den großen Cholent-Topf (der unsere Sabbat-Mahlzeit enthielt, einen Eintopf aus Kartoffeln, Zwiebeln, Bohnen und Fleisch) zur Bäckerei, damit er über Nacht im heißen Ziegelofen schmoren konnte. In meinem Alter war dieser Brauch tröstlich, obwohl ich heute sicher bin, dass er für meine ältere Schwester und Gleichaltrige erdrückend gewesen sein muss, wie auch ich es wohl empfunden hätte, wenn ich in Mielec herangewachsen wäre. Ich frage mich oft, wer ich dann gewesen wäre, zu welchem Menschen ich mich entwickelt hätte, wenn eine Lebensweise, eine Existenzform, nicht so vollständig und plötzlich verschwunden und nur die Erinnerung an Tod und Zerstörung zurückgeblieben wäre.

Großmutter Mindel, die Mutter meines Vaters, war die zentrale Person in unserem Leben. Selbst er beugte sich ihrer Autorität. Um die Jahrhundertwende hatte ihr Mann Chajm der Große ein zweistöckiges Steinhaus in der Sandomierska-Straße gebaut, einen Laden im Erdgeschoss und eine Dreizimmerwohnung oben. Ich glaube, er ist kurz danach gestorben, und ich erfuhr nie, warum man ihn Chajm den Großen nannte. Höchstwahrscheinlich geschah es, um seinen Teil der Familie am Hauptmarkt, dem Großen Markt, von Chajm dem Kleinen und seinem Familienzweig am Kleinen Markt zu unterscheiden. Am deutlichsten ist mir an Großmutter ihre große Nase in Erinnerung geblieben und die gelbe Alltagsperücke, die sie am Sabbat gegen eine graue austauschte. Breithüftig, mehrere Röcke übereinander tragend, stand sie hinter ihrem Ladentisch und bewachte die Geldschublade. Hinter der anderen Seite des L-förmigen Ladentisches stand Onkel Reuben (den die Leute Rivele nannten), der immer verträumt auf einen Punkt hoch oben an der Wand starrte, bis Großmutter ihm in scharfem Ton befahl, für einen Kunden Essiggemüse aus dem Fass zu holen oder ihr den Zucker zu bringen, den ein anderer wünschte, oder sonst irgendeine Arbeit zu verrichten. Er war ein dünner Mann mit einem dünnen Schnurrbart, der in unsere laute, zänkische Geminder-Familie eingeheiratet hatte. Als Außenseiter hatte er in der Familie nichts zu sagen; vielleicht ging er nach der Ankunft der Deutschen in den Judenrat, um sich endlich zu behaupten.

Tante Feige, seine Frau, war so verschieden vom stillen, zurückhaltenden Onkel Reuben wie nur möglich. Klein und breithüftig wie Großmutter, war sie in ständiger Bewegung – lief die Holztreppe hoch zur Wohnung, wieder hinunter zum Laden, dann zum Markt, zu einer Nachbarin, wieder zurück zum Laden, um Kunden zu bedienen oder ihrem Mann zu befehlen, dies und das zu holen und zu tragen.

Während Großmutter Mindels jüdische Kunden von der Sandomierska-Straße grammweise einkauften oder höchstens einmal ein Pfund verlangten, kauften polnische Kunden wie die Korpantowa Mehl, getrocknete Bohnen und Erbsen gleich sackweise. Wenn die Korpantowa kam, musste Onkel Reuben immer die Säcke in ihre Pferdedroschke laden. Als Freundin der Familie und geschätzte Kundin wurde die Korpantowa besonders zuvorkommend behandelt – Tante Feige würde für sie von den Marktfrauen einen ovalen weißen Käse besorgen oder in grüne Blätter eingewickelte Butter. Großmutters deutsche Kunden aus Czermin wurden auch gut behandelt. Die Zimmermanns mit ihrem mürrischen Sohn Rudi kamen in einem Pferdewagen aus ihrem Dorf, und Onkel Reuben trug, unter Tante Feiges wachsamen Blick, Säcke mit Mehl und holte Zucker und Linsen herbei.

Nach diesen Großeinkäufen fingen Großmutter und Tante Feige oft zu streiten an. Großmutter befand vielleicht, dass sie übers Ohr gehauen worden war (sie war ziemlich knauserig) oder Feige beschuldigte sie, Geld zu verstecken. Was auch der Grund war, die beiden Frauen stritten heftig miteinander, während Onkel Reuben still aus dem Laden schlüpfte und verschwunden war. Mir machten das Geschrei und Durcheinander ziemlichen Spaß, weil das für mich ein Teil der Ordnung war und keine Abweichung davon. Die meisten Leute auf der Sandomierska-Straße zankten sich bei dieser oder jener Gelegenheit mit ihren Verwandten.

Meine Cousine Esther und ich stritten auch sehr viel, besonders wenn sie, die nur zwei Jahre älter war, mich verspottete, weil sie Dinge wusste, die ich nicht wusste. Ich mochte Cousine Esther mit ihrem strähnigen braunen Haar und der Angewohnheit, sich ihre großen gelben Zähne langsam zu reiben, eigentlich nicht. Vielleicht mochte sie mich auch nicht besonders, aber wir beide hatten oft sonst niemanden, der uns Gesellschaft leisten konnte, deshalb spielten wir Domino oder mit Ausschneidepuppen, besonders wenn ihre ältere Schwester Malka dazu gebracht werden konnte, für sie schicke Kleider zu zeichnen. Wir stritten uns oft und waren dann *brojges* – der jiddische Ausdruck dafür, wenn man mit jemandem nicht mehr redet. Die Versöhnung fand nach einem gewissen Ritual statt. Wir suchten uns Mittler, die mit uns aushandelten, welche Zugeständnisse jede von uns zu machen bereit war. Wie Großmutter und Tante Feige ihre Streitigkeiten schlichteten, weiß ich nicht; aber nach jeder mit viel Geschrei geführten Auseinandersetzung nahmen sie ihre Arbeit im Laden wieder auf, als wäre nichts geschehen.

Die älteren Mädchen stritten sich offenbar nie mit ihren Freundinnen. Cousine Malka mit ihren langen, hinter den Ohren festgesteckten Zöpfen saß im oberen Stockwerk und scherzte und lachte mit ihren Freundinnen, während sie Handarbeiten machten. Meine Schwester lernte bei einer Damenschneiderin, obwohl die Schneiderei eine Arbeit war, die sie hasste. Doch sie stritt deswegen nie mit Mutter. Ich hörte auch nie Auseinandersetzungen zwischen ihr und

Cousine Püppe. Die beiden Mädchen vertrugen sich prächtig, und wenn sie nicht arbeiteten, besuchten sie Cousine Malka. Und Mutter stritt nie mit irgendjemandem, selbst wenn mein Vater böse auf sie war. Ihr Gleichmut, für mich beruhigend, muss andere extrem aufgeregt haben. Deshalb sah ich es so, dass einige Menschen sich vertrugen und andere nicht, und ob sie es taten oder nicht, gehörte zu einer völlig natürlichen Ordnung.

Die Sommermonate im Jahr 1939 waren ungewöhnlich schön und sonnig. Mutter schickte Cousine Esther und mich regelmäßig zum Trinken frischer Ziegenmilch auf einen Bauernhof, weil sie überzeugt war, das sei besser für uns als abgekochte Kuhmilch. Wir liefen durch die goldenen Weizenfelder und pflückten leuchtend blaue Kornblumen und rote Mohnblumen, die in verschwenderischer Fülle am Weg wuchsen. Die Ziegenmilch bewirkte trotz der ihr zugeschriebenen therapeutischen Eigenschaften wenig bei Cousine Esther, die so schwächlich und blass wie eh und je blieb, und sie rieb sich immer noch ihre gelben Zähne. Im Sommer kochte Großmutter Mindel statt Hühnersuppe Pflaumensuppe, die mir viel besser schmeckte und die wir in der «Guten Stube» oben aßen. Am Sabbatnachmittag saßen Onkel Reuben, Vater und ihre Freunde in der Küche (sie diente Großmutter auch als Schlafzimmer), tranken Bier und aßen gesalzene Kichererbsen, während die Frauen in Tante Feiges Schlafzimmer tratschten. Die älteren Cousinen promenierten sittsam die Kolejowa-Straße auf und ab, die sie Broadway nannten – die vornehmste Straße einer jeden amerikanischen Stadt, glaubten sie.

In jenem Sommer erlebte ich mein erstes jiddisches Drama. Das ganze Frühjahr lang hatten einige der jungen Leute, Mitglieder einer kleinen Gruppe von Laiendarstellern in Mielec, ein Musical einstudiert, das sie sich aus Vaters Libretto-Sammlung, die er in einer Kiste auf dem Boden aufbewahrte, ausgesucht hatten. Sein Thema, sehr beliebt beim Jiddisch sprechenden Publikum, war ein junger Mann, der mit dem schönsten Mädchen in der Stadt verlobt ist. Er schwört ihr ewige Liebe, ehe er nach Amerika abreist. Sie wartet endlos lange Jahre treu auf ihn, bis er schließlich zurückkehrt, reich und berühmt, und sie inzwischen völlig vergessen hat. Ich weiß nicht mehr, was mit der Heldin geschah, aber ich weiß, es war traurig. Vielleicht wurde sie eine alte Jungfer, ein Schicksal, das man damals für schrecklich hielt. Das Melodram war äußerst rührend, und bis heute kann ich die eine oder andere Arie daraus singen. Bei den Proben war ich dabei gewesen, doch zur Aufführung, die nur für Erwachsene vorgesehen war, durfte ich nicht. Trotzdem sah ich zu, unter einer Bank im Zuschauerraum versteckt, während das Publikum tobte, und ich weinte bitterlich, als Naftule Birnbaum, der Bäckerssohn, die Rolle des treulosen Liebhabers sang.

In jenem Sommer hatte auch ich einen glorreichen Augenblick auf der Bühne, als die Bajt Ja'akob, die Religionsschule für Mädchen, die ich besuchte, ihre Jahresendvorstellung gab. Mit einem schwarzen Augenbrauenstift hatte mich meine Schwester liebevoll in einen Schornsteinfeger verwandelt. Ich trug einen Zylinder und spielte ein Lied auf meiner Blockflöte. Vater war unheimlich stolz auf mich, und ich beschloss auf der Stelle, dass ich für eine Theaterkarriere bestimmt war.

Aber in jenem Sommer kursierten auch Gerüchte, dass sich etwas zusammenbraute, dass die Deutschen hochgerüstet waren, dass Krieg bevorstand. Die älteren Cousinen, Püppe und Tante Schejndls zwei Töchter, sangen ein Spottlied auf den britischen Premierminister Neville Chamberlain nach der Melodie eines beliebten Schlagers – keiner glaubte an Chamberlains Appeasement-Politik, außer vermutlich er selbst. Offenbar wurde diskutiert, ob man nicht uns Kinder fortschicken und außer Gefahr bringen sollte, doch Großmutter verfügte, dass die Familie sich nicht trennen dürfe. Daher blieben wir alle, trotz der Warnungen, die die Erwachsenen erhielten, in Mielec, unter einem blauen Himmel und umgeben von Feldern goldgelb heranreifenden Weizens.

Und in jenem Sommer starb Großmutter Mindel. Sie starb an einem frühen Samstagmorgen im August. Hava, von Vaters Seite der Familie, und der kleine Chajm-Jankel, ihr Sohn, brachten uns die Kunde, als wir noch im Bett lagen. Vater war nicht zu Hause. Offenbar war er in Großmutters letzten Stunden bei ihr gewesen. Seine Schwester Schejndl wohnte mit ihrer Familie im Zimmer neben uns, und als Hava ankam, brach die ganze Familie sofort in lautes Klagen aus. Mutter, die sich nie leicht aus der Ruhe bringen ließ, brachte Hava in unser Zimmer und setzte sie neben das Messingtischchen. Hava nahm Chajm-Jankel auf den Schoß und schluchzte hemmungslos, wobei sie immer wieder sagte, was für eine Heilige, was für eine unvergleichliche Frau meine Großmutter gewesen sei.

Hava gehörte zum weitverzweigten Familienclan von Chajm dem Kleinen, der um den Kleinen Markt herum wohnte. Sie hatte keinen Mann, sie war vielleicht nicht einmal verheiratet gewesen; über diese Dinge sprach man nicht in Anwesenheit der Kinder. Sie verbrachte offenbar ihre Zeit zusammen mit dem fünf- oder sechsjährigen Chajm-Jankel (den die Leute «Ham-Jankel» riefen) ausschließlich damit, die einen oder anderen Verwandten zu besuchen. Sie war eine sehr gefühlsbetonte Frau, klein und flink, mit wildem grauen Haar und durchdringenden schwarzen Augen. Winters wie sommers trug sie einen langen dunklen Rock und ein großes buntes Schultertuch. Chajm-Jankel steckte stets in einem Matrosenanzug. Er war ein blasses Kind mit ständig verschnupfter Nase, das viel heulte. Hava beachtete sein Gewimmer nicht groß, sondern beschränkte sich darauf, ihm irgendetwas Essbares in den Mund zu stopfen. Keiner nannte Hava verrückt, wie sie es oft bei der Frau taten, die an der Ecke zum Kleinen Markt wohnte, wenn sie ausdruckslos vor sich hin starrend und unablässig murmelnd umherwanderte. Und doch war etwas Seltsames an Hava, etwas nicht ganz Normales, und manche sagten, sie hätte den bösen Blick.

Mutter war nicht abergläubisch. Sie glaubte weder an den bösen Blick noch an Mittel, um sich vor ihm zu schützen, und an diesem Samstagmorgen sprach sie ruhig und freundlich mit Hava und versuchte, sie zu trösten. Ich kroch wieder unter die Bettdecke, weil ich nicht wusste, was ich tun sollte. Ich hätte gern so geschluchzt wie Hava und meine Tante und meine Cousinen im Nachbarzimmer, und ich hatte Schuldgefühle, weil keine Tränen kamen, so sehr ich mich auch bemühte. Die Trauerzeit für Großmutter Mindel war schwer für mich, weil ich wusste, dass sie mich nie gemocht hatte, und ich sie auch nicht. Großmutter machte sich nur aus zwei Familienmitgliedern etwas: das waren ihr einziger Sohn, mein Vater, und Cousine Esther. Sie kaufte Apfelsinen für Esther und gab ihr Schokoladenstücke, wenn sie glaubte, ich würde es nicht sehen. An diesem Samstagmorgen konnte ich also nichts weiter tun, als an Großmutter zu denken – wie sie ausgesehen, sich bewegt und gesprochen hatte – und wie sie nun offenbar das alles nicht mehr tat. Und obwohl ich wusste, dass tot zu sein irgendwie bedeutete, dass ein Mensch nicht mehr da war, konnte ich nicht fassen, dass Großmutter nicht mehr im Laden hinter dem Tisch stand und mit Tante Feige stritt oder in ihrem riesigen Bett in der Küche lag, ein Tuch um ihren kahlgeschorenen Schädel geschlungen.

Erst vor ein paar Tagen hatte sie wieder einmal heftig mit Tante Feige gestritten. Großmutter hatte beschlossen, den Laden während der besten Geschäftszeit zu schließen, hatte die schweren Eisentüren zugemacht, sie mit dem großen Schlüssel abgeschlossen und den Schlüssel dann in ihrem Bett versteckt. Schreiend und fluchend war Tante Feige nach oben gelaufen und hatte Großmutters Bett zerpflückt, hatte Röcke, Perücken, Keksstücke, Schuhe, Unterwäsche und Kissen aus dem Bett geworfen, bis sie den Schlüssel gefunden hatte. Großmutter kannte auch den einen oder anderen Fluch und brüllte entsprechend, während sie Feige am Arm zerrte und gleichzeitig versuchte, ihre Sachen einzusammeln, die in alle Richtungen flogen. Schließlich machte Tante Feige, triumphierend den Schlüssel schwingend, kehrt und ging hinunter, um den Laden wieder zu öffnen, und meine Großmutter folgte ihr dicht auf den Fersen. Während die beiden immer weiter schrien, versuchte die eine, den Schlüssel im Schloss zu drehen, während die andere ihn herausziehen wollte. Onkel Reuben war nirgends zu sehen, und endlich schlichteten Passanten den Streit zwischen Mutter und Tochter. Es war für mich seltsam, dass die Großmutter – vor ein paar Tagen noch so energisch – nun still und verschwunden war und nie wiederkehren würde.

Damals wusste ich wenig über den Tod und das Sterben. Ab und zu gab es tote Tiere, eine Maus in der Falle, aber tote Mäuse waren etwas anderes als Menschen, die starben und verschwanden. In Mielec gab es zwei Friedhöfe, einen alten und einen neuen. Urgroßvater Israel, ein Hausierer, der mit seiner Rückentrage die Runde durch die Dörfer gemacht und den Bauern die bestellten Dinge geliefert hatte, lag auf dem Alten Friedhof, wie auch sein Sohn Chajm, Großmutter Mindels Mann. Ich wusste nicht, wo sich dieser Alte und inzwischen voll belegte Friedhof befand. Der Neue Friedhof war am Ende der Kolejowa-Straße, nicht weit vom Bahnhof, doch ich war nie auf dem von einer niedrigen Mauer umgebenen Gelände gewesen. Friedhöfe gehörten zu den Orten, die man meiden sollte, glaubten wir Kinder. Bestimmt verschwanden die Toten nach ihrer Beerdigung nicht ganz, dachte ich damals. Irgendetwas von ihnen musste doch auf dem Friedhof zurückbleiben. Wie wären sie denn sonst in der Lage, dem Messias (an dessen zukünftiges Erscheinen wir Kinder felsenfest glaubten) ins Heilige Land zu folgen, wenn er kam? Und was war denn schließlich der Sinn des kleinen Beutelchens mit Erde aus dem Heiligen Land, das mit den Leuten beerdigt wurde, wenn nicht der, die Toten zu ihrem Bestimmungsort zu geleiten?

Ich erinnere mich daran, dass ich einmal Vater über das Kommen des Messias befragte. Die Nähe zum Bahnhof gestattete es den Toten, so vermutete ich, den Zug ins Heilige Land zu nehmen, wenn der Messias kam. Sie müssten nicht weit laufen – und das war gut, wenn man daran dachte, dass alten Leuten (weil nur Alte starben) das Laufen schwerfiel. Auch der Messias müsse ja mächtig viel laufen, um all die Toten zu versammeln. Mit der Eisenbahn in der Nähe könne er Zeit sparen. Diese Überlegungen schienen Vater ziemlich verlegen zu machen. Er versuchte jedoch nicht, mir meine messianischen Hoffnungen auszureden; und er erklärte auch den Tod und das Sterben nicht. Nicht lang danach kamen mir selbst Zweifel am Kommen des Messias.

Auf Großmutters Tod folgte ein großes Durcheinander, und man beschloss, meine Cousine Esther und mich während der sieben Trauertage zur Korpantowa zu schicken. Sie wohnte etwas außerhalb der Stadt in ihrem hübschen Haus, das umgeben war von einem weißen Bretterzaun und bewacht wurde von ihrem scharfen schwarzen Hund, der mich in Angst und Schrecken versetzte, als ich drei Jahre später nach Mielec zurückkehrte. Sie und ihr Mann hatten keine Kinder, und er mochte oder billigte die jüdischen Freunde seiner Frau vermutlich nicht. Korpantowas Mann hatte einen mächtigen

Bauch, über dem sein rosiger glattrasierter Kopf hüpfte, der mich an einen der Luftballons erinnerte, die Mutter für mich kaufte, wenn der Zirkus in die Stadt kam. Man hätte ihn für lustig halten können, doch er war es nicht. Er lächelte nie und sprach kaum, und ich habe ihn nie in Großmutters Laden gesehen.

Die Korpantowa mochte keine müßigen Hände, und bald nach unserer Ankunft gab sie jeder von uns einen Korb und forderte uns auf, im Garten Johannisbeeren zu pflücken. Während sie ihre große Schürze mit den abgearbeiteten Händen glattstrich, wie es ihre Angewohnheit war, wies sie uns streng darauf hin, dass wir nur reife pflücken und die zarten Beeren nicht zerdrücken sollten. Es war ein schöner sonniger Tag. Ihr Garten war farbenprächtig – eine verschwenderische Fülle von roten und gelben Blumen, zartroten heranreifenden Tomaten, üppigen grünen Gurkenranken und hohen Büschen mit blassen Stachelbeeren, dunklen Brombeeren und roten Johannisbeeren. Rosarote Pfirsiche reiften noch am Baum, ebenso grüne Äpfel und gelbe Birnen. Getupfte Schmetterlinge flatterten in der klaren Luft und Bienen summten um die süß duftenden Blüten. In ihrem Garten, wo alles ruhig und friedlich war, sangen Vögel ihre glücklichen, ungestörten Lieder und bekamen Antwort von anderen, weiter entfernten Artgenossen. Korpantowas Garten war ordentlich, voller Schönheit, aber auch voller Gemüse und Obst, das für den Alltag gebraucht wurde, genau wie unser weniger großartiger Garten. Ihr Garten an diesem Tag, an den ich mich trotz der vergangenen Zeit so deutlich erinnere, war wie von einer anderen Welt, weit weg vom Durcheinander und Weinen, hervorgerufen durch Großmutter Mindels Tod.

Wenn ich allein dort gewesen wäre, hätte ich mir vorstellen können, in einem verzauberten Garten zu sein, doch Esther stand auf der anderen Seite des Johannisbeerbusches, und sie hatte diese Gelegenheit gewählt, um mich über den Tod aufzuklären. Ihr glattes braunes Haar hing wie immer schlaff um das blasse, sommersprossige Gesicht. Da sie sich vor der Korpantowa ziemlich fürchtete, pflückte sie die Beeren so vorsichtig, wie wir angewiesen worden waren. Das Gedächtnis schmückt die Geschehnisse nicht selten aus, doch für mich ist dieser sonnige Tag im Garten, als die Zeit stillzustehen schien, für immer mit der ersten Saat des Zweifels verbunden. Zunächst sprachen wir nicht und zankten uns auch nicht. Schweigend machten wir uns daran, die Körbe zu füllen, und naschten hier und da ein paar reife Beeren. Wir hörten den beruhigenden Gesang der Vögel; durch Korpantowas Küchenfenster hörten wir das Geschirrgeklapper; ab und zu hörten wir ihren Hund an seiner langen Kette vor dem Haus knurren. Das Schweigen zwischen uns wurde bedrückend, und eher um ein Gespräch in Gang zu bringen, als um Informationen zu bekommen, fragte ich Esther, ob sie glaube, dass Großmutter Mindel vom Neuen Friedhof beim Kommen des Messias mit Großvater Chajm, Urgroßvater Israel und Urgroßmutter Blime (nach der ich genannt war) vom Alten Friedhof zusammentreffen würde. Ihre Antwort ließ keinen Zweifel. Es gibt keinen Messias und keine Heimkehr ins Heilige Land, sagte sie. Die Toten sind tot und begraben. Ihre Haare und Nägel wachsen noch eine Weile im Grab; inzwischen essen Würmer ihr Fleisch, bis nichts übrigbleibt als die blanken Knochen.

Ich weiß noch, dass ich stets zornig wurde, wenn Esther mich zu demütigen suchte, indem sie mich wissen ließ, sie habe Zugang zu höherem Wissen. Es stimmte, sie ging in die polnische Schule und hatte andere Unterrichtsfächer als jene, die in meiner Religionsschule gelehrt wurden, wo die Unterweisung beschränkt war auf das Alte Testament, ausgewählte Kommentare, Gebete und ein großes Quantum hebräische Grammatik. Aber für gewöhnlich war es Esthers scharfe und gehässige Art zu sprechen, besonders wenn sie mich damit beeindrucken wollte, wie viel sie wusste, die meinen Zorn hervorrief. Vielleicht gefiel es ihr auch, mich zornig werden zu sehen – und ich tat ihr immer den Gefallen.

Aber diesmal war es anders. Die Erwähnung von Würmern hatte eine Saat des Zweifels in meine saubere und vertraute Welt gebracht. In meinem Leben gab es alle möglichen Arten angsterregender Würmer: die ekligen Maden im Aborthäuschen; glänzende rötlichbraune Regenwürmer im Gemüsegarten; fette weiße Maden, auf die man in Kohlköpfen zu stoßen fürchtete; und vor allem die angsteinflößenden Bandwürmer, vor denen die älteren Cousinen uns jüngere immer warnten, obwohl nie gesagt wurde, wie man sich vor ihnen schützen konnte. Ich konnte einfach nicht glauben, was Cousine Esther mir erzählte, denn die beiden Bilder – Großmutter und die Würmer – waren unvereinbar, gegensätzlich, unfassbar. Und wenn von den Toten nichts übrig bliebe als die blanken Knochen, was hatte dann das Beutelchen mit Erde aus dem Heiligen Land für einen Sinn? Was hatte es für einen Sinn, an das Kommen des Messias auch nur zu denken? An jenem Sommertag in einem Garten, der erfüllt war vom Reichtum der Natur, von den Wundern, die die Natur den Bäumen, der Erde und den Büschen entlocken konnte, brachte Cousine Esther mir die Lektion von Leben und Tod bei, von Unbeständigkeit und Verfall, eine Lektion, die ich damals weder bereit zu hören noch fähig zu verstehen war.

Was für Menschen wären wir wohl geworden, Esther und ich, wenn wir in Mielec geblieben und zusammen alt geworden wären? Wäre sie wie meine Tante Feige geworden, schroff und herrisch? Oder hätte sie schließlich zu träumen gelernt und hätte ich sie dann mehr gemocht? Aber Esther hatte die Chance nicht – sie wurde umgebracht, und nun wohnt sie in meinem Gedächtnis nur als eine, die Illusionen ablehnte, die der Wirklichkeit, wie sie sie verstand, ins Auge sah. Hinter der Barschheit, an die ich mich erinnere, verbarg sich, so glaube ich heute, doch ein ziemlich zerbrechliches Menschenkind.

Als die sieben Trauertage um waren, verlief das Leben wieder im gewohnten Rhythmus. Vater und Onkel Reuben öffneten den Laden wieder, und es war deutlich zu sehen, dass mein Vater traurig war. Und mir fehlte etwas, weil ich ihn nicht seine Lieblingsmelodie von den grünen Auen Zions und den Lämmchen summen hörte. Wir aßen mittags wieder warme Mahlzeiten, und es schien für alle selbstverständlich zu sein, dass Großmutter nicht mehr da war. Doch ich konnte nicht aufhören, über ihren Tod zu grübeln. Und ich vergaß auch nicht, was Esther über die Würmer gesagt hatte.

Als ich das erste Mal nach Großmutters Tod in ihr Haus ging, konnte ich mir nicht vorstellen, dass sie nicht unten im Laden war, hinter dem Tisch stand und das Geld in der Schublade kontrollierte oder oben am Herd eine ihrer stark riechenden Hühnersuppen kochte. Und als ich dann hineinging, war ich sicher, dass ich sie im Sonnenstrahl, der durch die offene Tür hereinfiel, stehen und die belebte Straße beobachten sah, wo Bauern mit ihren Wagen zum Markt fuhren und Frauen auf Besorgungsgängen vorbeischlenderten. Ich glaubte, sie trüge ihren langen schwarzen Wollrock und trotz des warmen Wetters ein dunkles Tuch um die Schultern. Auf ihrem Kopf saß die scheußliche gelbe Perücke, wie gewöhnlich leicht schräg, denn sie hatte die Angewohnheit, sich den Kopf zu kratzen und die Perücke dabei auf ein Ohr zu schieben. Die kleinen Augen in dem runzligen bleichen Gesicht waren wachsam; wenn ich die Hand nach einem Bonbon in dem großen Glas ausstreckte, würde sie es bestimmt sehen. Im Leben hatte sie keine Zähne, und das ließ ihre Nase länger erscheinen, als sie wirklich war und verlieh ihrem Gesicht einen ewig unzufriedenen Ausdruck. Heute jedoch lächelte sie freundlich. Ich rieb mir die Augen, und als ich wieder hinsah, war sie verschwunden. Auf ihrem Platz stand Onkel Reuben in dem schmuddligen weißen Mantel, den er immer trug, wenn er im Laden arbeitete. Auf seinem Gesicht lag der vertraute schläfrige, mit sich selbst beschäftigte Ausdruck.

Hätte ich Großmutter nur dieses eine Mal nach ihrem Tod «gesehen», dann hätte ich es vielleicht ganz vergessen. Das Problem war, dass ich sie weiter an verschiedenen Orten im Haus sah, am Morgen oben am Küchentisch, wie sie Zichorie und Kaffeebohnen im Messingmörser zerstieß; wie sie im Bett saß, das in der linken Küchenecke stand, und ihren zahnlosen Mund zu einem enormen Gähnen aufriss. Das Seltsame war, dass sie immer sehr freundlich war und mir etwas zu geben versuchte, was sie vorher nie getan hatte. Doch jedes Mal verschwand sie, sobald ich nicht mehr hinsah. Großmutter erschien mir nur in ihrem eigenen Haus, im Laden unten oder in der Wohnung oben. Ich sah sie nie, sagen wir in der Bäckerei, wo ich glänzende Zöpfe aus Bagelteig fürs Frühstück kaufte und wohin ich freitagnachmittags den Cholent brachte, damit er über Nacht schmoren konnte. Auch in Mordches Delikatessengeschäft sah ich sie nicht, wo Mutter mir manchmal ein knuspriges Gebäck mit Cremefüllung kaufte.

Großmutter erschien auch nicht, wenn Nachbarinnen oder Freundinnen auf ein Nachmittagsschwätzchen vorbeikamen. Das war zu Großmutters Lebzeiten ihre Angewohnheit gewesen, und sie trafen sich weiter, nachdem sie gestorben war. Es waren immer fünf oder sechs Frauen, die Limonade tranken und Kichererbsen aßen, und Hava mit Chajm-Jankel war ausnahmslos dabei. Meine Cousine Esther, der Junge und ich saßen auf dem abgeschabten grünen Sofa, das zwischen das Fenster und den Küchentisch gezwängt war, und die kaputten Federn bohrten sich in unsere mageren Pobacken. Wir taten so, als fädelten wir Perlen auf oder häkelten und versuchten die ganze Zeit, kein Wort vom Gespräch der Frauen zu verpassen.

Habe ich die Geschichte, die ich gleich erzählen will, damals gehört, vielleicht von Hava oder von den Frauen, deren Gespräch ich belauschte? Oder vielleicht habe ich sie später gelesen und mein Gedächtnis verwob sie mit Großmutters Tod und ihrer Erscheinung danach, was ich nie jemandem anvertraute. Vielleicht hatte ich kindliche Schuldgefühle, weil ich sie nicht mehr geliebt hatte, als sie lebte, weil ich eifersüchtig gewesen war, wenn sie Apfelsinen für Cousine Esther und nicht für mich gekauft hatte. Jedenfalls lernte ich, dass sich nach dem Tod eines Menschen die Seele nicht sofort vom Körper lösen kann. Die sieben Trauertage und das tägliche Gebet der Männer im Trauerhaus sollen die Seele trösten, wenn sie an diesen Tagen heimkehrt. Sie wandert hin und her zwischen dem Grab und ihrem einstigen Zuhause, bis die sieben Tage um sind. Danach wandert die Seele noch das ganze Jahr lang zwischen dem Grab und dem Himmel hin und her; erst wenn das Jahr um ist, bleibt sie ständig im Himmel, obwohl sie vielleicht ab und zu noch das Grab besucht. Dass Großmutter Mindel im Grab keine Ruhe finden und sich nicht auf ihrem Platz im Himmel eingewöhnen konnte, war vielleicht darauf zurückzuführen, dass etwas sie quälte. Ihre Seele versuchte ein Zeichen zu geben, dass sie unruhig war; vielleicht wollte sie etwas ungeschehen machen, was sie getan hatte. Oder vielleicht war es so, dass sie sich um etwas nicht gekümmert hatte, und sie wollte die Familie wissen lassen, dass es erledigt werden musste. Ihre ruhelose Seele hörte mit den Besuchen auf, kurz bevor der Krieg ausbrach. Da ich keinem davon erzählt hatte, vergaß ich bald, dass ich sie jemals nach ihrem Tod gesehen hatte.

Die Kriegsgerüchte versetzten alle in Unruhe. Die gesamte Familie, einschließlich des Teils am Kleinen Markt, geriet in Panik. Sollten wir packen und fliehen oder bleiben, wo wir waren? Würde die polnische Armee an der Wisłoka Widerstand leisten und die Brücke sprengen? Würde Mielec zum Schlachtfeld werden wie im Ersten Weltkrieg, als sich hier die russische und die österreichische Armee bekämpfte – ein Ereignis, an das sich noch viele erinnerten? Sollten wir uns für eine lange Belagerung mit Lebensnotwendigem bevorraten oder auf ein schnelles Ende der Kämpfe hoffen? Das verschlafene Mielec (obwohl es einen Bahnhof hatte und eine Marktstadt war) war sowohl für die polnische als auch für die deutsche Armee wichtig, weil es eine Brücke hatte, über die sowohl der Rückzug als auch das Vorrücken von Armeen möglich war. Und dann gab es da noch die nahegelegene Flugzeugfabrik mit ihren Hangars und dem kleinen Flugplatz. Die Ängste waren nicht unbegründet. Mielec hatte auf seine Weise strategische Bedeutung.

Tante Feige machte sich Sorgen wegen Plünderern. Ehe sie die Eisentüren des Ladens mit dem einst so heiß umkämpften Schlüssel abschloss, schleppte sie einen großen Sack gemahlener Schokolade zur sicheren Aufbewahrung in unser Haus. Vater war sicher, dass die Deutschen die nahegelegene Flugzeugfabrik bombardieren würden und dass bei den Einschlägen unsere Fensterscheiben zu Bruch gehen könnten. Er schnitt Papierstreifen zurecht und rührte Mehl mit Wasser an, um die Streifen auf die Scheiben zu kleben. Der polnische Wirt war überzeugt, dass sein schönes zweistöckiges Backsteinhaus niederbrennen würde. Der Schweiß lief ihm übers Gesicht, als er uns warnte, kein Feuer zum Kochen zu machen, wenn der Krieg angefangen hatte.

Alle waren nervös. Man blieb an den Straßenecken stehen und fragte einander nach den neuesten Nachrichten. Vater holte das große Radio – es gab nicht viele davon in

Mielec –, das er normalerweise auf dem Dachboden aufbewahrte, weil wir in unserem kleinen Zimmer keinen Platz dafür hatten. Er und ich lauschten gebannt dem Knacken und Summen und wurden nicht schlau daraus. Ich lief zu Großmutters Haus hinüber, um mich von Cousine Esther zu verabschieden. Wenn der Krieg erst einmal angefangen habe, dürfe ich nicht mehr nach draußen, hatte Mutter mir gesagt. Jetzt war nicht die Zeit, alte Fehden zu pflegen, und ich beschloss, Esther über den Krieg auszufragen, da weder Vater noch Mutter in der Stimmung zu sein schienen, Fragen zu beantworten.

Ich hatte nur eine ganz vage Vorstellung, was zu erwarten war. Ich hatte von den biblischen Kriegen erfahren – denen mit den Amalekitern, den Philistern, den Kanaanitern, ganz zu schweigen von den Assyrern und Babyloniern, die den Heiligen Tempel zerstörten –, aber die lagen so lange zurück. Auf unserem Dachboden fand ich ein staubiges altes Buch über die Napoleonischen Kriege; die blutrünstigen Bilder von Soldaten, die Kanonen zündeten, während Blutfontänen aus den Bäuchen am Boden liegender Soldaten spritzten, faszinierten mich. Solche Lektüre war verboten und ich hatte Mutter nichts von meinem Fund erzählt. Dann gab es die Geschichten, die von den Frauen in Großmutter Mindels Küche erzählt wurden, Geschichten aus diesem früheren Krieg, als Großmutter Mindel und Urgroßmutter Blime nach Wien flohen und Vater nach Holland geschickt wurde, um einer Einberufung in die österreichische Armee zu entgehen. Dann gab es noch die Lieder über den Krieg, die wir sangen und weiß Gott wo aufgeschnappt hatten. Wir sangen auf Jiddisch: «Mein Name ist Jossel Baer, und ich diene in der Armee.» Oder das polnische Lied über den Ulanen, der tot von seinem Pferd fällt und von seinen Kameraden ermahnt wird, in seinem dunklen Grab von Polen zu träumen. Keine dieser Informationsbrocken halfen mir beim Verstehen, fühlte ich.

Cousine Esther war ausnahmsweise einmal rücksichtsvoll, sogar freundlich, als sie mir alles erklärte. Sie rieb sich ihre gelben Zähne und sagte, zunächst würden die deutschen Flugzeuge Bomben abwerfen. Die Bomben würden mit einem furchtbaren Krach explodieren, und ich müsse mir auf jeden Fall die Ohren zuhalten, sonst würde ich für den Rest meines Lebens taub sein. Nach den Flugzeugen würden Soldaten mit Maschinengewehren kommen. Vor ihnen müssten wir uns verstecken. Aber der Krieg würde nicht sehr lang dauern, sagte Esther, weil die polnische Armee klein und schwach sei und der überlegenen deutschen Armee nicht standhalten könne.

Eines sonnigen Nachmittags kam Hava zu uns gelaufen, dass ihr rotgeblümtes Tuch hinter ihr herwehte. Der blasse kleine Chajm-Jankel konnte kaum auf seinen kurzen dünnen Beinchen mitkommen. Havas Blick war wilder denn je und sie hatte offenbar beunruhigende Neuigkeiten. Es stellte sich heraus, dass sie gehört hatte, einige Kabbalisten versuchten die Zukunft vorauszusagen. Das waren weltabgewandte Männer, die sich mit Zahlensymbolik auskannten, die selten Zeitungen lasen und nie Radio hörten. Doch in den angespannten Tagen vor der Invasion Polens, als überhaupt keine Nachrichten zu uns drangen, schon gar nicht über das Radio, schien die Suche nach Nachrichten mit Hilfe anderer Mittel nicht abwegig. Sogar Vater stimmte zu, Hava anzuhören, wenn auch zögernd. Der Kern der kabbalistischen Überlegungen war (wie ich viel später mit einiger Hilfe rekonstruierte): Wenn man die Zahlenwerte der hebräischen Buchstaben für «Adolf», «Hitler» und «Mielec» zusammenzählt, ergibt sich die Gesamtsumme 705. Die Zahlen 7, 0 und 5 korrespondieren mit den hebräischen Buchstaben *tav*, *schin* und *hej*, und diese wiederum sind die Zahlen in 1945. Wenn die hebräischen Buchstaben als Wort gelesen werden, bedeutet es «erschöpft» oder «schwach».

Die Interpretation der Kabbalisten, wie sie Hava verstand, war die, dass die Juden bis 1945 schreckliche Katastrophen zu erwarten hatten. Diese Katastrophen würden sie erschöpfen und ruinieren. Der Rat der Kabbalisten war, sofort zu fliehen, so schnell und so weit wie möglich. Wenn ich jetzt daran denke, stelle ich mir vor, wie Hava, Chajm-Jankel an sich gepresst, geschluchzt haben muss. Wo sollte sie, eine alleinstehende Frau mit kleinem Kind, hingehen? Und was waren das für schreckliche Katastrophen, die wir fürchten mussten?

Keiner beachtete die Unglücksprophezeiung der Kabbalisten und keiner befolgte ihren Rat. Dass Hava nicht floh, ist nicht überraschend. Aber auch die Kabbalisten verließen die Stadt nicht, und die Leute schmunzelten bestimmt nachsichtig, genau wie Vater, über den von ein paar alten Männern veranstalteten Hokuspokus mit Zahlen und hebräischen Buchstaben.

Ich halte meine Seminare an der Hebräischen Universität von Jerusalem gern im runden Raum. Ich habe nur eine Handvoll Studenten. Auch sie lieben diesen Raum mit seinem milden Licht von der Glaskuppel und mit seiner suggestiven Abgeschiedenheit, die dem Fach, das ich dort unterrichte, chinesische Literatur, irgendwie angemessen ist. Das ist keine sehr frequentierte Lehrveranstaltung. Die meisten der heutigen Studenten ziehen praktische Seminare vor: Politik, die boomende chinesische Wirtschaft, das Einparteiensystem. Sie rühmen sich, noch nie chinesische Belletristik oder Poesie gelesen zu haben.

Die Studenten, die im runden Raum sitzen, sind jedoch leidenschaftliche Leser. Der eine oder andere unter ihnen, der diese Lehrveranstaltung nur belegt, weil sie in seinen Studienplan passt, stört nicht. Sie langweilen sich und unterdrücken ein Gähnen, versuchen tapfer, nicht einzuschlafen. Wir lesen *Der Traum der roten Kammer*, einen chinesischen Roman aus dem achtzehnten Jahrhundert, der eines der Meisterwerke der Weltliteratur darstellt, auch wenn die Welt sich nicht beeilt hat, ihn als solchen anzuerkennen. Es ist ein langer Roman, Hunderte Seiten lang, mit Handlungen und Nebenhandlungen und verschiedenen Bedeutungsebenen.

Wir haben entdeckt, dass die Probleme des riesigen und verwirrenden Aufgebots an Charakteren nicht außergewöhnlich sind. Sie – und der Held und die Heldin der Erzählung – suchen wie wir nach dem Sinn des Lebens und des Todes, des Schicksals, und nach einer Antwort auf die Frage, ob die Menschen in das Geschick eingreifen können, es von seinem offenbar festgelegten Verlauf abbringen können. Wieder und wieder möchte der Autor seinen Lesern das Wesen der menschlichen Ignoranz erklären: unsere Unfähigkeit, Zeichen zu erkennen, die Wegzeichen, die uns sagen, wohin die Reise geht, die wir aber seltsamerweise nicht zu sehen scheinen. *Der Traum*, wie ich es gern nenne, erzählt viel darüber, wie Menschen in China und überall sonst auf der Welt handeln. Aber der Roman und seine tiefen Botschaften werden nicht leicht verstanden. In der abendländischen Kultur drückt man solche Dinge anders aus. Selbst wenn wir auch vom Rätsel des Lebens und Sterbens sprechen, schildern wir es aus unterschiedlichen Blickwinkeln, nicht viel anders als die Blinden, die den Rüssel oder den Fuß des Elefanten berühren und glauben, das sei jeweils das ganze Tier. Ignoranz hindert uns zu erkennen, dass wir die Wirklichkeit nicht begreifen können.

Der Held Baoyu und die Heldin Daiyu haben beide Fehler, erkläre ich, wie es in einer unvollkommenen Welt sein muss. Sie haben Fehler trotz ihres jeweiligen Beginns in der vollkommenen, der mythischen Welt, wo sie ihre geistige Veranlagung erhielten. Baoyu war ein Stein, der verworfen wurde, als der Himmelsdom errichtet wurde, weil er sich nicht nahtlos einfügte. Daraufhin entwickelte er eine Sehnsucht nach der Existenz im Hier und Jetzt. Daiyu erlebte ihren Beginn auch in der mythischen Welt, als Blume. Doch auch sie ist nicht vollkommen, weil sie einsam ist. So werden die beiden – füreinander bestimmt und doch nicht bestimmt füreinander, mit ihren geistigen Gaben als Stein und Blume – in diese unvollkommene Welt hineingeboren.

Der Autor des *Traums* stammte aus Südchina mit seiner üppigen grünen Fluss- und Seenlandschaft. Seine Familie, einst reich und geachtet, war verarmt zu der Zeit, als er den Roman zu schreiben begann, und er lebte in bescheidenen Verhältnissen in der völlig anderen, nördlichen Hauptstadt Beijing. Der Roman enthält seine Jugenderinnerungen an den Süden, und ein Teil der Handlung spielt in einem Garten mit wunderbarer Vegetation, geschützt vor dem Aufruhr der Welt draußen und ihrem Zwist. Baoyu, Daiyu und ihre jugendlichen Gefährten leben in dem Garten, sie verbringen ihre Tage mit unschuldigen Spielen und genießen ihr Beisammensein. Aber eine nach der anderen müssen die jungen Mädchen den Garten verlassen und erleiden draußen tragische Schicksale: Krankheit, lieblose, rohe Ehen und Tod. Die Mädchen sind zart, wie die Blüten an den Bäumen; ihre Jugend ist so vergänglich wie die Blüten, die sich in großer Pracht entfalten und bald verwelken.

Auf dem Höhepunkt ihres Glücks und des Reichtums und Ansehens ihrer Familien sind die Zeichen für Verfall und Untergang schon vorhanden, einschließlich der Zeichen für die späteren Schicksale der jungen Leute, sage ich meinen Studenten. Wenn Baoyu träumt, er lese die Akten über ihr Leben, versteht er die Worte nicht. In den von den jungen Leuten veranstalteten Rätselspielen, an denen die älteren Familienmitglieder teilnehmen, sind die Zeichen in den Antworten auf die Rätsel. Doch weder Alt noch Jung beziehen die Antworten auf das eigene Leben.

Geht es uns nicht auch so, frage ich, dass wir hören und nicht verstehen, sehen und nicht begreifen? Uns sind die Gaben verliehen – die Fähigkeit ist in unserem geistigen Beginn enthalten –, aber wir nutzen sie nicht. Unsere Zeit im Garten der Unschuld, der duftenden Blüten, der vielfarbigen Blumen, der wundersamen Vögel ist kurz, so kurz. Bald müssen wir den Garten verlassen, der verwildert, verfällt, da keiner da ist, der ihn pflegt. Uns werden die Möglichkeiten gezeigt, wie wir unser Schicksal ändern können, doch wir machen keinen Gebrauch davon. Die Studenten sehen skeptisch aus. Manches kann man nicht ändern, sagen sie. Sie sehen die Welt nicht so. Sie glauben, dass sie nie im Zaubergarten der Kindheit gewesen sind, und sie können sich nicht erinnern, jemals Wegzeichen gesehen zu haben, die auf Zukünftiges deuten.

Als der Krieg ausbrach, schien er zunächst weit weg zu sein. Doch er brachte eine seltsame Stille nach Mielec. Das Leben schien zum Stillstand gekommen zu sein. Die Wagen der Bauern rumpelten nicht mehr zum Markt. Läden waren verbarrikadiert und verriegelt. Käufer huschten zu den Hintertüren herein und eilten schnell wieder nach Hause. Die Bäcker buken immer noch Brot, doch hinter geschlossenen Türen. Die Mütter behielten ihre Kinder zu Hause und am Spätnachmittag besuchten sich die Leute nicht mehr gegenseitig, wie sie es sonst getan hatten. Alles war ruhig. Alle warteten, während die Sonne vom wolkenlosen Himmel schien. Die Tage waren freundlich und schön, erfüllt vom Duft der Blumen und der spät reifenden Früchte in unserem Garten. Regenwürmer tummelten sich im Kohlbeet, und große Schmetterlinge zitterten auf dem Apfelbaum.

Da ich mich nicht aus dem Garten entfernen durfte, langweilte ich mich. Sorge, verbunden mit Angst, schuf eine drückende Stimmung im Haus, deshalb ging ich mit meinem Buch in den Garten und setzte mich in den Schatten des großen Walnussbaums. Unser Garten – eigentlich der des Hauswirts – war nicht mit dem der Korpantowa zu vergleichen. Er hatte Obstbäume und Gemüsebeete, aber weder der Wirt noch die anderen im Haus wohnenden Familien hatten Beerensträucher gepflanzt. Doch ich saß gern unter dem Walnussbaum; ich liebte es, die Sonne und die dahinziehenden Wolken durch das dichte Blätterdach zu beobachten; ich mochte sogar das ängstliche Warten auf die Raupen, die mir hin und wieder auf die Hände oder den Hals fielen. Ich las von Samson und Delilah, von Liebe und Verrat, vom hohen Preis blinder Liebe und blinden Vertrauens. Ich las von König David und seinem Sohn Absalom, wie schon viele Male vorher, und ich dachte wieder, wie sehr doch David seinen Sohn liebte, obwohl der seine Liebe so übel vergalt. «Ach, mein Sohn Absalom! Absalom, mein Sohn, mein

Sohn!», weinte David, als der Bote die Kunde von seinem Tod brachte. Davids bitterer Klage und der traurigen Kunde von Liebe, Verrat und Tod gelang es immer, meine Augen mit Tränen zu füllen.

Eines Tages vernahm ich, als ich im Garten war, ein Geräusch, genauer gesagt, war es eher eine laute Stille von einer Art, wie ich sie noch nie vernommen hatte. Ich lief die Treppe hoch. Wir standen alle auf dem Balkon von Tante Schejndls Zimmer, als wir die polnische Armee auf dem Rückzug sahen. Die erschöpften Soldaten in ihren zerrissenen und dreckstarrenden Uniformen schlurften die Straße hinunter und ließen Staubwolken aufsteigen. Sie hatten die Köpfe gesenkt und sprachen mit kaum wahrnehmbarer Stimme, sie waren lustlos – eine geschlagene Armee. Sie waren auch barfuß, und Mutter sagte, das sei so, weil ihre Schuhe aus Papier gemacht waren, das sich im Regen aufgelöst habe. Sie hatte ein mitfühlendes Herz, deshalb ging sie nach unten, um vom Brunnen Wasser für die müden Soldaten zu holen. Vater glaubte, dass die Deutschen schon in der Nähe seien. Aber da die polnische Armee offensichtlich nicht vorhatte, an der Wisłoka Stellung zu beziehen und damit die Front vor unsere Haustür zu bringen, hatten wir nach Vaters Ansicht nichts zu befürchten.

An einem anderen Tag standen wir auf dem Balkon und beobachteten ein silbernes Flugzeug am Himmel, ohne zu wissen, ob es ein deutsches oder ein polnisches war. Wir hatten wohl ganz vergessen, beim Auftauchen von Flugzeugen in den Keller zu gehen, wie uns geraten worden war. Das Flugzeug kreiste einmal, zweimal über uns und verschwand dann. Wir vernahmen zwei laute Donnerschläge, die das Haus erschütterten. Das war alles. Vaters abgeklebte Fenster zersprangen nicht und die Brücke war nicht bombardiert worden. Die Deutschen brauchten die Brücke, um den Fluss überqueren und in Mielec einmarschieren zu können. Wir erfuhren später, dass der Krach von Bomben stammte, die auf die Flugzeugfabrik oder in ihrer Nähe fielen.

Wie Zuschauer in einem Theater standen wir ein anderes Mal wieder auf dem Balkon und sahen die Flüchtlinge in die Stadt strömen. Männer und Frauen, Alt und Jung, trugen ein paar klägliche Habseligkeiten auf dem Rücken oder hatten Handwagen hoch damit beladen. Auch sie wirbelten große Staubwolken auf, aber anders als die Soldaten zogen sie nicht weiter. Die Flüchtlinge waren gekommen, um zu bleiben, weil sie es in der Stadt vielleicht für sicherer hielten als auf dem freien Feld. Wieder ging Mutter hinunter, um Wasser für die verängstigten und erschöpften Menschen zu holen und um herauszufinden, wie nahe die deutsche Armee war.

Jetzt waren die Straßen nicht länger still. Staubbedeckte Männer und Frauen wanderten die Gassen auf und ab, klopften an geschlossene Fensterläden und Türen. Sie baten darum, Brot und etwas Milch kaufen zu dürfen, und suchten Unterkunft, während winzige Babys in den Armen ihrer Mütter laut schrien. Unser Wirt stand am Tor Wache und wollte keinen in den Garten lassen. Das sind Diebe, die nur auf eine Gelegenheit zum Stehlen warten, sagte er. Vater meinte, wenn die Deutschen erst da wären, sei der Krieg für uns vorbei. Ich wollte ihm so gern glauben.

Im September, am Vorabend des jüdischen Neujahrsfestes, dröhnten die Motorräder der Deutschen in die Stadt. Sie kamen auf derselben Straße wie die polnische Armee und die Flüchtlinge. Es waren nicht viele Deutsche, erinnere ich mich, aber es waren genug, um zu tun, wozu sie gekommen waren. Wir standen auf dem Balkon und beobachteten die Motorräder, lauschten auf die ungewohnten, unheilverkündenden Geräusche. Vielleicht waren wir zunächst erleichtert gewesen, dass es keinen Kampf in der Nähe von oder in

Mielec gegeben hatte. Vielleicht waren wir besorgt und fragten uns, was diese deutschen Eroberer in der Stadt wohl tun würden. Damals, als wir vom Balkon herab zuschauten, wussten wir nicht, dass sie nur zu einem Zweck gekommen waren: um Juden zu ermorden.

Dieses Jahr waren die Vorbereitungen für den Feiertag nicht umfangreich gewesen. Wegen des Kriegausbruchs hatte es keine Wochenmärkte gegeben und die Bauern der umliegenden Dörfer brachten weder Obst noch Gemüse. Dennoch hatten die Juden in Mielec das Gefühl, das Schlimmste sei vorbei. Die polnische Armee hatte sich aufgelöst, die Deutschen eroberten Polen, doch das Leben ging weiter; Feiertage – die heiligsten Tage im Jahreszyklus – mussten begangen werden, so gut man eben konnte. Die Leute kochten, was sie hatten. Andere, denen es während der spannungsreichen Wochen gelungen war, ein Huhn oder eine Gans zu mästen, brachten das Tier am Morgen zwecks ritueller Schlachtung zum Fleischer. Rituelle Waschungen sind besonders wichtig für das Fest, und während die Frauen den Haushalt auf den Feiertag vorbereiteten, bereiteten die Männer ihren Körper und ihren Geist vor. Das Badehaus war an diesem Tag ungewöhnlich stark besucht, weil die religiöse Reinigung wichtig war, aber auch weil viele Flüchtlinge in der Stadt einfach ein Bad nötig hatten.

Nachdem die Deutschen auf ihren Motorrädern dröhnend in die Stadt gefahren waren, umstellten sie das Badehaus und den Fleischerladen. Die Männer wurden aus Ersterem in Letzteren getrieben; vorbeigehende oder zum Badehaus eilende Juden, leicht erkennbar an ihren Bärten, Schläfenlocken und der Kleidung, wurden auch eingefangen und in die Fleischerei getrieben. Außer den Frauen und Kindern, die nach Hause geschickt wurden, gestattete man keinem zu entkommen. Die Deutschen erschossen dann entweder die Menschen und zündeten die Gebäude danach an oder sie zündeten die Gebäude sofort an und verbrannten die Menschen bei lebendigem Leibe. Es war kein Berichterstatter da, um die Tatsachen und den Ablauf der Ereignisse festzuhalten. Und wenn einer unmittelbar danach in einem Tagebuch niederschrieb, was geschehen war (was gut möglich war), ist das Tagebuch schon lange verschwunden, vernichtet, wie nicht viel später das jüdische Mielec und die meisten seiner Menschen.

Nachdem die Deutschen die Menschen in der Fleischerei umgebracht und den jüdischen Teil des Gebäudes angezündet hatten, gingen sie zur Synagoge (einige behaupteten später, dass die Deutschen abgezogen und am Vorabend von Jom Kippur wiedergekommen seien), um sie in Brand zu stecken. Zuerst entfachten sie ein großes Feuer mit Gebetbüchern, Thorarollen und anderen Büchern aus den Studienhäusern, die zu beiden Seiten an die Synagoge stießen. Die Synagoge war ein großer Steinbau mit zwei runden Ecktürmchen; sie stand etwas zurückgesetzt von der Straße und hatte einen Vorhof, der sich gut für die Bücherverbrennung eignete. Die Studienhäuser waren aus Holz errichtet, das die fliegenden Funken schnell entzündeten; das wütende Feuer sprang dann auf die Synagoge über. Spätnachts, nach getanem Werk, zogen die Deutschen ab; oder vielleicht zogen nur einige ab, weil am Morgen danach die Juden daran gehindert wurden, die Toten auf dem Neuen Friedhof zu beerdigen.

Was an dem Tag in Mielec geschah, wird von den Historikern immer kurz berichtet. Und diese Berichte neutralisieren die Geschehnisse des Neujahrsabends, entkleiden sie vom Grauen eines endlosen Tages und einer endlosen Nacht. Beinahe fünfzig Jahre nach dem Geschehen schrieb ein Historiker: «In Mielec wurden am 13. September fünfunddreißig Juden im Gemeindebad verhaftet, ins Schlachthaus geführt und dann bei lebendigem Leibe verbrannt. Weitere zwanzig wurden bei lebendigem Leibe in der Synagoge verbrannt.» In einem Buch über Mielec und Umgebung von über tausend Seiten bemerkt ein polnischer Historiker nur: «Schon im September 1939 brannten die Deutschen in Mielec die Synagoge mit ein paar Dutzend Juden nieder. Alle kamen um.» Verglichen mit dem, was in den darauffolgenden Jahren geschah, mag man die Ereignisse am Vorabend des Feiertags als unbedeutend und keiner ausführlicheren Darstellung wert ansehen. Außerdem fanden die Pogrome, wie wir sie dann nannten, auch in anderen Städten statt; wenige wurden verschont. Aber wie leicht überspringt das Auge die kurzen Sätze. Wie mühelos geht der Leser zu anderen Ereignissen über, bei denen Tausende und Millionen umkamen. Nur ein paar Dutzend Juden? Eine Synagoge niedergebrannt? Das Badehaus? Kaum der Aufmerksamkeit des Lesers wert. Diese kurzen Säze über Mielec werden sehr wahrscheinlich noch kürzer werden und vielleicht eines Tages ganz aus den Geschichtsbüchern verschwinden. Es bleiben Fragen, die möglicherweise nie beantwortet werden. Wer waren diese gesichtslosen Deutschen in ihren grauen Uniformen und großen Helmen, die erfolgreich ihren ersten Massenmord durchführten? Waren das Soldaten der Zehnten Armee der Deutschen Wehrmacht, die in diesem Teil Polens operierte? Gehörten sie zum «motorisierten Regiment» der SS, das der Zehnten Armee angeschlossen war und nach Mielec weiter Juden an anderen Orten massakrierte? Und war der Oberbefehlshaber der Zehnten Armee Walter von Reichenau wirklich empört, als er von den Taten der SS hörte?

Wir standen auf dem Balkon und hörten die schrecklichen Schreie. Das Haus, in dem wir wohnten, befand sich ganz am Rand des polnischen Teils der Stadt, der vom jüdischen nur durch ein großes Feld getrennt war. Auf der anderen Seite des Feldes standen zwei oder drei Wohnblocks, die Bäckerei und einige Läden. Daneben befand sich das große Badehaus und im rechten Winkel dazu die Fleischerei. Die nicht mehr menschlichen Schreie der sterbenden Menschen drangen durch die klare Luft zu uns, doch wir wussten nicht, was sie bedeuteten.

Wir rochen den Rauch, den Rauch von brennendem Holz und brennendem Fleisch, und wussten auch nicht, was das bedeutete. Dann sahen wir das Feuer. Eine Flammenwand verschlang langsam die Straße vor uns. Wir hörten Schüsse, irres Gelächter und panische Schreie, und da wussten wir, dass ein Teil des jüdischen Stadtviertels in Flammen stand. Der polnische Hauswirt kam die Treppe hochgelaufen, gefolgt von seiner Frau mit den harten Gesichtszügen, die ihre Zwillingstöchter trug. Er schrie uns an, wir sollten verschwinden. Wenn die Deutschen entdecken würden, dass er jüdische Mieter habe, würden sie bestimmt auch sein Haus anzünden. Wir gehorchten widerspruchslos und er – besorgt nur um sein Haus – sah uns hinterher, während seine beiden kleinen Töchter mit großen Augen seine Beine umklammerten.

Schweigend gingen wir durch den Garten und zur Hinterpforte auf das große Kartoffelfeld hinaus. Es war noch einen Monat oder mehr bis zur Ernte und die grünen kräftigen Stängel standen hoch und dicht. Wir wagten uns nicht auf die Straße; wir wussten nicht, wohin. Vater entschied, dass wir bis zum Morgen im Kartoffelfeld bleiben mussten.

Die ganze lange Sommernacht hindurch hörte ich das rote Feuer fauchen und spürte die heißen Windstöße im Gesicht. Ich sah Funkenwolken in den Himmel schießen. Ich glaubte, schreckliche Monster mit Maschinengewehren durch den Zaun auf mich zukommen zu sehen. Ich drückte mich tief in das weiche Erdreich und betete, dass die Kartoffelpflanzen mich und meine Familie verstecken mögen. Die Erde roch feucht und frisch, doch ich erstickte fast in der rauchgeschwängerten Luft. Rote Rauchwolken trieben durch die

Nacht. Die Welt mit allem und jedem auf ihr stand in Flammen. Ich hielt mir die Ohren zu, doch ich glaubte im Gebrüll des Feuers immer noch die entsetzlichen Schreie und das irre Gelächter zu hören. Als ich mich in jener Nacht tief in das schwarze Erdreich drückte, beherrschte mich eine unauslöschliche Todesfurcht, die für viele zukünftige Jahre in meinem Gedächtnis hausen würde. Sprachlos würde sie von Zeit zu Zeit emporsteigen und die vernünftige Person lähmen und überwältigen. Eine Angst, die wie tausend Schreie klang, eine Angst, die ich mit niemandem teilen konnte, die nur mir gehörte. Erst viele Jahre später war ich imstande, einen Ort für diese Angst zu finden – wie auch für anderes, das nicht vergessen werden darf.

Als schließlich der Tag grau und feucht anbrach, schlichen wir durch die Pforte zurück in den Garten und die Treppe hinauf in unsere Wohnung. Wieder stand ich auf dem Balkon. Ich blickte hinunter auf die Straße, die an der Bäckerei vorbei zum Badehaus und zur Fleischerei führte. Alle Häuser waren Ruinen, soweit das Auge blicken konnte. Wie große rote Finger zeigten Schornsteine hart in den grauen, sonnenlosen Himmel – besonders der große Schornstein der Bäckerei, wo wir erst vor ein paar Wochen Blaubeerkuchen gekauft hatten, die *kikerlech* hießen. Die Balken der Häuser, die dem unseren am nächsten waren, qualmten noch, und dünne Rauchfähnchen hingen bewegungslos über den Ruinen. Die drückende Morgenluft schien den beißenden Geruch des großen Feuers gefangen zu halten. Dort unten im Garten waren die Bäume mit feiner grauer Asche bedeckt. Eine seltsame, bedrückende Stille hing über der toten Szenerie. Sogar die Vögel waren aus dem Garten geflohen. Es krähten keine Hähne und gackerten keine Hühner. Keines der üblichen Geräusche des Morgens war zu hören.

Ich erinnere mich, dass ich Leute im Hinterhof des verkohlten Hauses jenseits des Feldes ankommen sah. Einige

Männer mit Schaufeln kamen und fingen eilig an, eine große Grube auszuheben. Obwohl die Sonne nicht schien, wurde der Tag heiß und schwül, und die Grabenden unterbrachen ihre Arbeit oft, um sich die Stirn abzuwischen. Andere Männer drängten sich in den Hof mit Bündeln, die sie in einiger Entfernung von der Grube vorsichtig auf den Boden legten. Sie verständigten sich schweigend mit Zeichen; sie weinten und stöhnten nicht. Die stille Menge sah den stillen Grabenden zu. Als die Grube ausgehoben war, legten die Männer die Bündel vorsichtig hinein, eins nach dem anderen. Sie sprachen gemeinsam ein kaum hörbares Gebet, warfen die Grube schnell zu und eilten auf die Straße hinaus.

Ich sah zu, ohne zu begreifen. Ich war gebannt vom stillen Drama, das sich da unten abspielte und konnte mich nicht losreißen, und doch wusste ich, dass etwas Schreckliches, Unbegreifliches geschah. Ein Bild wurde in mich gesenkt, das nie gelöscht werden konnte, das fast sechzig Jahre später genauso deutlich ist wie an jenem trüben Morgen. Vielleicht kam schließlich eine Erklärung von Mutter oder Vater. Oder vielleicht habe ich andere darüber sprechen hören. Erst mit der Zeit würde ich verstehen, was ich gesehen hatte: nämlich dass den ganzen Morgen lang fromme Männer von der Beerdigungsgesellschaft sorgfältig verkohlte Leichen und Knochen geborgen hatten. Die meisten Opfer waren bis zur Unkenntlichkeit verbrannt; man konnte nicht wissen, wer ein Bewohner der Stadt und wer ein Fremder war oder welches Schulterblatt zu welchem Schädel gehörte. Warum man den Hinterhof dieses bestimmten Hauses für das Begräbnis aussuchte oder warum entschieden wurde, die verkohlten Überreste dort in einem Massengrab zu begraben, wurde nie gesagt.

In den darauffolgenden Wochen versuchte ich, nicht in die Richtung der Grube zu blicken, deren Umrisse vom Balkon aus deutlich zu erkennen waren. Die Erinnerung an das, was ich gesehen hatte, verfolgte mich und brachte eine neue Art Angst mit sich. Wenn uns die Deutschen nun in dem Kartoffelfeld gefunden hätten und auch wir von dem fauchenden Feuer verschlungen worden wären? Wäre ich dann jetzt ein Bündel verkohlter Knochen, nicht wiederzuerkennen, gesichtslos? Und was wäre mit meiner Seele geschehen, würde sie umherwandern (ich glaubte immer noch halbherzig, dass sie reisen würde, trotz Cousine Esthers unverblümter Erklärung) und könnte meine verkohlten Knochen nicht erkennen, oder noch schlimmer, würde sie die Knochen einer anderen Person fälschlicherweise für die meinen halten? Ich dachte an Großmutter Mindel und wie ich sie mir vorgestellt hatte – friedlich in ihrem eigenen Grab liegend, vielleicht mit der grauen Sabbatperücke auf dem Kopf statt der gelben, und wartend, wartend... Und ich dachte an die Bündel verkohlter Knochen in der Grube nach der Terrornacht und an das Fauchen des Feuers und die schauerlichen Schreie.

Der Garten bekam allmählich das Aussehen, das vom Ende des Sommers kündete. Die Blätter an den Gurkenranken wurden trocken und staubig. Die Bohnenstängel hingen ohne ihre glänzenden, schweren Hülsen schlaff herab, und nachdem der Hauswirt die Äpfel geerntet hatte, standen die Apfelbäume zwar nicht ganz kahl, doch ohne ihre frühere Fülle da. Das benachbarte Kartoffelfeld war nicht länger ein Meer üppiger grüner Blätter, die in der Sonne glänzten. Die hohen Stängel, die uns während des Pogroms verborgen hatten, färbten sich stumpfbraun. Bald würden sie verwelken und zu Boden sinken, und dann würden Frauen und Kinder über das Feld ausschwärmen, um die Kartoffeln aus der fruchtbaren, dunklen Erde herauszuholen.

Ich durfte den Garten nicht verlassen, und ich hatte das sowieso nicht vor. Im Garten fühlte ich mich sicher. Ich saß unter dem großen Walnussbaum, dessen Krone immer lichter wurde. Den ganzen Sommer über waren die fetten, unheimlich kalten Raupen herabgefallen, aber beim ersten herbstlichen Anzeichen waren sie verschwunden. Ich vermisste sie jetzt und das prickelnde Gefühl, mit dem ich sie erwartet hatte. Ohne das Laubhüttenfest hatte es keinen Übergang zum Herbst gegeben. Weder Vater noch sonst jemand hatte die traditionelle Hütte gebaut. Der Strom der Zeit hatte seine Wahrzeichen verloren. Risse zeigten sich in meiner geordneten Welt. Falls Vater bereute, dass er Großmutter Mindel versprochen hatte, die Familie nicht zu trennen, dann konnte er nun nichts mehr daran ändern. Und in einem Jahr würde es zu spät sein.

Aus einem Rundschreiben vom 23. November 1940:

> «... Auswanderungsgesuche von Juden ... ohne weitere Prüfung abzulehnen. ... Da eine Auswanderung von Juden aus dem Generalgouvernement grundsätzlich nicht mehr in Frage kommt, ist es auch nicht erforderlich, dass ein Jude zur Einholung eines Visums bei einem ausländischen Konsulat im Deutschen Reich einen Passierschein nach dem Reich erhält.»

Eines Tages holte ich meine Schulbücher vor und setzte mich auf den Balkon, um zu lesen. Doch ich konnte mich nicht auf die Geschichten konzentrieren. Mein Blick wanderte über den Garten hinaus zu den verrußten Häuserruinen und den Umrissen der Grube. Weiße Schäfchenwolken verdeckten die Sonne und eine plötzliche Kühle lag in der Luft. Als Schatten auftauchten, wirkten die verrußten Ruinen jenseits des Feldes bedrohlich. Wie sollte ich das schreckliche Sterben, das geschehen war, begreifen? Wie sollte der Messias verkohlte Knochen ins Heilige Land führen? Gab es vielleicht gar keinen Messias? Gab es kein Warten im Grab? Hatte Cousine Esther Recht mit ihrer Behauptung, dass am Ende nur Knochen in der Erde blieben? Ich erlebte die Schreckensnacht, als rote Flammen zum Himmel züngelten, von neuem. Ängste ergriffen mich, Ängste ohne Worte.

Plötzlich gab es viele Ungewissheiten. Die Welt, die ein vertrauter Ort gewesen war, geordnet und ordentlich, hatte jetzt Risse, barg Unbekanntes. Ob Großmutter schon von den Würmern gefressen worden war? Wie konnte es sein, wie war es möglich, dass Menschen zu verkohlten Knochen wurden? Ich konnte es nicht in Worte fassen, ich spürte nur, wie Kinder es tun, dass nichts mehr so sein konnte wie früher.

Als der Winter kam, bedeckte eine reinweiße Schneedecke die Umrisse der Grube und ich wurde nicht mehr an die dort begrabenen Bündel erinnert. Die Häuserruinen, deren zackige Silhouetten vom Schnee gemildert wurden, standen noch an der Straße, doch ich mied sie, indem ich einen weiten Umweg machte, wenn ich zu Großmutters Haus ging.

Anderes begann mich zu beschäftigen, als die Zeit verstrich. Alles und alle veränderten sich in schwer zu begreifender Weise. Auch ich veränderte mich, wurde dünner und größer und entwickelte einen enormen Appetit auf Lebensmittel, die nicht mehr zu haben waren. Nur meine Cousine Esther blieb so streitsüchtig wie immer, doch ihr Hohn störte mich nicht mehr, weil ich eine neue Freundin gefunden hatte, Tośka, ein Flüchtlingskind aus Krakau. Hava kam nicht mehr auf Besuch zu uns. Sie sei sehr seltsam geworden, sagte Mutter, man hatte sie vor sich hin murmelnd auf der Straße gesehen. Ich sah sie noch manchmal mit Chajm-Jankel, und ihr graues Haar war wilder denn je. Sie schien mich nicht zu erkennen und ich näherte mich ihr nicht. Sie glich immer mehr der Verrückten, die an der Ecke des Kleinen Marktes wohnte.

Obwohl ich noch ein wenig länger im Garten der Kindheit träumen durfte, war die Zeit, da alles ein Ende finden würde, schon gekommen. Die Zeit, da Vaters Lieder, die nur er kannte, verstummen würden.

VIER

Tośka

Wasser fließt, Blüten fallen
Der Frühling ist fort
Im Himmel und auf Erden
Li Yü (937-978)

Hinter mir sehe ich die Ahnen nicht.
Vor mir sehe ich die Enkel nicht.
Wenn ich an Himmel und Erde denke –
grenzenlos, endlos,
Weine ich vor Kummer in meiner Einsamkeit.
Chen Zi'ang (661-702)

Tośka Spyrina, ihre Eltern und ihre ältere Schwester waren Flüchtlinge aus Krakau. Ihr Vater war dort Journalist gewesen. In Mielec war er selten zu Hause. Ihre Mutter war sehr schön. Sie hatte schwarze Mandelaugen, einen dunklen Teint und glänzendes schwarzes Haar. Tośka hatte die blauen Augen ihres Vaters und lockiges braunes Haar. Sie und ihre Familie wurden in Bełżec umgebracht. Ich hatte eine Freundin. Tośka war ihr Name. Sie wurde in Bełżec umgebracht.

Unsere Freundschaft war kurz, sie dauerte kaum zwei Jahre, doch ich habe nie aufgehört, um Tośka zu trauern. Ich habe sie vielleicht einen oder zwei Tage vor unserer Deportation aus Mielec zum letzten Mal gesehen, und dann verschwanden sie und ihre Familie, zusammen mit vielen

Tausenden. Die Geschichte unserer Freundschaft existiert bruchstückhaft in meinem Gedächtnis, als bruchstückhafte Szenen, die mit Menschen um uns herum, die wir interessant fanden, verbunden sind oder mit der geheimen Schule, die wir eine Zeit lang besuchten. Ich weiß nicht mehr, ob wir damals die Kurzlebigkeit unserer Freundschaft spürten. Doch ich weiß sehr wohl, dass das Leben in der Fantasie, das wir teilten, weder Zeit noch deren Beschränkungen kannte.

Kurz nach dem großen Feuer, doch noch bevor die Deutschen die Macht in Mielec übernahmen, begann das Leben allmählich und ganz vorsichtig wieder in gewissen vertrauten Bahnen zu verlaufen. Doch die Vertrautheit war trügerisch, man konnte ihr nicht trauen, und Angst schwebte weiter wie ein riesiger Schatten über den Straßen, wo die Juden wohnten. Wir konnten den deutschen Soldaten in ihren grauen Uniformen nicht aus dem Weg gehen; sie kamen und gingen und erinnerten uns ständig daran, wozu sie fähig waren. Da war auch das Gestapo-Hauptquartier in einer belebten Straße nicht weit vom Kleinen Markt, das wir «das Gestapohaus» nannten. Ich war überzeugt, dass es unsagbare Gefahren barg, dass dort Menschen gefoltert wurden, weil die Gestapo ihnen alle möglichen Verbrechen anhängte.

Dann begannen einige Menschen zu verschwinden; manchmal ganze Familien. Ihre Häuser standen leer, die Türen waren ordentlich abgeschlossen und in ihrem Innern – zurückgelassen und aufgegeben – waren die im Laufe eines Lebens angesammelten Besitztümer. Wo waren die Menschen hin? Würden sie zurückkommen? Eines Tages war die ganze Familie Friedman fort, die gegenüber von Großmutter Mindels Laden wohnte – das alte Ehepaar, ihre vielen Söhne und die Frauen der Söhne, die kleinen Enkelkinder. Sogar der jüngste Sohn, der immer wieder von zu Hause weglief, nur um ein paar Tage später von einem seiner Brüder gefunden und zurückgebracht zu werden (bei einer dieser Gelegenheiten hatte er sich, zur Beschämung der Familie, die Schläfenlocken abgeschnitten), war verschwunden. Als ich aus Großmutter Mindels Wohnung im ersten Stock sah, war auf der anderen Straßenseite alles ruhig. Ich begriff nicht, was vor sich ging; die zum Teil aufgeschnappten hastigen Gespräche gaben mir keinen Hinweis.

Aber eines Tages, als die Melancholie des Herbstes und der Geruch gerösteter Kartoffeln schon in der Luft lagen, wurde das Geheimnis gelüftet. An einem frühen Abend versammelte sich in unserem winzigen Zimmer eine Gruppe Männer. Da waren Vater, Onkel Reuben, Dr. Seiden (der Zahnarzt), Herr Feiner und der hübsche Verlobte von dessen Tochter. Sie waren gekommen, um über eine Flucht in den russisch besetzten Teil Polens zu sprechen. Die Tür zum Zimmer unserer Verwandten war fest verschlossen. Der Onkel war nicht einverstanden mit diesen Unterredungen und wollte sich nicht am Fluchtplan beteiligen. Ich saß in meiner üblichen Ecke, im schmalen Raum zwischen Schrank und Tür, hinter mir der Bücherschrank mit seinen verbotenen Schätzen, den Büchern, die nur die Erwachsenen lesen durften. Obwohl ich halb verborgen war, konnte ich die besorgten Mienen der Männer im trüben Lampenlicht sehen.

Sie sprachen einer nach dem anderen mit gesenkter Stimme. Sie würden den Bug überqueren – vielleicht sogar durchschwimmen – müssen, um auf die russische Seite zu kommen. Aber wie breit war der Fluss? Würde es ihnen gelingen, ein Boot zu mieten? Sie wussten nicht, wie weit Mielec vom Bug entfernt war, wie die Landstraßen beschaffen waren, ob sie mit dem Zug fahren sollten oder ob es sicherer wäre, einen polnischen Bauern mit Pferdewagen zu mieten. Sie hatten Angst vor deutschen Patrouillen. Wenn sie nun von den Deutschen angehalten würden? Doktor Seiden hatte eine Landkarte mitgebracht, die er auf dem glänzenden Messingtisch ausbreitete, wo wir manchmal Rommé spielten. Die Männer steckten die Köpfe zusammen und versuchten Mielec und den Bug auf der kleinen Karte im trüben Licht der flackernden Öllampe zu finden. Wie es seine Angewohnheit war, schob Onkel Reuben seinen Hut weit nach hinten, so dass er ihm beinahe vom Kopf fiel.

Jetzt kam eine neue Frage auf: Sollten sie ihre Familien mitnehmen und wenn ja, wie würden die Frauen und Kinder die Flussüberquerung bewältigen? Onkel Reuben war dafür, die Familien zurückzulassen. Männer waren in größerer Gefahr als Frauen, argumentierte er; Vater schien ihm zuzustimmen und er sagte, tief im Inneren seien die Deutschen zivilisiert genug, um Frauen und Kindern nichts anzutun. Im großen Feuer hatten sie keine Frauen und Kinder verbrannt, nur Männer. Doch Dr. Seiden, der eine gewisse Autorität besaß, weil er Zahnarzt war, bestand darauf, dass alle von den Deutschen bedroht wurden. Wie zivilisiert sind Menschen, die Männer anzünden und töten, die ihnen nichts getan hatten?, fragte er. Er schüttelte den Kopf. Von ihnen war nichts Gutes zu erwarten, die Juden mussten sich hüten.

Sie diskutierten hin und her, und ich in meinem Winkel verstand nun, was das Verschwinden der Friedmans und der anderen zu bedeuten hatte. Doch das Verstehen brachte neue Ängste. Dachte Vater etwa daran, uns zurückzulassen? Was würden wir ohne ihn tun? Wir brauchten ihn, damit er uns vor den Deutschen beschützte. Was würden wir tun, wenn er plötzlich wie die anderen verschwände? (Ich wusste damals nicht, dass Vater Großmutter Mindel versprochen hatte, die Familie nie zu trennen.)

In den darauffolgenden Tagen erschien die Zusammenkunft nicht mehr ganz so bedrohlich. Vater war da wie immer und Onkel Reuben stand schläfrig hinter dem Ladentisch im leeren Laden. Die Tage waren schön und sonnig und ich sammelte Kastanien, um aus ihnen kleine Körbchen zu schnitzen, sie zu Ketten aufzufädeln und Püppchen aus ihnen zu basteln, wozu sie auch aufgefädelt wurden. Herr Feiner, unser Nachbar, war oft im Hof und half seiner Frau beim Holzhacken. Er arbeitete schweigend und methodisch, wobei er jedes Stück in mehrere kleinere spaltete. Frau Feiner, braun und rund, summte eine Melodie und spaltete ihr Feuerholz sorglos in dicke und dünne, krumme und gerade Scheite.

Die Feiners waren in das kleine weiß getünchte Holzhaus gezogen, wo der polnische Hauswirt gewohnt hatte, bevor er das zweistöckige Haus gebaut hatte, in das er und wir eingezogen waren. Das alte, heruntergekommene Haus hatte winzige Fenster, ein schweres strohgedecktes Dach und zur Straße hinaus eine kleine Veranda mit zwei schmalen Bänken. Frau Feiner war eine freundliche Frau, die viel lächelte und manchmal bei der Arbeit sang. Sie war nicht religiös und trug keine Perücke; ihr grau werdendes Haar war immer zu einem Knoten zusammengerafft, der sich halb aufgelöst hatte. Herr Feiner war fast so dunkelhäutig wie seine Frau. Obwohl er glatt rasiert war, hielt er seinen Kopf bedeckt, wie die meisten sogenannten emanzipierten Juden. Im Gegensatz zu seiner fröhlichen Frau war er mürrisch und sprach kaum mit den anderen Mietern.

Die Feiners hatten eine vielleicht achtzehn Jahre alte Tochter und einen Sohn, der vierzehn gewesen sein mag. Der Sohn war so dunkelhäutig wie seine Eltern und hatte ein spitzbübisches Gesicht und ein Grinsen wie das seiner Mutter. Die Tochter war anders: Sie war blond und blauäugig und hatte einen hellen, fast milchweißen Teint; sie war weder klein noch groß und trug Holzsandalen mit Keilabsätzen, von denen jeder in einer anderen Farbe gestrichen war, wie es in diesem Sommer Mode geworden war, als Leder nicht mehr erhältlich war. Ihre bedruckten Kleider aus hauchdünnem Stoff bauschten sich im Wind, wenn sie die

Straße hinunterging. Sie war schon verlobt (so glaubte ich jedenfalls) und ich sah sie oft auf ihrer Veranda vor dem Haus mit ihrem Verlobten. Sie waren ein hübsches Paar, wie sie da auf den schmalen Bänken saßen, sich in die Augen blickten und ganz ernsthaft Pläne besprachen, ihre Hochzeitspläne, davon war ich überzeugt. Die bedrohliche Realität der jüngsten Vergangenheit und die Unsicherheiten der Gegenwart waren vielleicht erträglicher für mich, eine Zehnjährige, wenn ich mir romantische Liebe und ein glückliches Ende vorstellte, wie in den Märchen, die ich kannte.

Die warmen, sonnigen Herbsttage wichen bald schneidenden Winden und Regen, der die ungepflasterten Straßen in tückischen Schlamm verwandelte, in dem die Pferdekarren der Bauern tiefe Furchen hinterließen. Man musste vorsichtig gehen und Pfützen und dickem Matsch ausweichen, damit man nicht seine kostbaren, nicht zu ersetzenden Gummischuhe verlor. Den Sommer über hatte Mutter sich darangemacht, Hüte für die Familie mit Wolle aus aufgetrennten alten Pullovern zu stricken. Sie waren ganz schlicht und bestanden nur aus einem länglichen Schal, der auf einem Viertel seiner Länge zusammengenäht war, um Hut und Schal aus einem Stück zu schaffen. Ihre Hüte, mit einer hinten hochstehenden Spitze, waren überhaupt nicht attraktiv, doch sie waren nützlich und hielten den Wind ab.

Obwohl ich das kalte Wetter hasste, war ich in diesem Herbst ruhelos, da ich Angst hatte, Vater könnte plötzlich mitten in der Nacht verschwinden, während ich schlief. Meine selbst auferlegte Aufgabe war es, ihn zu überwachen, in regelmäßigen Abständen den Laden aufzusuchen, um mich zu vergewissern, dass er und Onkel Reuben dort waren. Und obwohl ich mich immer über kurz oder lang mit Cousine Esther stritt, war es besser, die gesammelten Kastanien in ihrer Gesellschaft zu schnitzen als allein zu Hause, bedrückt von den grauen Wolken und dem unaufhörlichen Regen.

Die Seidens waren jetzt fort. Sie hatten ihr schönes großes Haus am Stadtrand von Mielec verlassen. Dort waren Mutter und ich hin und wieder zum nachmittäglichen Tee eingeladen gewesen. Für mich, und ich glaube auch für Mutter, war das immer eine große Sache gewesen: Wir zogen beide unsere besten Sachen an. Vielleicht nahmen wir uns sogar eine Pferdedroschke, eine von den Mietdroschken, die nur wohlhabende Leute benutzten. Ich erinnere mich, dass man nur zu ganz besonderen Gelegenheiten mit der Droschke fuhr. Der Tee war außerordentlich vornehm; die alte Frau Seiden plauderte höflich mit Mutter und beide balancierten eine dünne Porzellantasse in der einen Hand und hielten ein Plätzchen in der anderen, während mir erlaubt wurde, den «Wintergarten» zu besichtigen. Das war eine verglaste Veranda, wo Frau Seiden exotische Pflanzen züchtete – für mein ungeübtes Auge sahen sie wenigstens exotisch aus. Nun stand ihr Haus auch leer und still in den kahlen Feldern des grauen Herbstes. Die vernachlässigten Pflanzen würden bald verwelken und sterben.

Der hübsche Verlobte der Feiner-Tochter und Herr Feiner waren auch fort. Ich machte mir keine Sorgen darum, wie Frau Feiner zurechtkommen würde. Sie schien durchaus in der Lage dazu, und wie sich herausstellte, schaffte sie es sehr gut. Ich machte mir mehr Gedanken um ihre schöne Tochter, ob sie ihrem hübschen Verlobten treu sein würde, ob er sie vergessen würde, wenn er erst einmal den weit entfernten Bug überquert hätte.

Der Gedanke an die Überquerung des Bug (es kam mir nicht in den Sinn, dass man auch auf die russische Seite gelangen konnte, ohne den Fluss zu überqueren) rief bei mir wilde Vorstellungen hervor: Eine dunkle, mondlose Nacht; Männer, Frauen und Kinder sitzen dichtgedrängt in einem zerbrechlichen Boot; Herr Feiner und der Verlobte seiner Tochter rudern wie wild über den Bug, der auf alle Fälle breiter als unsere Wisłoka sein muss, in der mir einmal ein Onkel das Schwimmen beizubringen versucht hatte, wobei ich wie ein Stein untergegangen war. Meine Cousine Esther, die auch nicht schwimmen konnte, hatte mir alles über die Gefahren des Flusses erzählt und zahlreiche Todesfälle durch Ertrinken hier und anderswo erwähnt, darunter auch den Fall eines Mädchens mit Namen Ophelia, die einen Prinzen im weit entfernten Dänemark geliebt hatte. Flüsse waren tückisch. Ich stellte mir Frau Friedman vor, wie sie sich in dem feinen schwarzen Mantel, in dem sie jeden Nachmittag ihre Besuchsrunden gemacht hatte, am Bootsrand festklammerte, neben sich die schreienden Babys. Ich konnte mir gut vorstellen, wie kalt das Wasser des Flusses im Herbst sein würde. Ich kann mich nicht erinnern, meine Ängste irgendjemandem mitgeteilt zu haben, bestimmt nicht Esther, die zweifellos Gründe gefunden hätte, mich zu verspotten.

Nachdem Herr Feiner fortgegangen war, begann Frau Feiner Brot zu backen, um es in der Nachbarschaft zu verkaufen. Ihre Brote waren groß, schwarz und schwer und nie ganz rund, was aber keinen abhielt, sie zu kaufen. Mutter sagte, Frau Feiner strecke den Teig mit Kartoffeln. Dennoch hielt sie Frau Feiner für sehr tapfer, weil sie Möglichkeiten gefunden hatte, ihre Kinder durchzubringen. Auf die ihr eigene stille Art versuchte Mutter, Frau Feiner zu helfen, wann immer sie konnte.

Doch mit der Zeit wurde Mutter misstrauisch. Irgendetwas stimmte nicht mit Frau Feiner und ihrem Brot. Mehl war rationiert. Alle gingen so sparsam mit Brot um, als wäre es Kuchen. Die Birnbaum-Bäckerei hatte nie genug Brot und es fehlte ihr immer an Mehl. Doch Frau Feiner gelang es, Mehl aufzutreiben. Sie erschien zusammen mit ihrem krausköpfigen Sohn, der das Brot austragen half, an unserer Tür. Wenn niemand sonst Brot hatte, konnte man auf Frau Feiner zählen. Mit einem fröhlichen Lächeln auf dem runden Gesicht kam sie unsere Treppe hoch, als hätte sie keinerlei Sorgen. Ihr Sohn mit den tanzenden schwarzen Augen war an ihrer Seite. Auf der Religionsschule war mir beigebracht worden, Jungen nicht anzuschauen, doch diesen Jungen mit der spitzbübischen und dreisten Art musste ich einfach heimlich anschauen.

Als es auf den Winter zuging, begannen die ersten jüdischen Flüchtlinge, die von den Deutschen aus den großen Städten deportiert wurden, in Mielec anzukommen. Die Leute rückten noch enger zusammen und vermieteten Zimmer an die Neuankömmlinge. Einige Flüchtlinge kamen nur mit den Kleidern am Leibe, andere trugen Bündel und Koffer. Die Frau eines Rabbi zog mit zwei kleinen winmmernden Kindern in Frau Feiners Zweizimmerhaus ein. Die Frau des Rabbi hatte ein Tuch fest um den Kopf gewickelt. Sie war blass und hatte rötliche Augen, die seltsamerweise nicht von Wimpern umrandet waren. Ihre Kinder hatten Angst vor Fremden, sie heulten ständig und hingen ihr am Rockzipfel. Ich versuchte, mit ihnen zu spielen, doch sie starrten mich nur mit ihren großen erschrockenen Augen an und versteckten sich hinter ihrer Mutter. Den ganzen langen, kalten Winter über wunderte ich mich, wie wohl die drei fröhlichen Feiners und diese traurige Frau in dem kleinen Haus miteinander auskamen. Wenn Frau Feiner nicht gerade Brot auslieferte, knetete sie den Teig, die drallen braunen Arme bis zu den Ellbogen im Mehl. Die Frau des Rabbi ging nie außer Haus, außer um Lebensmittel zu kaufen.

Mutter sprach oft von den Flüchtlingen. Da es so wenig zu essen und fast kein Holz und keine Kohlen zum Kochen und Heizen gab, seien wir alle schlecht dran, sagte Mutter, aber für die Flüchtlinge sei es noch zehnmal schlimmer. Sie hätten kein Geld und meist keine Verwandten in der Stadt. Sie seien Fremde und hätten keinen, der ihnen in der Not hilft. Mutter hatte ein mitleidiges Herz und sie bedauerte sogar die Frau des Rabbi mit dem traurigen Gesicht und den rötlichen Augen und ihre beiden griesgrämigen Kinder. Tante Feige bedauerte die Flüchtlinge vielleicht auch, doch sie war praktischer veranlagt. In ihrem Laden gab es nur für wenige Kredit, und die ihn bekamen, waren gewöhnlich Leute, die sie kannte.

Der Frühling war im Jahre 1940 noch nicht gekommen, als ich Tośka kennenlernte. Wo mochte ich sie wohl zuerst gesehen haben? Vielleicht als sie mit ihrer Mutter in den Laden kam? Oft versteckte ich mich, nachdem ich mich wieder einmal mit Cousine Esther gestritten hatte, in dem kleinen Raum neben dem Laden. Das war Urgroßmutter Blimes Zimmer gewesen und wurde nun als Lagerraum für alles Mögliche genutzt: Fässer für das Einlegen von Sauerkraut im Herbst, Wassereimer, leere Schachteln, Lumpen. Der Raum hatte keine Fenster und Licht kam nur durch die offene Tür. Wenn ich hier saß, dachte ich immer an die Urgroßmutter, vielleicht weil ich nach ihr genannt war – ich überlegte, wie sie wohl gewesen war, wie sie ausgesehen hatte, ob sie glücklich oder traurig gewesen war. Obwohl nichts, was ihr gehört hatte, in dem kleinen Raum geblieben war, fühlte ich mich ihr doch in dem Durcheinander seltsam nahe, als ob von ihr noch etwas da wäre – freundlich und tröstlich. Man hatte mir erzählt, dass Urgroßmutter Blime, anders als die «moderne» Großmutter Mindel, keine Perücke getragen habe, sondern einen weißen Turban, auf den Perlenschnüre genäht waren. Nachdem Urgroßmutter Blime gestorben war – im ehrwürdigen Alter von neunundneunzig Jahren, hieß es –, erhielt jedes von Großmutter Mindels Kindern eine dieser Perlenschnüre. Vater gab seine unserer Mutter, und immer wenn sie die Perlen trug, war mir, als sei ein Teil von Urgroßmutter noch bei uns.

Von links nach rechts: meine liebe Freundin Tośka, ein Nachbarskind, und ich.

Wenn ich in dem kleinen Raum war, als Tośka und ihre Mutter hereinkamen, hätte ich sie vor dem Ladentisch gesehen, als ihre Mutter bezahlte. Vermutlich hätte ich sie nicht sofort angesprochen, doch ich weiß noch genau, dass ich sie mir vom allerersten Moment an zur Freundin wünschte. Vielleicht hat sie mich zuerst angesprochen; Tośka war ein offenes und unkompliziertes Menschenkind. Wie es auch gewesen sein mochte, wir wurden schnell und auf natürliche Weise Freundinnen und meine Bewunderung für sie wuchs, je besser ich sie kennenlernte. Sie war nur einige Monate oder höchstens ein Jahr älter als ich und schrieb Gedichte, schöne, wunderbar klangvolle Verse. Unsere sich entwickelnde Freundschaft war viel zu kurz, doch während sie dauerte, trübten sie keine Unstimmigkeiten. Es war, als wollten wir so viel Freude aneinander haben wie möglich. Spürten wir womöglich stärker als die Erwachsenen, wie gefährdet unsere Zeit der Freundschaft war?

Tośka vertraute ich die Trennung der Liebenden an – Frau Feiners Tochter und ihres Verlobten – und sie malte daraufhin ihre Wiedervereinigung und Heirat aus. Je mehr wir über die Liebenden sprachen, desto ausgefallener wurden unsere romantischen Vorstellungen. Die Wirklichkeit verschwand. Wir schufen uns eine Fantasiewelt, in der nicht nur Frau Feiners Tochter und ihr Verlobter lebten, sondern in der auch wir einen Platz hatten. Tośka war zuversichtlich, dass der Verlobte zurückkehren, der Krieg ein Ende finden und die beiden heiraten würden – wie in den Märchen, die wir kannten. Sie würden einander in die Arme fliegen, beide so schön wie sie gewesen waren, als sie sich trennten. Sie würde erröten, er würde ihr die Hand halten und sie sanft auf die Stirn küssen. Frau Feiner, rund und braun und mit mehlbestäubten Armen, würde das verlegene Liebespaar glücklich anstrahlen. Bei der Hochzeit trüge die Braut ein weißes Spitzenkleid, meinte Tośka; sie wusste über solcherlei besser Bescheid als ich. Es wäre Frühling und wir würden ihr einen Riesenstrauß Frühlingsblumen bringen. Frau Feiner würde kein Brot mehr backen, sondern eine Hochzeitstorte mit dem feinsten weißen Mehl und jeder dürfte so viel davon essen, wie er wollte. Nach der Hochzeit führe das Paar in einer von drei Schimmeln gezogenen Kutsche davon, während fünfhundert Hochzeitsgäste die ganze Nacht durch tanzten.

Doch der Frühling war noch weit. Als wir aus dem Fenster blickten, sahen die Häuser grauer denn je aus in der winterlichen Luft. Schneebringende Wolken hingen schwer am Himmel. Auf dem Boden lag dick und weiß frischer Schnee. Die Bauern fuhren mit ihren Schlitten in die Stadt und wir hörten das leise Läuten der Pferdeglöckchen. Ihr Klang war melancholisch. Tośka und ich versuchten uns vorzustellen, wie der Frühling sein würde. Violetter Flieder würde über den Zaun hängen und der alte Kastanienbaum hätte leuchtend weiße Blütenkerzen. Duftende Apfel- und Kirschblüten würden auf den Obstbäumen des Hauswirts erscheinen. Wenn wir aufpassten, dass er uns nicht erwischte, könnten wir ein paar pflücken und den Nektar aussaugen.

Als der Frühling dann wirklich kam, waren Tośka und ich unzertrennlich. Da es nun wärmer war, verbrachten wir mehr Zeit draußen, atmeten die frische Luft und hielten unser Gesicht der wärmenden Sonne entgegen. Die Sonne schmolz das Eis um den Brunnen und kleine Bächlein flossen durch den Hof zum Tor. Die hartgefrorene Erde des Winters wurde weich und dampfte; sie hatte einen ganz eigenen Duft. Ich lauschte den ersten zaghaften Vogelrufen und war erleichtert, als die hässlichen schwarzen Krähen, deren klagende Rufe mich erschreckt hatten, von ihrem Rastplatz auf dem Zaun verschwanden.

Aber der Frühling brachte noch mehr Hunger mit sich. Außer Tante Feiges Familie aßen alle ihre letzten Vorräte oder hatten sie schon aufgebraucht. Es strömten weitere Flüchtlinge nach Mielec herein und das wenige, was wir hatten, wurde noch mehr gestreckt. Ich sah Flüchtlingskinder mit aufgetriebenen Bäuchen und hässlichen Wunden. Mutter sagte, sie hätten zu viel Salz und Säure in ihren kleinen Körpern, weil sie nur Essiggemüse gegessen hätten. Wir wurden blasser und dünner und hatten beinah die letzten im Keller eingelagerten Kartoffeln aufgegessen. Auch der Winterkohl war fast aufgebraucht, doch Mutter hatte einen kleinen Vorrat an Blättern aufgehoben, die sie frisch zu halten versuchte. Obwohl ich kein Essiggemüse gegessen hatte, waren meine Arme und Beine mit großen schmerzenden Furunkeln bedeckt, und die Kohlblätter sollten angeblich den Eiter herausziehen.

Ich ging nun selten zu Großmutter Mindels Haus, um mit Cousine Esther zu spielen, und manchmal hatte ich ein schlechtes Gewissen, weil ich sie wegen meiner neuen Freundin vernachlässigte. Esther erschien mir hin und wieder im Traum, seltsam verwandelt, sie rieb sich nicht mehr ihre gelben Zähne und beschimpfte mich auch nicht. Die Traum-Esther war viel netter, sogar hübscher; sie bot an, ein Stück Kuchen mit mir zu teilen, wollte mir einen Apfel geben und lud mich zu einer Partie Domino ein. Obwohl ich wusste, dass es nur ein Traum war, fragte ich mich manchmal, ob die Traum-Esther nicht realer war als die Esther, die mich verspottete. Vielleicht spielt mir ja das Gedächtnis einen Streich, denn wer kann sich an Träume aus so lang zurückliegender Zeit erinnern? Träumte ich damals oder später? Welcher Teil war real, welcher Teil ein Traum? Oder erinnere ich mich an die Träume, weil meine Gefühle heute zwiespältig sind und ich ein schlechtes Gewissen habe wegen meiner damaligen Gefühle Esther gegenüber? Sie hat nie etwas zu essen mit mir geteilt, wenn ich Hunger hatte, und sie hat mich nie sehr gut behandelt. Doch hier bin ich, am Leben, und kann mich an Kuchen und Äpfeln satt essen, während Esther tot ist, erschossen von Rudi Zimmermann, dessen Eltern Lebensmittel in Großmutter Mindels Laden kauften, bevor der Krieg ausbrach und bevor er zum *Volksdeutschen* wurde.

Frau Feiner buk weiter Brot. Ihre Preise waren stark gestiegen und es gab nur noch wenige Kunden für ganze Brote. Ihr Sohn half nicht mehr bei der Auslieferung. Das Brot war in saubere und sorgfältig abgewogene Stücke geschnitten und in einen großen Korb gepackt, den sie am Arm trug. Ich versuchte zu Hause zu sein, wenn Frau Feiner und ihr duftender Korb erwartet wurden. Während ich den köstlichen Geruch frisch gebackenen Brots einatmete, wählte Mutter sorgfältig ein Stück aus. Wie gewöhnlich fragte Mutter, ob Frau Feiner von ihrem Mann gehört habe. Wie stets in den vergangenen Monaten zuckte Frau Feiner mit den Schultern. Sie war nicht mehr so fröhlich wie einst und man hörte sie, wie andere auch, sagen, dass die «auf der anderen Seite» ihre zurückgelassenen Familien schon vergessen hätten. Mutter wunderte sich weiter, wo Frau Feiner Kartoffeln und Mehl für ihr Brot auftrieb, und obwohl meine Schwester darüber etwas zu wissen schien, wollte sie es Mutter entweder nicht sagen oder sie wollte es nicht in meiner Gegenwart erwähnen.

In jenem Frühjahr sah ich gelegentlich Frau Feiners Tochter. Wenn ich das fröhliche Klappern ihrer Holzsandalen auf dem Ziegelweg zu ihrem Häuschen hörte, lief ich zum Tor, um einen Blick auf sie zu erhaschen. Sie sah nicht so traurig aus, wie ich es mir ausgemalt hatte. Im Gegensatz zu ihrer Mutter sah sie glücklich aus und ihr blondes Haar wehte im Frühlingswind. Zuerst waren Tośka und ich besorgt. Konnte es sein, dass das schöne Mädchen ihren Verlobten vergessen hatte? Wohin ging sie und sah so glücklich und sorglos aus? Sie zwinge sich, fröhlich zu blicken, entschied Tośka nach langer Debatte, sie sei tapfer und zeige der Welt, dass sie an die Rückkehr ihres Geliebten glaube. Ihr Verlobter solle sie bei seiner Rückkehr lachend und rotwangig vorfinden und nicht blass und weinend.

Als der Frühling in den Sommer überging, schenkten wir allmählich dem Thema Liebe und Trennung weniger Beachtung. Jüdischen Kindern war es nicht mehr gestattet, polnische oder jüdische Schulen zu besuchen, doch den ganzen langen Winter hindurch hatten weder Tośka noch ich den Schulbesuch wirklich vermisst. Für uns war das wie ausgedehnte Ferien, angefüllt mit unserer neuen Freundschaft, den Spielen, die wir uns ausdachten, den Fantasiewelten, die wir ersannen. Zwischen unserer realen und unserer vorgestellten Welt langweilten wir uns nicht, weder miteinander noch weil wir nicht wussten, was wir anfangen sollten. Aber eines

Tages, gegen Ende des Frühlings, fehlte uns plötzlich das Lernen, vermissten wir den geregelten Tagesablauf, die Hausarbeiten. Uns fehlte auch die Freiheit umherzustreifen. Wir wollten draußen sein im warmen Sonnenschein, die Gerüche des Sommers genießen, uns vom warmen Sommerregen erfrischen lassen, Geräusche und Bilder aufsaugen. Doch wir wagten uns nicht weit von zu Hause weg. Unsere kleine Welt barg neue Gefahren und Mutter schärfte uns ein, in der Nähe des Hauses zu bleiben. Sie schickte mich und Cousine Esther nicht mehr zum Trinken frischer Ziegenmilch wie in den vergangenen Sommern. Ich vermisste den Spaziergang zu den Ziegen durch die reifenden Weizenfelder. Ich hätte Tośka gern die knallroten Mohnblumen und die dunkelblauen Kornblumen gezeigt. Aber es war zu gefährlich, zu den Feldern zu gehen.

Tośka und ich lernten in diesem Sommer, vorsichtig zu sein. Deutsche Soldaten fingen Männer und Jungen von der Straße weg und schickten sie ins Arbeitslager nach Pustkow. Unser Cousin Chajm, Schime-Duwids Sohn, den ich bewundert hatte, weil er die polnische Oberschule besucht und eine «Gymnasiastenmütze» getragen hatte, wurde gefangen und dorthin geschickt. Die Bewacher in Pustkow waren wegen ihrer Brutalität berüchtigt und Schime-Duwid setzte Himmel und Hölle in Bewegung, um seinen Sohn herauszubekommen, ohne Erfolg. Nur ein paar Wochen später war Chajm tot – erschlagen von einem Bewacher, als er zur Seite trat, um zu urinieren. Die Deutschen trieben sogar Kinder auf der Straße zusammen, die dann auf den Feldern arbeiten mussten; wegen ihrer geschickten Finger wurden sie eingesetzt, um Raupen von den Kohlköpfen zu lesen.

Ich gewöhnte mir an, Nebenstraßen zu Großmutters Laden zu benutzen, um das große «Gestapohaus» auf der belebten Hauptstraße zu meiden. Tośka und ich lernten, vorsichtig zu sein, wenn polnische Jungen in der Nähe waren; sie waren bekannt dafür, dass sie mit Steinen warfen, und sie konnten uns schlagen oder Schlimmeres. Das «Schlimmere» wurde nie erklärt, doch Tośka und ich wussten, dass es furchtbar war. Wir lernten, still zu sein und wir lernten, den Hunger zu beherrschen, und als wir genug Papier und zwei Bleistifte erbettelt hatten, fingen wir an, einen Roman zu schreiben.

Der Roman führte uns weit weg von Mielec, den Deutschen, den Gefahren und dem wachsenden Elend. Wir erfanden eine neue Fantasiewelt, wir dachten uns Abenteuer mit glücklichem Ende aus. Wir schrieben natürlich über Kinder wie uns selbst, die ein «richtiges Leben» führten, wie wir es uns vorstellten und wie Tośka und ich es einst gelebt hatten – vor langer Zeit, wie es uns vorkam, obwohl seit Kriegsbeginn kaum zwei Jahre vergangen waren. Sie erlebten Abenteuer, vielleicht aufregende, die jedoch immer gut ausgingen. Unsere erfundenen Kinder kannten keine Angst, sie halfen einander, waren nie kleinlich oder gemein. Manchmal waren sie ungezogen, aber nie bösartig. Die Zeit, in der wir eine ideale Welt konstruierten, wo alle Abenteuer ein gutes Ende nahmen und wo die Menschen danach glücklich und zufrieden lebten, dehnte sich fast magisch aus. Tośka und ich verbrachten ungezählte Stunden in meiner Ecke zwischen Schrank und Tür damit, still unser nächstes Abenteuer zu planen. Bis heute sehe ich Tośka vor mir, wie sie nachdenklich ihren Bleistift in die Hand nahm und in ihrer schönen, gestochenen Handschrift Seite um Seite mit Sätzen und Abschnitten zu füllen begann.

In unserer Fantasiewelt gestalteten Tośka und ich das Leben vorhersehbar. Es gab keinen Krieg, niemand verschwand, niemand wurde zu Tode geprügelt oder bis zur Unkenntlichkeit entstellt. In der wirklichen Welt war es anders. Wir sahen Frau Feiners Tochter eines Abends wieder, als schon herbstliche Kühle in der Luft lag. Sie und Frau Feiner saßen auf der kleinen Veranda vor ihrem Häuschen, wo sie vor so langer Zeit mit ihrem hübschen Verlobten gesessen hatte. Die beiden Frauen unterhielten sich laut und lachten. Frau Feiners Tochter rauchte eine Zigarette. Wir öffneten das Tor zur Straße und guckten wieder hinüber. War diese fette Frau das schöne Mädchen, an das wir den ganzen Frühling lang gedacht hatten? Ihr tief ausgeschnittenes Kleid war viel zu kurz und ließ ihre dicken Schenkel sehen. Wie kam es, dass sie dick geworden war, während andere täglich dünner wurden? Wir konnten nicht verstehen, was mit dem einst schönen Mädchen geschehen war, deren Züge jetzt grob waren.

Als sie bemerkte, dass wir sie anstarrten, fing sie an zu keifen und zu fluchen und ihr Gesicht war wutverzerrt. Tośka und ich wussten nicht, was das zu bedeuten hatte. Wir hatten noch nie jemanden so wütend gesehen oder so ordinäre Ausdrücke gehört. Sicher, die Verrückte von der Ecke des Kleinen Marktes führte sich manchmal ähnlich auf, aber nie so jähzornig. Frau Feiners Tochter war wütend auf uns – doch warum? Wir hatten nichts Böses getan. Sie schob uns offenbar die Schuld für etwas in die Schuhe, doch wofür, wussten wir nicht. Wir drehten uns um und flohen ohne Besinnung die Straße mit den verbrannten Häusern hinunter, die wir das ganze Jahr über so sorgfältig gemieden hatten. Wir flohen in panischer Angst, als könnten wir durch unsere Flucht gewissen Dingen aus dem Wege gehen, die wir nicht wissen wollten. Doch wie die verbrannten Häuser eine Erinnerung an Tod und Zerstörung waren, so war Frau Feiners Tochter, wie sich herausstellte, eine Erinnerung an den Zerfall, den der Krieg über uns gebracht hatte.

Wenn Cousine Esther an jenem Tag bei uns gewesen wäre, dann hätte sie ohne Zweifel mit schlichten und schmucklosen Worten erklärt, dass Frau Feiners Tochter zur Prostituierten geworden war und dass ihr Bruder sich als Zuhälter für sie betätigte. Deshalb bekam Frau Feiner immer noch

Mehl und Kartoffeln und andere eben nicht. Aber damals konnten wir keinen Nutzen aus Cousine Esthers Wissen ziehen, das sie flüsternd und kichernd mit Freundinnen teilte, doch nie mit mir. Einmal bekam ich mit, wie ihre Freundin Hava ihr von dem polnischen Dienstmädchen erzählte, vor dessen Tür die Männer Schlange standen, wenn keiner zu Hause war. Die Mädchen tauschten wissende Blicke. Ich konnte mir nicht vorstellen, zu welchem Zweck die Männer vor dem Zimmer des Mädchens warteten.

Ich glaube heute, dass Tośka und ich zu spüren (bestimmt nicht zu verstehen) begannen, dass es zwischen Männern und Frauen gewisse Dinge gab, die unergründlich und schändlich waren. Doch wir waren nicht bereit, den Zerfall unserer Fantasiewelt einzugestehen, einer Welt voll Liebe zwischen Männern und Frauen. Noch nicht. Ich war damals zu jung, um Esthers Art, mit der neuen Realität unseres Lebens umzugehen, zu schätzen. Erst viel später würde ich verstehen, dass sie die Welt nüchtern, ohne Scheuklappen betrachtete, den Schmutz und Verfall, die Schrecken und die Korruption erkannte, ungeachtet des Schmerzes, den ihr das vielleicht bereitete. Nach diesem Vorfall sprachen Tośka und ich jedenfalls nicht mehr von Frau Feiners Tochter, und nicht einmal mehr viel von Liebe. Die Dinge waren nicht mehr so klar wie einst, und Worte, die man in den Gesprächen anderer aufschnappte, bekamen neue Bedeutungen.

In einem kürzlich veröffentlichten Buch über Mielec las ich:

> In Mielec war das Leben noch friedlich … Die sozialen und wirtschaftlichen Verhältnisse oder die Sicherheit der Gemeinde hatten sich nicht verändert. Trupps junger jüdischer Männer leisteten weiter täglich Zwangsarbeit für deutsche Baufirmen. Die Bezahlung war kärglich, aber die Bedingungen erträglich. Der Handel ging weiter, Kaufleute brachten Waren aus Tarnow und Krakau für polnische und jüdische Kunden …

War das wirklich so in den Jahren 1940 und 1941? Oder hat die lange Zeitspanne, die zwischen damals und heute liegt, das Gedächtnis des Autors so getrübt, dass das tägliche Leben in dieser Periode fast angenehm und nicht von Entbehrungen und Ängsten geprägt erscheint? Die Wirklichkeit kann mehr als eine Dimension haben. Man nehme zum Beispiel Onkel Reuben. Seit er Mitglied des Judenrats geworden war, war er mit Gemeindeanliegen befasst und nicht mehr im Laden anzutreffen. Er war jetzt ein wichtiger Mann in der Stadt, einer, den andere um Hilfe baten. Seine ganze Erscheinung hatte sich verändert: Sein Gang war aufrechter, seine Sprache selbstsicherer, und er hatte sein früheres verschlafenes, in sich gekehrtes Aussehen verloren. Vom eingeschüchterten Außenseiter-Schwiegersohn in einer großen Familie wurde Onkel Reuben zu einem neuen Mann mit einem Ziel. Vielleicht erschienen die Zeiten auch für ihn nicht ganz und gar schlecht. Vielleicht gelang es auch ihm – wie dem Autor, der schrieb, das Leben sei friedlich gewesen –, die Augen vom täglichen Elend abzuwenden.

Was mich angeht, so war ich wohl nicht jeden Tag ununterbrochen unglücklich, doch ich litt durch den ständigen Hunger und den Brennstoffmangel. Seit 1940 hatten die Juden weiße Armbinden mit dem blauen Davidsstern tragen müssen, wenn sie aus dem Haus gingen. Nicht jeder war in der Lage, diese Armbinden zu nähen, und neue Unternehmen wurden gegründet, um sie herzustellen. Als immer mehr Juden nach Mielec deportiert wurden, wurde der Wohnraum immer beengter. Die Bewegungsfreiheit war eingeschränkt. Keinem war erlaubt, die Stadt ohne Genehmigung der deutschen Verwaltung zu verlassen – und das erschloss uns eine unerwartete Verdienstquelle. Um eine Genehmigung zu erhalten, musste man ein sauber getipptes Gesuch bei der deutschen Verwaltung einreichen. Da Mutter Deutsch beherrschte und eine Schreibmaschine besaß, betrieb sie bald

Meine Mutter und mein Vater, Helene und Jedidia Geminder, im Jahr 1940. Sie mussten Armbänder mit dem Davidstern tragen.

ein Gewerbe von unserem kleinen Zimmer aus. Nun war der kleine Raum, den wir zur Verfügung hatten, von morgens bis abends voller Leute, die darauf warteten, dass ihre Gesuche geschrieben wurden. Überall Fremde – auf den wenigen Stühlen, den Betten –, die einander ihre Probleme mit kranken Verwandten außerhalb der Stadt anvertrauten oder über Geschäftsangelegenheiten sprachen, die ihre Anwesenheit erforderten. Tagsüber gab es keinen Platz mehr für mich oder ein anderes Familienmitglied; erst wenn es Nacht wurde, konnte jeder von uns ein bisschen Raum zurückgewinnen.

Zu Beginn des Winters, als das Leben durch die bittere Kälte äußerst schwierig geworden war, hörte Mutter dann eines Tages von einer neuen Schule. Jüdischen Jugendlichen war es natürlich seit Ankunft der Deutschen verboten, eine Schule zu besuchen. Diese neue Schule war daher ein geheimes Unternehmen. Sie wurde von einem der Krakauer Flüchtlinge ins Leben gerufen, von einer Frau aus Mielec, die an der Universität Krakau studiert hatte. Als sie ihr Studium nicht fortsetzen durfte, war sie nach Hause zurückgekehrt. Der Schulbesuch war jedoch nicht gefahrlos; die Lehrerin könnte Feinde haben und es könnte sie einer bei den Deutschen denunzieren, und Nachbarn könnten Angst haben, mit hineingezogen zu werden, wenn die Deutschen die Schule entdeckten. Trotzdem wurde beschlossen, dass ich sie besuchen sollte, wenn auch Vorsicht geboten war. Ich durfte auf dem Weg zur und von der Schule nie Bücher dabeihaben (die ich sowieso nicht hatte, da ich nie in eine polnische Schule gegangen war) oder auch nur Hefte. Auch dürften wir Schüler nicht alle zur selben Zeit ankommen oder weggehen. Wenn ich irgendwann einmal deutsche Soldaten oder Polizisten in der Nähe der Schule sehen sollte, dürfte ich das Gebäude nicht betreten, ich sollte dann einfach weitergehen.

Ich war begeistert, besonders da auch Tośka hingehen würde. Immer wenn ich in den vergangenen Monaten an dem baufälligen kleinen Gebäude in dem ungepflegten Hof vorbeigekommen war, wo ich vor dem Krieg gelernt hatte, hatte ich gehofft, dass durch ein Wunder das große Vorhängeschloss fort und der eine Raum wieder voller eifriger Mädchen verschiedenen Alters wäre, die Gebete und Segenssprüche lernten. Ich dachte an die beiden jungen auswärtigen Lehrerinnen in ihren hübschen modischen Kleidern mit

Ärmeln, die über die Ellbogen, und Rocksäumen, die über die Knie reichten. Ich erinnerte mich an die Geduld, mit der sie uns unterrichteten und Spiele mit uns machten. Am Jahresende hatten sie eine abendliche Vorstellung für die Eltern organisiert, bei der ich meinen ruhmreichen Augenblick als musikalischer Schornsteinfeger hatte.

Cousine Esther, zu der ich sofort lief, um sie von der Wende in meinem Leben zu unterrichten, konnte meine Freude nicht dämpfen, obwohl sie nicht beeindruckt war. Die Frau aus Krakau ist nur eine Studentin und keine richtige Lehrerin, sagte Cousine Esther. Sie bildet sich etwas ein, weil sie denkt, dass sie gebildeter ist als andere. Du wirst schon sehen, sagte Esther. Die Schule wird nicht annähernd das sein, was du dir vorstellst. Ihre Mutter ist bloß eine arme Witwe, die jetzt ihre Tochter arbeiten lässt, um etwas Geld zu verdienen.

Diesmal erwiderte ich nichts, hauptsächlich weil ich nicht sicher war, was die Leute an Universitäten machten und wie sich das von dem, was wir in der Schule machten, unterschied. Doch Tośka verstand die Feindseligkeit von Esther besser als ich. Könnte es nicht sein, dass Cousine Esther auch zur Schule gehen möchte, deutete sie an, doch sie kann nicht, weil ihr Vater ein Beamter des Judenrats ist und die Schule schließlich verboten wurde?

Während ich das heute schreibe, steht vor mir ein gerahmtes Foto der Schüler dieser Schule, das durch eine seltsame Schicksalsfügung den Krieg und die Zerstörung überstanden hat. Wir sind sechzehn: vier Jungen und zwölf Mädchen. Wir stehen neben dem Haus, wo wir lernten. Ich kann mich nur an drei Namen von Klassenkameradinnen erinnern: Tośka, Tova Trumpeter und Hava. Tova hatte buschiges braunes Haar und ein ungezwungenes Lächeln. Ihre Eltern wohnten in dem Hof neben Großmutter Mindels Laden. Hava war Esthers Freundin. Tośka ist in der

Mitte des Fotos wie eine regierende Königin, eingerahmt von zwei Jungen. Sogar auf diesem alten Foto ist ihr goldenes Lächeln zu sehen, das Lächeln, das ihr Gesicht leuchten und die Augen blitzen ließ. Hinter ihr steht ein Mädchen, das Tośka und ich recht gut kannten, weil seine kleine Schwester mit zwei geschlossenen Augen geboren wurde. Zwei von den Jungen waren aus wohlhabenden Familien; die Läden ihrer Eltern befanden sich auf der Kolejowa-Straße. Wie ich mir wünsche, dass ich sagen könnte, was mit meinen Schulkameraden und -kameradinnen weiter geschehen ist: wie ihr Leben verlaufen ist; wen sie geheiratet haben, ob sie sich vielleicht scheiden ließen; welchen Beruf sie hatten oder nicht hatten; wo sie lebten; ob sie Erfolg hatten oder nicht. Aber es gibt nichts zu erzählen. Alle meine Schulfreunde außer Tova wurden in Parczew, Włodawa oder Sobibór umgebracht.

Die Schule war nicht weit von unserem Haus, in einer alten Straße mit schilfgedeckten Häusern, deren Fenster so niedrig waren, dass ich ins Innere sehen konnte, ohne den Hals zu recken. Da die Häuser sehr alt waren, würden sie allmählich immer tiefer in den Boden sinken, erzählte mir Mutter einmal, woraus ich schloss, dass sie irgendwann ganz verschwinden würden und nur noch die Dächer den Ort anzeigten, wo sie gestanden hatten. Das Haus unserer Lehrerin hatte, obwohl es auch sehr alt war, ein richtiges Dach. Das Klassenzimmer war in der Küche, weil das der größte Raum war und der einzige beheizte. Die Mutter der Lehrerin kochte, während wir lernten. Sie kam und ging den ganzen Vormittag lang, leise in die Küche schlurfend, Töpfe auf dem Herd hin und her rückend, eine Zutat in den einen oder anderen Topf werfend. Sie konnte eigentlich nicht sehr alt sein, doch mit ihrem krummen Rücken, ihren wässrigen Augen und Zahnlücken sah sie eher wie die Großmutter der Lehrerin aus.

Die geheime Schule, die ich in Mielec zwischen 1940 und 1941 besucht habe. Unsere Lehrerin steht in der Mitte der letzten Reihe; ganz rechts außen in der letzten Reihe steht Tova Trumpeter, die den Krieg überlebte.

Wir saßen auf Bänken um zwei rechteckige Tische. Die Lehrerin (deren Namen ich bedauerlicherweise lange vergessen habe) ging zwischen den Tischen hin und her und sah uns bei unseren Schreibübungen zu, stellte uns Fragen oder erklärte uns leise eine Lektion. Sie erhob nie die Stimme und auch wir durften nicht laut sprechen, damit kein Vorübergehender uns hörte. Ich mochte sie gleich, weshalb ich mich wahrscheinlich an so viel im Zusammenhang mit ihr erinnere, selbst wenn ich ihren Namen vergessen habe. Sie war mittelgroß; ihr kräftiges, hünsches Gesicht wurde von lockigem blonden Haar eingerahmt. Sie war nicht auffallend schön, wie es Frau Feiners Tochter gewesen war; sie besaß eher eine ungewöhnliche Würde, eine vornehme Haltung, die sie von anderen jungen Frauen in der Stadt unterschied. Sie kleidete sich sehr schlicht. Tagein, tagaus, Monat für Monat, die ganze Zeit, die ich sie kannte, trug sie einen Rollkragenpullover und einen Rock. Obwohl sie manchmal ein Kleid angehabt haben muss, hat mein Gedächtnis sie in einem Pullover von unbestimmbarer Farbe und einem etwas engen Rock bewahrt.

In der kurzen Zeit, die wir zur Schule gingen, unterrichtete sie uns in vielen Fächern, einschließlich der Grundlagen des Englischen. Wir lernten einfache Gedichte auswendig, die für meine ungeübten Ohren wunderbar melodisch klangen, wie dieses hier, an das ich mich noch erinnere, vielleicht weil es von der Freiheit spricht, nach der ich mich zunehmend sehnte:

There was a road ran past our house
To lovely to explore.
I asked my mother once – she said
That if you followed where it led
It brought you to the milk-man's door.
(That's why I have not travelled more).

Die Straße hier, vor unserm Haus –
Wo die bloß hin mich führt?
Die Mutter sagt, von mir befragt:
Wenn du ihr folgtest ganz gerad,
So kämst du an des Milchmanns Tür.
(Zu reisen lohnt sich nicht dafür.)

Dass Tośka auch in die Küchen-Schule ging, festigte unsere Freundschaft noch mehr, und Cousine Esther war beinahe vergessen. Tośka und ich lernten zusammen und später am Tag lernten wir wieder zusammen. Sie fasste alles schnell und leicht auf. Ich brauchte viel länger. Doch ich nahm das nicht übel. Im Gegenteil, Tośkas Erklärungen, wenn wir jene kostbaren Stunden miteinander durchgingen, bereiteten mir Freude. Krieg, Angst und Hunger verschwanden aus unserem Gesichtskreis, wenn wir die am Vormittag gelernten Lektionen übten. Tośka erschien in einem blauen Kittel aus ihrer Krakauer Schulzeit zur Schule; ich fand ihn sehr schick. Ich bat Mutter inständig, mir ein ähnliches Kleidungsstück zu nähen, und schließlich kam sie meiner Bitte im Rahmen ihrer Altstoffverwertung nach, als ihr jemand das glänzend blaue Futter eines alten Mantels verkaufte. Während des Winters wurde mir der Kittel sehr lieb, der den zusätzlichen Vorteil hatte, meine zunehmend kurzen, abgetragenen und geflickten Kleider zu verstecken.

Selten ging ich nach der Schule direkt nach Hause, weil ich mich in der Nähe der Bittsteller und ihrer Nöte unwohl fühlte. Nachdem ich kurz in Großmutter Mindels Laden hineingesehen hatte, um Vater Bescheid zu sagen, dass alles in Ordnung war, traf ich mich mit Tośka am Kleinen Markt, wo sie wohnte. Anders als unser winziges, vollgestopftes Zimmer waren die zwei Zimmer ihrer Familie geräumig und nicht überladen, da all ihr Besitz in Krakau zurückgeblieben war. Ihre Eltern hatten das Glück gehabt, diese zwei Zimmer zu finden und behalten zu können; im Allgemeinen hatten vier Menschen nicht mehr als ein Zimmer. Sie waren eine harmonische Familie – das heißt, Tośka, ihre Mutter und ihre Schwester; ihr Vater war selten da. Einmal deutete Cousine Esther dunkel etwas von einer «anderen Frau» an, doch ich verschloss meine Ohren, weil ich nicht hören wollte, wie sie die Familie meiner Freundin in den Dreck zog. Ich wollte daran glauben, dass Tośkas Vater seinen Geschäften in der Stadt nachzugehen versuchte, genau wie meiner.

Frau Spyrina war immer zu Hause, wenn wir kamen. Sie hatte etwas Melancholisches an sich, das mich aus irgendeinem Grund an eine spanische Tänzerin mit einer tragischen Vergangenheit denken ließ, obwohl ich natürlich nie eine spanische Tänzerin gesehen hatte. Auch war ich nicht ganz sicher, was eine tragische Vergangenheit war, außer dass ich vermutete, es habe etwas mit unglücklicher Liebe zu tun. Tośkas ältere Schwester hatte den dunklen Teint ihrer Mutter geerbt, aber nicht ihr Temperament. Sie war vielleicht drei Jahre älter als wir, lebhaft und erstaunlich erwachsen. Die Schwestern hingen sehr aneinander. Ihr Verhältnis war viel enger als das zwischen mir und meiner Schwester, die etliche Jahre älter war.

Der Besuch bei Tośka bedeutete Essen. Sobald wir ankamen, schnitt Frau Spyrina zwei Scheiben Schwarzbrot ab und strich reichlich Rübenmarmelade darauf. Nachdem Obst und Zucker nicht mehr aufzutreiben waren, war in einigen Haushalten Rübenmarmelade, hergestellt mit Kohlrübensirup, aufgetaucht. Wie man aus Zuckerrüben und Kohlrübensirup Marmelade herstellte, war ein ziemliches Rätsel und bei uns zu Hause gab es keine Rübenmarmelade. Auch wurden bei uns nie so dicke Brotscheiben abgeschnitten.

Während wir zur Schule gingen, kam für kurze Zeit ein Hebräischlehrer, auch ein Flüchtling aus Krakau, in unser Leben. Vater hatte ihn kennengelernt und sich bestimmt seiner erbarmt, weil Lehrer noch mehr als andere nicht wussten, wie sie ihren Lebensunterhalt bestreiten sollten. Er kam einmal in der Woche in die Wohnung der Spyrinas, um Tośka und mir Hebräischunterricht zu geben. Zwar hätten wir freundlicher sein sollen, doch wir fanden ihn furchtbar komisch. Es war ein großer Mann, dürr wie ein Skelett, bekleidet mit einem Mantel, der mehrere Nummern zu groß war. Sein Hut war ihm auch zu groß, so dass er auf den Ohren saß und die Augenbrauen darunter verschwanden. Ein schmutziger graubrauner Schal war mehrfach um seinen Hals geschlungen. Es war, als hätte er alle Kleider verloren und trüge nun die eines viel größeren Mannes.

Ein stets gleiches Ritual begleitete die Ankunft und den Abgang des Hebräischlehrers. Er rieb sich vehement die großen roten Hände, und nachdem er sich an den Tisch gesetzt hatte, holte er ein schmutziges Taschentuch aus der Tasche und schneuzte sich geräuschvoll. Eine halbe Eierschale, sein Aschenbecher, wurde vorsichtig aus der anderen Manteltasche geholt, gefolgt von Zigarettenpapier und einer Tabakdose. Beides ordnete er neben dem Glas Lindenblütentee an, dass Frau Spyrina aus der Küche gebracht hatte. Wenn er seinen Mantel abgelegt, den Schal abgewickelt und sich eine Zigarette gedreht hatte, war er bereit für die Lektion des Tages. Fünf Minuten bevor die Stunde um war, fand die ganze Prozedur in umgekehrter Reihenfolge statt. Der Schal wurde um den Hals gewickelt; Zigarettenpapier, Dose und Eierschale verschwanden in der Manteltasche; er schneuzte sich, rieb sich die immer noch roten Hände und schlurfte zur Tür hinaus. Eines Tages war er fort, und Vater erzählte mir, dass die Deutschen ihn bei einer Razzia gefasst und nach Pustkow geschickt hätten.

Noch lange danach hatten Tośka und ich Schuldgefühle, weil wir uns über ihn lustig gemacht hatten. Jeder fühlt sich wegen irgendetwas in seiner oder ihrer Vergangenheit schuldig – schuldig, etwas nicht getan zu haben, und schuldig, etwas getan zu haben. Doch die Schuld aus jener Zeit ist anders, vielleicht weil sie immer mit dem Tod eines Menschen verknüpft ist oder mit seinem Leiden und Unglück. Unschuldige, für Kinder ganz natürliche Handlungen werden ungerechtfertigterweise mit Fragen von Leben und Tod verknüpft. Bis zum heutigen Tag fühle ich mich schuldig, weil ich mich über den mittellosen und unglücklichen Mann lustig gemacht habe.

SEPTEMBER 1980

Stanisław, der Fahrer, holt mich früh am Morgen im Hotel Francuski in Krakau zur Fahrt nach Mielec ab. Ich bin angespannt und empfinde fast die Art angstvoller Anspannung, die ich früher vor einer Prüfung empfand. Und tatsächlich soll der Besuch von Mielec, abgesehen von allem anderen, eine Art Prüfung sein, ein Test für mein Gedächtnis. Wie exakt ist meine Erinnerung an die Stadt, und sind die Orte, an die ich mich erinnere, wirklich dort, wo ich sie mir vorstelle? Wenn ich nun alles verwechselt habe und nichts so ist wie in meiner Erinnerung?

In wenigen Stunden sind wir in Mielec, und als wir in die Stadt fahren, durchfährt mich ein erster Schreck: Der Marktplatz, obwohl noch deutlich als Großer Markt zu erkennen, ist keine kahle gepflasterte Fläche mehr. Er wurde in eine Art Park mit Bäumen und Büschen, Kiosken und Bushaltestellen verwandelt. Die Straße, die quer über den Markt führte, ist nun ordentlich gepflastert. Dieselben Vorkriegshäuser stehen rings um den Markt, aber bei manchen von ihnen sind die Durchgänge, die zu Straßen hinter dem Markt führten, nun verschlossen.

Wir fahren über den Markt und parken das Auto auf der Kolejowa-Straße, die jetzt Mickiewicza heißt, nach dem berühmten polnischen Dichter. Ich bemerke plötzlich, dass ich eine geschrumpfte Welt betreten habe. Häuser, die einst groß waren, sind nun klein; Orte, die einst so weit entfernt waren, dass es etliche Zeit brauchte, sie zu erreichen, sind nun ganz nah. Das einst elegante Haus an der Ecke Kolejowa- und Sandomierska-Straße ist nun ganz gewöhnlich, und die Bäckerei, zu der ich freitagnachmittags den Cholent brachte, ist nur wenige Schritte von Großmutter Mindels Haus entfernt. Sandomierska 15 hat sich in ein ziemlich kleines Haus verwandelt, und es hat nicht mehr den düstergrauen Anstrich, sondern eine etwas fröhlichere rostrote Farbe. Der kleine Hof, wo wir Himmel und Hölle spielten, ist noch kleiner geworden und befindet sich immer noch neben dem Haus, und auch der Laden von Trumpeters am anderen Ende ist noch da. Die Treppe vom Hof zur Wohnung im ersten Stock über dem Laden ist noch da, doch die

Das Haus und der Laden meiner Großmutter Mindel in Mielec, wie es im September 1980 aussah.

neuen Besitzer haben die Holzstufen durch Steinstufen ersetzt. Am Eingang gibt es die Falltür in den Keller nicht mehr, wo Großmutter Mindel an Markttagen die unglücklichen Hühner mit zusammengebundenen Füßen aufbewahrte. Der Durchgang vom Hof zum Großen Markt, wo es immer stank, weil Jungen und Männer gleichermaßen in seinen dunklen Winkeln urinierten, ist verschlossen. Vielleicht gibt es jetzt öffentliche Toiletten in Mielec.

Ich gehe die Sandomierska zum Kleinen Markt hinunter. Verschwunden sind das geräumige Haus der Friedmans, die baufällige Hütte des Rebbe und die Talmud-Tora-Schule daneben, wo die Jungen lernten. Ein großes Lebensmittelgeschäft steht da, wo sich einst die schöne, 1902 erbaute Steinsynagoge mit ihren zwei imposanten Türmen befand. Auf dem Kleinen

Markt, wo einst die Geminder-Familie von Chajm dem Kleinen zu Hause war, findet jetzt ein Bauernmarkt statt, doch der Markt ist noch kleiner, als er früher war. Ich gehe direkt zum Haus von Mime Riwke aus der Geminder-Familie, einer kränklichen Frau, die sehr viele unverheiratete Töchter hatte. Direkt gegenüber von diesem Gebäude befindet sich das Haus, in dem Tośka und ihre Familie ihre zwei Zimmer hatten. Ich sehe etwas, was mir vorher nicht aufgefallen ist: Wo die Mesusa am hölzernen Türpfosten befestigt war, ist nur noch der Abdruck ihres Umrisses, ein jüdischer Geist, der gebannt werden wird, um nie wiederzukehren, wenn das Haus abgerissen wird. Polen ist voller solcher Geister, die in verborgenen Spalten lautlos weinen, die in halb sichtbaren hebräischen Inschriften an Häusern und an unerwarteten Orten auftauchen, wie ich auf dieser Reise entdecke. Ich höre das Flüstern der Geister, ich sehe die gähnende Leere eines Mesusa-Abdrucks an einem Türpfosten. Stanisław, der Fahrer, versteht nicht, wenn ich stehenbleibe, um zu lauschen, oder warum ich mir Türpfosten anschaue.

Selbst wenn unser Hebräischunterricht nur von kurzer Dauer war und unsere Schulkarriere nicht viel länger währte, erweiterten Tośka und ich in der wenigen Zeit, die uns blieb, unseren Horizont. Wir blieben nicht zurück. Und im Verlauf dieses Winters gewannen wir irgendwann einen neuen Freund. Es war ein junger Mann, ein Flüchtling aus Krakau, der wie unsere Lehrerin dort studiert hatte und nun in einem gemieteten Zimmer gegenüber unserem Haus wohnte. Er war sehr blass und dünn und hatte außerordentlich rosige Handteller. Eines Tages hatte er auf dem Fensterbrett gelehnt und mir einen Gruß zugerufen, als ich an seinem Haus vorbeiging. Er stelle Feuerzeuge her, sagte er, weil man jetzt keine Streichhölzer mehr auftreiben könne. (Bis heute frage ich mich, was das wohl für Feuerzeuge gewesen sein mochten.) Danach blieb ich immer stehen, wenn ich sein geöffnetes Fenster sah, und fragte ihn nach den Feuerzeugen und wir sprachen ein paar Minuten miteinander. Er muss einsam gewesen sein, ohne Familie oder Freunde in Mielec. Mutter hatte nichts gegen ihn, sagte sie mir, doch leider war er ein sehr kranker junger Mann. Er hatte Tuberkulose – eine schreckliche und hochansteckende Krankheit –, deshalb sollte ich ihm nicht zu nahe kommen und ihn nicht berühren.

Mit der Zeit entdeckten Tośka und ich, dass er zwar nicht viel Besitztümer nach Mielec mitgebracht hatte, doch er besaß eine Reihe von Büchern, die er uns nicht nur bereitwillig lieh, sondern er freute sich dann auch darauf, sie mit uns zu besprechen, wenn wir sie gelesen hatten. So lernte ich Sherlock Holmes und Tom Sawyer kennen. Plötzlich entdeckten wir neue, unbekannte Welten, merkwürdige Orte, von denen wir nie zuvor gehört hatten, und seltsame Arten, Geschichten zu erzählen. Wir hatten Spaß an den Streichen, die Tom der armen Tante Polly spielte, und wir fanden es in Ordnung, dass sie ihn trotzdem liebte. Mark Twains erfundene Kleinstadtwelt war so beschränkt wie unsere reale, doch jene konnte man verlassen, während das bei unserer Welt nicht möglich war. Als wir Tom auf seinem Floß flussabwärts zu der Insel begleiteten, bekamen wir eine neue Vorstellung von Freiheit, von den Freuden der Natur, die in dem eigenartigen, großen Land Amerika und seinen Weiten zugänglich waren. Toms Welt und unsere waren so verschieden voneinander, dass wir viele Fragen stellen mussten, Fragen nach Flussdampfern und Indianern, nach dem Rätsel von Gericht und Prozessen, nach Angst und Mut. Unser neuer Freund lieh uns auch Bücher von Karl May, herrliche Abenteuergeschichten über Indianer und den Westen, sogar über China, ein Land, das so fern war, dass weder Tośka noch ich die Entfernung ermessen konnten. Wir mussten unseren Freund bitten, die Geheimnisse von Zeit und Raum zu erklären.

Manchmal unterhielten sich Tośka und unser Freund über Orte, die uns näher waren. Da beide aus Krakau stammten, wurden sie nicht müde, die Wunder des Wawel zu preisen, des Schlosses der polnischen Könige mit seiner endlosen Zimmerflucht, seinen Gemälden und Möbeln. Überall hingen Gobelins; nach Tośka wurden sie jahrein, jahraus von Jungfrauen, Gefährtinnen der Königinnen, gestickt. Sie schufen wunderbare Bilder von Wiesen und Bäumen, von Männern und Frauen und Kindern, während sie darauf warteten, dass ihre geliebten Ritter von weiten Reisen zurückkehrten. Die Ritter segelten mit Schiffen die breite Weichsel hinunter zu Ländern, die nur wenige je gesehen hatten. Ich versuchte mir die Wunder vorzustellen, die von den beiden so detailreich beschrieben wurden. Doch ich war nie in Krakau gewesen, und unsere Wisłoka war nicht sehr breit. Eines Tages, nach Jahren, würde auch ich den Wawel sehen, aber dann würde mir das Herz wehtun, weil ich lebte und meine Freundin tot war. Im Laufe dieser Gespräche erinnerte ich mich aber, dass auch Mielec einst ein Schloss gehabt hatte. Vor langer Zeit, als die Frauen nachmittags noch in Großmutter Mindels Küche Geschichten erzählten, hatte eine von ihnen ein Schloss an der Wisłoka beschrieben. Sie beschwor, dass ihre Brüder ihr als Kind seine stolzen Mauern und Tore und zerfallenen Türme gezeigt hätten. Sie erinnerte sich an eine alte seltsame Geschichte von einem jüdischen Mädchen, das sich in einen polnischen Ritter verliebte. Doch die Frauen machten verächtliche Bemerkungen – keine konnte sich an ein Schloss in der Nähe erinnern. Und wie konnte sich ein jüdisches Mädchen in einen Polen verlieben?, wollten sie wissen. Doch Tośka und unser neuer Freund hielten das durchaus für möglich.

Diese Bilder sind alle unvollständig, als würden sie in einem zersplitterten Spiegel gebrochen. Einige sind größer, andere kleiner, aber etwas fehlt bei jedem Fragment.

Gewisse Eigenschaften sind verloren gegangen – wie ein Mensch lächelte, sich bewegte, sprach; Eigenschaften, die etwas über das Wesen eines Menschen aussagen. Wir hatten keine Zeit, uns richtig kennenzulernen. Als Tośka und ich zusammen waren, kreuzten sich unsere Wege für kurze Zeit mit denen der Lehrerin, des Freundes auf der anderen Straßenseite oder Frau Feiners und ihrer Tochter, bis jeder von ihnen vom Wirbelsturm des Todes und der Vernichtung mitgerissen wurde und verschwand.

Ich hatte eine Freundin. Sie hieß Tośka. Sie starb in Bełżec.

FÜNF

Suppenküchen und Gobelins

Kum zu mir zurik majn Hankele
Kum zu mir zurik majn krojn
Kum zu mir zurik majn Hankele
Wajl ich bin zu dir gewojnt.
Treblinke dort
Far jedn jid a guter ort.
Wer's kumt ahin farblajbt schojn dort
Farblajbt ojf ejbik.
Wer's kumt ahin fun brider, schweßter, tate, mame
Den tut men sej ojchet glajch farßamen
Un doß is sejer ßof.
Fun di wagonen tut men aropjogn
In tojten lager arajn
A bod tut men sej opsogn
ß'hert sich ojß a grojß gewejn
Treblinke dort…

Komm zurück zu mir, mein Hankele,
Komm zurück zu mir, mein Schatz,
O komm doch zurück, mein Hankele,
Weil so leer bei mir dein Platz.
Treblinka dort,
Für jeden Jud' ein guter Ort.*
Wer einmal hinkommt, bleibt schon dort,
Bleibt ewig dort.

---

* Guter Ort – jüdische Bezeichnung für: Friedhof
Aus einem Lied, das von vielen Juden im Sommer 1945 in Krakau gesungen wurde

Wer dort auch hinkommt, Bruder, Schwester, Vater,
Mutter
Wird sofort vergast
Und das ist ihr Ende.
Aus den Waggons treibt man sie
Ins Todeslager hinein.
Ein Bad wird euch gut tun, sagen sie,
Zu hören ist ein großes Weinen.
Treblinka dort…

Als meine Tochter vierzehn und dann fünfzehn Jahre alt war, verloren wir unsere Beziehung zueinander, als hätte ich plötzlich nicht mehr gewusst, wie ich mit ihr reden sollte. Ja, ich erkannte sie kaum mehr wieder. Irgendwo in den schmuddeligen Jeans und dem übergroßen Jackett, verborgen hinter unordentlichem Haar und feindseligen Augen war meine liebe und sanfte Tochter, doch ich wusste nicht, wie ich sie finden sollte. Damals glaubte ich, dieser Verlust der Beziehung sei hauptsächlich ihre Schuld – Pubertätsprobleme, sagte ich mir, ein Zustand, der meiner Meinung nach durch das skandalöse Verhalten ihres Vaters, des Mannes, den ich geheiratet hatte, noch verschlimmert wurde. Erst viel später, nachdem die Verletzung durch die Trennung geheilt war, begann ich zu verstehen, dass meine Persönlichkeitsstruktur in einem ähnlichen Alter dazu beigetragen hatte, dass meine Tochter mit fünfzehn so war, wie sie war. Aber das Problem, das ich damals nicht verstand, ist vielschichtiger. In ihrem Alter war ich ein «verstecktes Kind», wie man es jetzt ausdrückt. Da ich in diesen Jahren weder eine emotionale noch eine soziale Entwicklung erlebt habe und mich übrigens auch intellektuell nicht weiterentwickelte, nenne ich diese Zeit ein «schwarzes Loch». In meiner Erinnerung ist es eine Dunkelheit, in der es nur Angst gab und nicht viel anderes, was man mit Leben verbindet. Die Jahre, als ich vierzehn und fünfzehn war, fielen aus der Zeit meines Heranwachsens heraus. Da ich mich auf keine eigene Erfahrung stützen konnte, wusste ich nicht, wie ich meine Tochter durch diese schwierigen Jahre führen sollte. Seltsamerweise schien sie das gespürt zu haben.

Wer ich 1945 bei Kriegsende war, war mir überhaupt nicht klar. Verschiedene Dokumente aus dem Jahr 1945 offenbaren die Verwirrung. Sie bestätigen meinen Gesundheitszustand und den Schulbesuch, erteilen eine Reiseerlaubnis und beurkunden meine Identität. Es sind gewöhnliche, alltägliche Dokumente, nur dass jedes eine etwas andere Information liefert: Das Geburtsdatum ist entweder 1927, 1929 oder 1930; der Geburtsort jedes Mal ein anderer, der Name ebenfalls. Sind diese Abweichungen auf bürokratische Irrtümer zurückzuführen oder habe ich die widersprüchlichen Informationen geliefert? In einigen Unterlagen steht, dass ich in Theresienstadt war, in anderen wird kein Ort genannt. Dass ich versteckt war, taucht nirgends auf, diese Kategorie des Überlebens existierte da noch nicht. 1945 musste man an irgendeinem Ort mit einem bekannten Namen gewesen sein. Bürokraten, die die Dokumente entweder ausfüllten oder prüften, hätten mit einem Hühnerstall nichts anzufangen gewusst. Mit fünfzehn hatte ich deshalb weder ein definitives Alter noch einen festen Namen und Geburtsort und war sogar nicht in der Lage, deutlich zu sagen, wie ich es geschafft hatte zu überleben.

In meinem verwirrten Zustand im Sommer 1945 in Krakau war mir nur klar, dass die Deutschen geschlagen und die Russen gekommen waren und ich lebte. Aber das Gedächtnis funktioniert nicht chronologisch. Die Ereignisse und Eindrücke werden nicht sauber in einer gewissen Ordnung abgelegt; man erinnert sich an etwas, und dann kommt einem etwas Ähnliches oder sehr Verschiedenes in den Sinn. Leider kann ich meinen Bericht davon, wie ich mich in einem

Hühnerstall versteckte und dann lebend wieder auftauchte, nicht in sauberer, logischer Reihenfolge vorbringen, um zu erklären, wie es kam, dass ich schließlich in Krakau landete.

JUNI 1998

Ich trinke Kaffee mit Alice, die in Polen geboren wurde, und mit Sheila, einer amerikanischen Freundin, im geschmackvoll renovierten Fakultätsclub auf dem Skopusberg-Campus der Hebräischen Universität. Der Blick auf Jerusalem vom Beit Maiersdorf ist atemberaubend. Da unten ist die von Mauern umgebene Altstadt – die goldene Kuppel des Felsendoms, die schlanken Kirchtürme und die gewölbten oder flachen Dächer ihrer vielen Gebäude. Dahinter liegt West-Jerusalem, dessen Skyline im stetigen Wandel begriffen ist, weil neue Hochhäuser auftauchen, obwohl das König-David-Hotel und der YMCA-Turm hinter ihm, von unserem Aussichtspunkt auf der Terrasse des Fakultätsclubs aus gesehen, immer noch wichtige Wahrzeichen sind. Fern am Horizont ragt das Minarett von Samuels Grabmal auf, wo der große alte Mann, der König David salbte, vermutlich begraben ist. Ein Hirte hat seine Schafherde zum Grasen auf den Berghang hinter dem Campus getrieben. Wir hören das zarte Läuten der Glöckchen, die er seinem Esel um den Hals gebunden hat.

Ich erzähle meinen Freundinnen, dass ich den Krieg überlebt habe, weil mich eine gutherzige polnische Familie in einem Hühnerstall versteckt hat. Alice ist beeindruckt. Sie schaut mich bewundernd an, als hätte ich eine Heldentat vollbracht. Ich bin es nicht gewohnt, dafür bewundert zu werden, dass ich in einem Hühnerstall überlebt habe, und sonne mich in dem gänzlich unerwarteten Moment des Ruhms. Schließlich kann ich nicht geltend machen, aus einem alten Rabbinergeschlecht zu stammen, und abgesehen von meiner Urgroßmutter Blime, die einen Turban mit Perlenketten getragen und drei Ehemänner gehabt hat, gibt es sehr wenig in meiner Vergangenheit, dessen ich mich rühmen könnte. Sheila beeindruckt das allerdings nicht. Sie möchte wissen, was ich beinahe zwei Jahre lang in dem Hühnerstall gemacht habe. Eine seltsame Frage, und ich weiß nicht, wie ich sie beantworten soll – was kann man denn in einem Hühnerstall machen?

Ich war dort allein, möchte ich ihr sagen. Allein! Tag für Tag. Nacht für Nacht. Und die Nächte waren lang und wollten kein Ende nehmen, die Tage kurz und grau; und im Winter verschmolzen Tag und Nacht. Immer war es schwarz oder grau. Wie viele Tage und Nächte, Wochen, Monate? Glaubst du denn, ich hätte sie gezählt?, möchte ich Sheila fragen. Hätte das etwas geändert? Mir waren nur die Jahreszeiten bewusst – die lange Jahreszeit, in der Kälte und Nacht vorherrschten, die kurze Jahreszeit, die von Wärme und Licht geprägt war. Ich war allein, mir war so bang. Mit welchen Worten beschreibt man die namenlosen Schrecken langer schwarzer Nächte? Nein, für dieses Alleinsein gibt es keine Worte. Wenn man so allein ist, kann man nichts machen. Der Zustand ist zeitlos, er dauert ewig.

Nichts davon äußere ich Sheila gegenüber. Alice lächelt wissend. Sie versteht, was andere nicht verstehen oder vielleicht nicht verstehen können. Mir geht durch den Kopf, dass Sheila, wie die meisten Menschen, ja gar nicht wissen kann, wie ein polnischer Hühnerstall ausgesehen hat. Sie kennen Hühnerställe vielleicht nur aus dem Fernsehen, wo man die armen Hühner in Käfigen hoch über dem Boden sieht – kaum ein Ort, wo man sich verstecken kann. Ich merke, dass ich versuchen muss, Sheila zu erklären, wie mein polnischer Hühnerstall ausgesehen hat.

Im Hof standen in einer Reihe vier oder fünf leichte Holzschuppen, jeder mit einem Vorhängeschloss vor der Tür, wo die Mieter des Mehrfamilienhauses Hühner hielten.

Der Schuppen der Orlowskys war vielleicht zwei mal vier Meter groß und sie hielten dort Hühner und Kaninchen. Kaninchen sind ruhige Tiere; sie fressen, zucken mit der Nase und rascheln mit allem, was in ihren Käfigen rascheln kann. Doch Hühner sind leicht erregbar; sie sind nervös und gackern laut, wenn sie sich gestört fühlen. Die Hühner fangen im zeitigen Frühjahr an, Eier zu legen und tun das bis zum späten Herbst, selbst wenn das Wetter schon kalt geworden ist. Man glaubte, dass man ihnen während der Legemonate erlauben musste, im Staub zu scharren, damit sie ihre Nahrung mit Steinchen und Gräsern ergänzen konnten. Man musste jedoch darauf achten, dass die Hennen, die ein Ei legen wollten, wieder in den Stall gesperrt wurden. Sonst könnte das Huhn sein Ei im Hof legen, wo Nachbarn es vielleicht stahlen. Ich frage Sheila, ob sie schon einmal einem Huhn beim Eierlegen zugesehen hat, was natürlich nicht der Fall ist. Sie rackern sich ab, erzähle ich ihr, sie strengen sich furchtbar an, als seien sie verstopft, bis schließlich das Ei herausrutscht. Ich weiß, es klingt unglaublich, aber ein Huhn kann erleichtert aussehen.

Deshalb, erkläre ich Sheila, die bei diesem Exkurs in die Gewohnheiten der Hühner zunehmend ungeduldig wird, deshalb gab es ein ständiges Kommen und Gehen beim Stall, denn sobald das Ei gelegt war, kam einer, um das Huhn hinauszulassen. Das erleichterte zwar das Überbringen von Botschaften, doch es verlangte auch besondere Vorsicht. Ich musste gut versteckt bleiben, damit die Nachbarn, die sich in ähnlicher Weise um ihre Hühner kümmerten, mich nicht sahen oder hörten.

In den Wintermonaten verfuhr man anders mit den Hühnern. Wenn es schneite, wurden die Hühner nicht hinausgelassen, weil sie dann nicht im Hof scharren konnten. Während der kalten Wintermonate war die Schuppentür nicht oft offen. Die Tage waren kurz und die Nächte lang; ewig schien düsteres Zwielicht oder völlige Dunkelheit zu herrschen. Alice würde gern mehr hören, doch Sheila hat kein Interesse an diesen ins Einzelne gehenden Schilderungen. Warum fragt sie mich nicht danach, wie es gerochen hat? Glaubt sie denn, Kaninchen und Hühner wären parfümiert gewesen? Warum möchte sie nicht wissen, wie ich gerochen habe, da ich ja praktisch in einem Komposthaufen gelebt habe? Aber warum sollte sie denn fragen? Sheila hat ja den Gestank eines Hühnerstalls nie gerochen. Wir trinken unseren Kaffee und bewundern dann Jerusalem, das golden in der untergehenden Sonne glänzt.

Für mich bedeutete Krakau im Sommer 1945 lauter widersprüchliche, bruchstückhafte Erfahrungen, die alle nicht zueinander passten; es war ein Sommer, wo vieles erzählt wurde und vieles ungesagt blieb. Ständig neue Eindrücke waren in eine kurze Zeitspanne von ungefähr zwei Monaten gepresst. Obwohl ich niemanden hatte, mit dem ich sie teilen konnte, der sie mir erklären und zu verstehen helfen konnte, nahm ich sie in ihrer Widersprüchlichkeit auf, eignete sie mir an, speicherte sie ohne Ordnung und ohne den Versuch, daraus schlau zu werden.

In jenem Sommer mied ich die Menschen und wollte allein sein. Aber das Alleinsein war genau der Grund dafür, dass ich unglücklich war. Ich mied die lauten Frauen, die in der kleinen Wohnung sehr beengt mit mir lebten, und doch beneidete ich sie um ihre muntere Geselligkeit. Meine tägliche Aufgabe war es, Suppe aus der Suppenküche zu holen; das verschaffte mir reichlich Gelegenheit, allein umherzustreifen. Ich versuchte, jeden Tag einen anderen Weg zur Suppenküche zu nehmen. Manchmal ging ich über den Kleinen Marktplatz hinter der Marienkirche. Der Platz war voller Menschen und Lärm und es fand ein reger Handel mit Kleidern und Nahrungsmitteln statt. Am Rand standen

Frauen aufgereiht. Über die ausgestreckten Arme hatten sie Mäntel, Hemden und Kleider drapiert und vor jeder Frau stand ein Korb, in den sie die Nahrungsmittel legte, die sie als Bezahlung für ein Kleidungsstück erhalten hatte. Bäuerinnen mit Luchsaugen und Körben am Arm gingen langsam die Reihe hinauf und hinunter, befühlten hier ein Kleid, begutachteten dort ein Paar Schuhe. Die Frauen standen bewegungslos wie lebende Kleiderständer und starrten versteinert vor sich hin.

Manchmal mied ich den Kleinen Marktplatz und ging stattdessen über den Mariacki-Platz zum Großen Markt und den Tuchhallen Sukiennice, unter deren elegante Arkaden ich mich setzte. Gegenüber war die Marienkirche, von eindrucksvoller Größe und Höhe, deren Eingang von zwei Türmen unterschiedlicher Höhe flankiert und von Menschen umlagert war. Barfüßige Bäuerinnen mit langen Röcken und farbenfrohen Tüchern strömten in die imposante Kirche hinein und wieder heraus. Nonnen und Mönche kamen und gingen und Gruppen von Schulkindern verschwanden in den Bau, als würden sie verschluckt, um nie wieder aufzutauchen. Russische Soldaten blieben mitten auf dem Platz stehen, legten den Kopf in den Nacken und starrten die hochaufragende Kirche an, und einige gingen zum Eingang und schauten ins Innere. Von den Tuchhallen aus betrachtete ich St. Marien und war ebenfalls überwältigt von ihrer Schönheit, und mir gefiel das Brodeln der bunten Menschenmenge. Jemand erzählte mir, dass vor dem Krieg pünktlich zu jeder vollen Stunde ein Hornsignal vom höheren der beiden Türme erklungen sei. Aber in jenem Sommer war kein Hornist zu vernehmen.

Ich bin oft hineingegangen und habe mich unter die Bauersfrauen gemischt, habe mich am Eingang mit Weihwasser bekreuzigt, dann niedergekniet und ein Vaterunser gesprochen. Ich war sehr gern in dem prachtvollen Bau und meine

Augen sahen sich satt an dem reichen Skulpturenschmuck, den Gemälden und den farbenprächtigen Kirchenfenstern. Auf ihnen waren nicht nur Szenen aus dem Leben Jesu und der Heiligen, sondern auch aus dem ersten Buch Mose, das mir aus einem anderen Leben vertraut war. Ich war sehr gern mitten unter diesen frommen Christen und galt als eine der ihren. Ich spielte das nicht; ich empfand, dass ich wirklich hierhergehörte. Ich sah mich als einen von diesen polnischen Menschen, von diesen Gläubigen, und diese schöne Kirche war genauso meine Kirche wie die ihre.

In diesem Krakauer Sommer regnete es kaum einmal. Die Tage waren unglaublich schön, voll von jenem goldenen Sonnenschein, den ich während meiner Hühnerstalljahre so vermisst hatte. Das gedämpfte Licht in der Kirche und die warmen Sonnenstrahlen auf meiner Haut, auf Gesicht und Haaren waren unbeschreibliche Freuden. Befriedigt kam ich immer aus der Marienkirche und kehrte zu den Tuchhallen zurück, von wo ich wieder die Menschen auf dem Markt beobachtete und die prächtigen Gebäude ringsum bewunderte. Die meisten Häuser waren heruntergekommen, selbst für mein ungeübtes Auge, und baufällig. Ich musste an Tośka denken, denn sie war es gewesen, die mir zuerst von Krakaus Pracht erzählt hatte, von der Schönheit seiner Bauwerke, der Majestät seiner Plätze. Aber natürlich begriff ich nicht, was ich sah. Viele Jahre später erfuhr ich, dass der Hauptmarkt mit seinen Bauten einer der schönsten noch erhaltenen Renaissancemärkte ist. Es gab nicht nur die eleganten hohen Fenster vieler Häuser zu sehen, sondern auch die reich verzierten Fensterbrüstungen. Jeden Tag saß ich dort und schaute und ließ die Sonne meine verfärbten erfrorenen Zehen in den zu großen Sandalen wärmen, bis es Zeit für meine polnisch-katholische Hälfte war, auf meine jüdische Hälfte vor der Suppenküche zu treffen.

Der große Tag für die meisten Juden, als das Leben ganz vorsichtig wieder aufgenommen werden konnte, kam, als die Tore der Lager aufgestoßen wurden, als die Deutschen verschwanden und als einige von uns aus ihren Verstecken krochen. Ich hatte nicht an einen solchen Tag gedacht, hatte ihn mir nicht vorzustellen gewagt. Ja, ich hatte mich vor jeder Hoffnung gehütet und vielmehr daran gedacht, was ich tun müsste, wenn ich in meinem Versteck entdeckt würde. Ich hätte ganz bestimmt nicht die guten Menschen gefährden wollen, die mich gerettet hatten, und vor allem würde ich nicht um mein Leben flehen. Sollten sie mich erschießen, sollten sie mich zu Tode prügeln – ich hoffte, die Kraft und den Mut zu haben, nicht um Gnade zu bitten.

Im Juli 1944 erhielt ich allmählich während der Zeit des Hühnerfütterns oder der Eiersuche geflüsterte Berichte vom Vorrücken der Russen und Rückzug der Deutschen; dann vom Rückzug der Russen und vom Vorrücken der Deutschen oder vom Auftauchen amerikanischer Flugzeuge am Himmel über Mielec und vom Abtransport der Maschinen aus der Flugzeugfabrik durch die Deutschen. Nachts gab es Hausdurchsuchungen. Die Deutschen seien zunehmend nervös und hätten Angst vor Partisanen, wurde mir gesagt, und ich nahm mir vor, dass ich beim ersten Anzeichen von Gefahr den Hühnerstall verlassen und wegrennen würde.

Zum Glück begann bald darauf die russische Offensive. Das vorher ferne Geschützfeuer war jetzt nah und es rief bei mir ein seltsames und unbekanntes Gefühl hervor, das ich – soweit ich mich erinnerte – noch nie gehabt hatte, ein Gefühl – nein, den bewussten Gedanken – der Hoffnung, dass ich schließlich doch am Leben bleiben könnte. Dass ich wirklich den Tag erleben könnte, an dem alle Deutschen bis auf den letzten, Rudi Zimmermann eingeschlossen, tot sein würden und ich am Leben wäre und mich wieder ohne Angst frei bewegen könnte. Ich weiß nicht, wie Mielec befreit wurde. Ich blieb an jenem Tag in meinem Hühnerstall, denn selbst wenn die Deutschen abgezogen und die Russen im Anmarsch waren, könnten die Ersteren zurückkehren und die Letzteren nicht schnell genug vorrücken. Außerdem konnte kein Mensch wissen, wozu besiegte Deutsche fähig waren. Die Brutalität der Deutschen war bekannt, keiner machte sich da Illusionen.

Ich erinnere mich nicht, was für ein Tag der 6. August 1944 gewesen ist. Hat es geregnet? Schien die Sonne? War es bewölkt? Kühl oder heiß? Das Einzige, woran ich mich erinnere, ist, dass ich aus dem Schuppen hinaustrat, als sicher war, dass die Front über Mielec hinaus vorgerückt war – ich trat hinaus in die Abenddämmerung, unter einen vielfarbigen, bewegten Himmel. Meine Zeit des Alleinseins hatte ein Jahr und zehn Monate gedauert. Aber das kam mir erst viel später in den Sinn, nachdem ich neu gelernt hatte, Zeit einzuschätzen. In Erinnerung geblieben sind mir von jenem Abend die müde wirkenden russischen Soldaten, die in der Küche der Orlowskys saßen, Wodka tranken und sich ausruhten, bevor sie weitermarschieren mussten. War ich froh, sie zu sehen? Vielleicht war ich zu benommen, um so ein ungewohntes, fast vergessenes Gefühl zu spüren. Unter ihnen waren Soldaten, die ich für Tartaren hielt, die jedoch, wie ich später erfuhr, Kalmücken waren. Das war meine erste Begegnung mit Nichteuropäern.

In den darauffolgenden Tagen kamen immer mehr russische Soldaten und auch Soldatinnen. Das waren keine Weichlinge: Kerzengerade standen sie an Kreuzungen, wirbelten flink zwei kleine Fähnchen, die sie in jeder Hand hielten – rechts, links, rechts oder geradeaus –, und regelten den Schwerlasttransport nach Westen. Andere Soldatinnen gehörten zu Wäscherei-Sondertrupps; einer dieser Trupps schaffte große Zuber und Waschbretter in das Gästezimmer der Orlowsky-Wohnung und machte Wasser heiß auf improvisierten Herden im Hof. Abends gaben die Soldaten Konzerte für die Bevölkerung von Mielec, und ich glaubte, nie ein schöneres Lied als «Kalinka» gehört oder einen vollendeteren Tanz als den «Kasatschok» gesehen zu haben. Ich war sicher, dass diese temperamentvollen Sängerinnen keine anderen als unsere Wäscherei-Soldatinnen waren, die tagsüber in Gästezimmern Uniformen wuschen. Irgendwie sahen sie alle gleich aus: klein und füllig, mit blondem Haar und blauen Augen, ihre Uniformblusen so straff gegürtet, dass es ihnen die Luft abschnüren musste. Ich saß im Publikum, herrlich angstfrei, als hätte ich eine unerträgliche Last abgeworfen, und fürchtete mich vor nichts und niemandem mehr. Ich fühlte mich so polnisch und (vermutlich) so frei wie jeder andere in jenem Publikum.

Mielec mochte zwar befreit sein, doch der Krieg war noch lange nicht zu Ende. In der Umgebung wurde weiter gekämpft und erst fünf Monate später, Mitte Januar 1945, zogen der brutale deutsche Gouverneur Hans Frank und der Rest der Deutschen aus Krakau ab. Die Polen litten unter der deutschen Besatzung, das ist sicher, doch es gab auch solche, deren Gewissen in Bezug auf ihre einstigen jüdischen Nachbarn nicht sehr rein war. Wohlweislich hatten die Orlowskys und ich uns entschieden, nicht zu erwähnen, dass ich jüdisch war. Und so wurde ich zu einer verwaisten Verwandten mit dem Familiennamen Orlowsky, aus Barmherzigkeit von der Familie aufgenommen. Ich befürchtete nicht, dass ich von Polen, die mich vor fünf oder sechs Jahren gekannt hatten, wiedererkannt werden würde. 1944 war ich eine Vierzehnjährige mit langen Zöpfen, die fließend und ohne Akzent Polnisch sprach. Dennoch war mir 1944 bei meiner neuen Identität vielleicht noch nicht ganz wohl. Aber als die Monate ins Land gingen, fühlte es sich immer natürlicher an, eine polnisch-katholische Waise zu sein, wie sich ein gut eingelaufenes Paar Schuhe allmählich an die Füße anpasst.

Ich war ein polnisches Mädchen, auch als die Orlowskys aus Mielec wegzogen und mich nach Poznań mitnahmen, wo sie vor dem Krieg gelebt hatten.

Ich entwickelte mich ganz natürlich zu einer polnisch-katholischen Waise – zum Teil weil Zeit verging, Tag für Tag, Woche für Woche, während ich wartete und keiner kam und nach mir fragte. Ich hatte von meiner Familie oder über sie nichts gehört. Wir erfuhren natürlich nichts Genaues über den Fortgang des Krieges, darüber, welche Gebiete noch besetzt und welche befreit waren, oder darüber, was wirklich in den letzten beiden Jahren mit den Juden geschehen war. Es gab die schwimmende Seife, die keiner kaufte, weil man glaubte, dass sie aus menschlichem Fett hergestellt worden war, und wir wussten natürlich von Majdanek, das 1944 von der russischen Armee befreit worden war.

Ich war immer stärker davon überzeugt, dass bei meinem Weggang aus Dębica meine Familie dem sicheren Tod ausgeliefert war und nur ich mich gerettet hatte. So wurde das Vorgetäuschte allmählich zum Geglaubten und ich hielt mich wirklich für eine Waise und dachte, dass alle – Eltern, Schwester, Onkel, Tanten, Cousinen – umgebracht worden waren. Von meiner ganzen Familie, so glaubte ich, war ich die einzige Überlebende. Und mehr noch – ich war schließlich überzeugt, dass ich der einzig am Leben gebliebene jüdische Mensch sei. Weder hörte ich von einem anderen Juden in Mielec oder später in Poznań, noch sah ich einen (erst vor kurzem wurde mir von mehreren Juden erzählt, die zur gleichen Zeit wie ich in Mielec versteckt gewesen waren). Wenn ich eine Waise und der einzige noch lebende jüdische Mensch war, welchen Unterschied machte es dann, ob ich eine jüdische oder eine katholische Waise war? So argumentierte ich. Wenn ich jetzt nicht zugeben konnte, jüdisch zu sein, warum sollte ich dann so tun, als wäre ich nur vorübergehend keine Jüdin? Wie konnte ich sicher sein, dass es später weniger gefährlich sein würde, Jüdin zu sein? Ich könnte zu einem neuen Menschen werden, sagte ich mir, als aus den Monaten nach der Befreiung fast ein Jahr wurde. Ich könnte zu einem Menschen werden, der sich selbstlos der Hilfe für andere Menschen widmet, der für andere Menschen lebt, der nur dafür lebt, Kriege, Mord und Blutvergießen beenden zu helfen. Ich würde keine Bürde für die guten Menschen sein, die mich vor dem sicheren Tod gerettet hatten. Ich würde Nonne werden und in einem Kloster mit gleichgesinnten Frauen zusammenleben. Was auch immer der Grund für meine Absicht, Nonne zu werden, gewesen sein mochte – ich vermute, dass ich von Schuldgefühlen geplagt wurde, weil ich meine Familie verlassen hatte –, es war tröstlich, ein Lebensziel gefunden zu haben, und es schien auch meinem Dasein als letzter lebender jüdischer Mensch einen Sinn zu geben. Wie man das genau anstellen sollte, Nonne zu werden, spielte zu der Zeit keine Rolle, solange es einen Plan gab.

Doch dann geschah es eines Tages, als sich der Sommer gerade durchzusetzen begann, dass meine Schwester bei den Orlowskys in Poznań auftauchte. Mein sorgfältig konstruiertes neues Ich, das fast ein Jahr lang ganz zufriedenstellend funktioniert hatte, war plötzlich ein Trümmerhaufen. Plötzlich war ich keine Waise mehr, denn Mutter war auch am Leben. Wie meine Schwester mich in den noch immer unsicheren Zeiten gefunden hatte, daran erinnern weder sie noch ich uns, obwohl sie es mir vielleicht damals oder später erzählt hat. Doch es blieb keine Zeit zum Nachdenken oder zum Bedauern, dass ich mich von den guten Menschen trennen musste, die mir das Leben gerettet hatten. Ich nahm mein hastig gepacktes Kleiderbündel und machte mich mit meiner Schwester auf den Weg zum Bahnhof.

Der Zug eilte durch die Nacht auf Krakau zu und Poznań lag schon weit hinter uns. Manchmal sah ich die Funken von der Lokomotive fliegen, manchmal hörte ich das klagende Pfeifen. Der Zug war sehr voll, wie alle Züge im Frühling und Sommer 1945 in Polen. Jeder schien irgendwohin unterwegs: Die Menschen verließen die Lager und anderen Orte, wohin sie von den Deutschen verschleppt worden waren, und machten sich auf den Heimweg; sie suchten nach Verwandten und hofften, sie lebend zu finden; sie versuchten, dieses blutgetränkte Land und ihr ehemaliges Zuhause, wo nun Fremde lebten, zu verlassen.

Meine Schwester und ich waren zwischen zwei Landfrauen eingezwängt. Wenigstens mussten wir nicht in einem Viehwaggon fahren. Züge jagten mir immer noch Angst ein und ließen Szenen lebendig werden, an die ich mich nicht erinnern wollte. Die Schwester war schön wie immer und ich liebte sie, weil sie meine Schwester war, doch sie war für mich eine Fremde, wie ich wahrscheinlich auch für sie. Vor wenigen Stunden hatte ich noch geglaubt, ich sei der letzte jüdische Mensch, eine heimliche Jüdin. Jetzt waren wir zu zweit. Schwester sagte, auch Mutter sei am Leben. Sie war in Krakau. Also waren wir zu dritt. Wie würde Mutter sein? Würde sie wie die Schwester eine Fremde sein? Der Zug eilte durch die dunkle Nacht. Weit hinter uns waren die Orlowskys, das vertraute Haus, die Straßen, die Schule, die ich besucht hatte, wo ich mit meinen Klassenkameraden erst heute Vormittag nach dem Diktat der Lehrerin geschrieben hatte:

Dyktando 8 VI 45
Bogaty młynarz zbudował sobie śliczny dom. Murarze wnieśli murowane ściany, blacharz pokrył blachą dach …
(Ein reicher Müller baute sich ein schönes Haus. Maurer errichteten Ziegelwände, der Klempner deckte das Dach mit Blech …)

Es ist früh am Morgen, die Sonne geht gerade auf. Ich stehe in der Wohnung, zu der meine Schwester mich gebracht hat. Ich habe ein sackähnliches rosa- und dunkelrotes Kleid an. Meine Haare sind zerzaust, meine Zöpfe sind nach der langen Zugfahrt liederlich. Mutter und ich sehen uns an. Wir fallen einander nicht in die Arme und weinen verzückt bei unserer Wiedervereinigung, wie solche Szenen oft im Kino dargestellt worden sind. Wir stehen beide in der frühen Morgensonne und schauen: zwei Fremde, dieselbe und nicht dieselbe, Mutter und Tochter. Jede hat geglaubt und befürchtet, die andere sei tot, doch über zwei Jahre lang ist es Mutter gelungen, durch Glück und Verstand am Leben zu bleiben, und ich lebe noch, weil gute Menschen sich meiner erbarmten und ich lernte, so zu tun, als gäbe es mich nicht. Ich war allein, ich hatte mich verlassen: Ja, ich war diejenige, die auch alle anderen verlassen hatte, um mich zu retten. Mutter ist kein Vorwurf zu machen und mir auch nicht, dass ich nicht weiß, was ich zu ihr sagen soll, und dass sie nicht weiß, was sie zu mir sagen soll. Im kleinen Raum der Küche ist ein Abgrund zwischen mir und meiner Mutter, ein Abgrund, den keiner von uns beiden überwinden kann. Viele Jahre später werde ich eine Mutter sein und meine Tochter wird fünfzehn sein, wie ich damals, und auch wir werden nicht wissen, was wir einander sagen sollen, auch wenn Ängste, die mit Leben und Sterben zu tun haben, nicht mehr der Grund sind. Aber wie Mutter und ich schließlich einen Weg finden, mit unserem Schmerz fertig zu werden, so werden auch meine Tochter und ich lernen, mit einer Traurigkeit umzugehen, die ich ihr, ohne es zu wissen und zu wollen, vererbt habe.

Krakau war schön und seltsam, eine unbekannte Welt, wo nichts zusammenpasste, nichts einen Sinn ergab, alles widersprüchlich war. Ich lebte gleichsam in drei Sphären, und in jeder war ich dieselbe und nicht dieselbe: Ich wechselte mit Leichtigkeit von der Rolle des polnisch-katholischen Mädchens, das in der Marienkirche betete, zu der des jüdischen Mädchens, das darauf wartete, dass die Suppenküche öffnete, und – widerstrebender – zur Rolle der Tochter und Schwester.

Die jüdische Suppenküche auf der Długa-Straße oder Langen Straße war ein ganzes Stück vom Marktplatz entfernt, doch mir machte der lange Weg die Sławkowska-Straße hoch und an der alten St. Markuskirche vorbei auf die andere Seite der Planty-Parkanlagen nichts aus. Eine lebhafte Szene empfing mich jedes Mal an der Suppenküche, wo sich die Menschen häufig schon lange vor der Öffnungszeit versammelten. Sie kamen anscheinend von überall her: aus allen Teilen Polens, aus Ungarn, der Tschechoslowakei, der Ukraine; es waren auch schon einige Rückkehrer aus Gebieten hinter dem Ural darunter (die sogenannten Asiaten), die vor Jahren von der sowjetischen Regierung in diese unwirtlichen Regionen verschleppt worden waren. Jeden Tag gab es andere Gesichter zu sehen; einige reisten ab, neue kamen hinzu. Nur sehr wenige standen wie ich Tag für Tag in der Warteschlange vor der Suppenküche. Wir begrüßten uns wie alte Bekannte.

Es waren stets weniger Frauen als Männer (eigentlich Jungen, schwächlich und unterentwickelt, die nicht so gewachsen waren, wie das bei Teenagern normalerweise der Fall ist). Alle trugen schlecht sitzende Kleider, hier und da aufgelesen («organisiert», nannten wir es), zu kurz oder zu lang, geflickt und nie sehr sauber. Einige der Jungen waren ausgelassen und laut, andere waren verschlossen und hatten einen geistesabwesenden Blick, als würden sie noch Szenen sehen, für die es bisher keine Worte gab. Trotz Ungeduld und Gemurre – die Suppenküche öffnete immer zu spät, obwohl wir ohne Uhren die Zeit nicht genau wussten – war die

Menge vergnügt. Man scherzte, erzählte lange Geschichten und sang Lieder. «Treblinka» war mein Lieblingslied und ich schrieb den Text auf Papierfetzen.

Wenn ich eine typische Suppenküchenunterhaltung wiedergeben sollte, würde sie etwa so gehen:

«Warten, warten, immer nur warten», würde einer murren. «Wir vergeuden unsere kostbare Zeit.»

Und ein anderer würde entgegnen: «Warum jammern, Freund? Es ist ein schöner Tag, die Sonne scheint, wir sind frei, die Deutschen sind tot, was willst du mehr?»

Einige waren bitter. «Wir stehen hier und warten auf eine Kelle Suppe wie die Bettler. Was ist das denn für ein Leben? Die Träume, die wir vom Ende des Krieges hatten. Und nun sieh uns doch an, wie wir uns wieder für Brosamen anstellen.»

Und dann fing jemand weiter hinten in der Schlange zu singen an:

Komm zurück zu mir, mein Hankele
Komm zurück zu mir, mein Schatz.
O komm doch zurück, mein Hankele,
Weil so leer bei mir dein Platz.
Treblinka dort.
Für jeden Jud' ein guter Ort …

Manchmal kamen Gruppen russischer Soldaten in ihren sauberen Uniformen vorbei, mit runden geröteten Gesichtern. Mit dem zufriedenen Ausdruck von Leuten, die gerade reichlich gegessen haben, musterten sie neugierig die lärmende Suppenschlange, lachten (ich dachte immer, verächtlich) und gingen weiter. Doch endlich kam dann die Suppe an oder war schließlich fertig gekocht, die halben Türflügel öffneten sich und wir hielten unsere großen und kleinen Töpfe hin, die die Frauen mit bräunlicher oder grünlicher Flüssigkeit füllten. Jeden Tag beschwerten sich die Frauen über meinen großen Topf, füllten ihn aber trotzdem, nicht ohne mich darauf hinzuweisen, dass ich morgen nur eine Portion bekommen würde.

Trotz meiner Vormittage unter den ruhigeren polnischen Kirchgängern auf dem Marktplatz fühlte ich mich in dieser lebhaften, Jiddisch sprechenden Menschenmenge nicht unwohl. Selbst wenn einige klagten, hatten andere einen ansteckenden Sinn für Humor, den ich aus einem früheren Leben kannte und der mich offenbar dazu veranlasste, ein Gedicht zu schreiben (ich glaube wenigstens, dass es von mir stammt). Es ist auf Juli 1945 datiert. Eine grobe Übersetzung aus dem Polnischen lautet:

Das Komitee in der Langen Straße
hat unzählige Abteilungen,
wo man nach Menschen
aus vielen Ländern sucht.
Großzügig teilt man aus:
einen halben Liter Erbsensuppe, Rüben und Marmelade,
manchmal sogar eine Scheibe Brot.
Und inzwischen brät in der Küche
das Fleisch für die hundert Sekretärinnen,
die, obwohl sie so schuften,
nie schlechte Laune haben,
weil sie Wurst zum Frühstück essen -
kein Wunder,
dass sie zehn Kilo pro Woche zunehmen.

Das ist sicher keine große Dichtung. Trotzdem wundere ich mich, warum ich meine Bestürzung über die korrupte Menschheit in Versen und nicht in Prosa ausdrückte. Vielleicht hatte ich an Tośka und die schönen Gedichte gedacht, die nur sie zu schreiben verstand.

Ich trug dann meinen Topf voll Suppe zu der Wohnung zurück, wo Mutter darauf wartete, die Suppe mit Möhren oder Kartoffeln zu «strecken», die zwei der Frauen, bei denen wir wohnten, auf dem Kleinen Marktplatz ertauscht hatten. Schließlich war mein Topf Suppe kaum genug, um uns sieben satt zu bekommen. Jeder von uns hatte verschiedene Pflichten, doch nur ich war fit genug, um mich stundenlang nach der Suppe anzustellen. Lebensmittel gab es in diesem Sommer in Krakau nicht gerade reichlich, und abgesehen von den Lebensmitteln der Suppenküche wurden andere Delikatessen, wie Käse oder hin und wieder ein Ei, durch Tauschhandel beschafft, vorausgesetzt natürlich, man hatte etwas zu tauschen, was die Bäuerinnen wollten. Das waren sehr ernst zu nehmende und zeitaufwendige Geschäfte.

Die Frauen in der Wohnung (ich weiß nicht, wessen Wohnung es war, ob Celinas oder Reginas) waren zwar eine seltsam zusammengewürfelte Schar, doch sie hatten etwas, was sie verband, von dem ich ausgeschlossen war. Mutter, Schwester, Regina und Mania standen einander nahe, weil sie zusammen im Konzentrationslager von Płaszów gewesen waren und es dort geschafft hatten, auf Oskar Schindlers Liste zu kommen. Sie landeten in Brünlitz, von wo sie nach Krakau, Reginas Heimat, zurückkehrten. Celina und ihre Mutter waren mit Regina befreundet und hatten mit falschen Papieren überlebt. In ihren gut sitzenden, wenn auch stellenweise abgetragenen Kleidern wirkten sie etablierter und führten ein geregelteres Leben als die anderen, vielleicht weil sie weniger entwurzelt worden waren, obschon sie mit der ständigen Gefahr, entdeckt zu werden, gelebt hatten. Ich erinnere mich an Celinas Mutter als an eine schwatzhafte ältere Dame, während Celina mit ihrer erstaunlichen Bräune und ihren wasserstoffblonden Haaren wie ein Wesen von einem anderen Stern erschien. Mania, vom Alter her mir am nächsten, war die fröhlichste und freundlichste, doch Regina mit ihren funkelnden schwarzen Augen und energischen Bewegungen war die unbestrittene Anführerin und Verwalterin, doch was genau sie verwaltete, weiß ich nicht mehr.

Jeden Tag brachte Regina Nachrichten mit oder hatte irgendwelche ungeduldig erwarteten Informationen; sie trat unter diesen vom Rand des Todes Zurückgekehrten absolut gebieterisch auf. Sie hatte viele Freunde, alte Freunde aus Vorkriegszeiten und neue, die sie auf ihren täglichen Runden gewann; sie kamen und gingen, machten die kleine Wohnung noch voller und redeten, sie redeten ständig über diesen oder jenen, den man noch am Leben glaubte, der zuletzt von irgendjemandem auf einem Gewaltmarsch oder auf einem Bahnhof gesehen wurde oder jetzt auf der Liste, die jeden Tag vom Komitee ausgehängt wurde und die Namen der Personen bekanntgab, von denen man erfahren hatte, dass sie am Leben waren. Sie redeten davon, Polen verlassen zu wollen; sie überlegten, wie man das russisch besetzte Polen verlassen und in die amerikanische Zone gelangen und wie man nach Palästina ausreisen könne; sie planten unentwegt und saßen dann doch nur mit Freunden zusammen, sicher und bequem.

Mutter bewegte sich still unter diesen gesprächigen Männern und Frauen. Sie gehörte zu ihnen und war ihnen doch seltsam fern. Sie war unglaublich dünn, fast skelettartig. Sie stand in einem verblichenen, viel zu großen Kleid am Herd und kochte, wobei sie kurzsichtig (sie brauchte dringend eine Brille) in kleine und große Töpfe schaute und hinzufügte, was fehlte, und ihr schmales Gesicht blickte ernst, ihr stumpfbraunes Haar war am Hinterkopf zu einem spärlichen Knoten geschlungen. Auf einem kurz vor unserer Abreise aus Krakau aufgenommenen Foto blicken Mutters große Augen immer noch verängstigt aus einem ausgemergelten Gesicht voller Schmerz und Kummer. Es ist das Gesicht, das ich von unserer ersten Begegnung in Erinnerung habe, nachdem ich mit meiner Schwester aus Poznań zurückgekehrt war.

Mutter sprach nicht von Vater, weder damals in Krakau noch später, obwohl sie häufig und ausführlich über die Vergangenheit sprach, als sie sich in einem neuen Leben mit einem neuen Ehemann in einem neuen Land eingerichtet hatte. Doch in Krakau war es meine Schwester, die mir in groben Zügen erzählte, wie Vater, der liebe Sänger von Liedern, die kein anderer kannte, umgekommen war.

Im Oktober 1942 waren fast alle Bewohner des Ghettos von Dębica deportiert worden, doch zweihundert Personen – mehrheitlich Männern – wurde gestattet, an dem Ort, der jetzt ein Arbeitslager war, zu bleiben. Wie gesagt standen auf dieser Liste auch Mutter und Onkel Reuben. Weder Tante Feige und Cousine Esther noch Vater und Schwester, noch Onkel Reubens jüngere Schwester Hanka waren auf der Liste. Was die deutsche Todesmaschinerie betraf, so waren sie alle im Zug nach Auschwitz gewesen und hatten zu existieren aufgehört. Onkel Reuben hatte sonst niemanden retten können. Vater und den anderen wurde dann klar, wie mir schon früher, dass sie sich nicht unbegrenzt verstecken konnten. Täglich durchsuchten die Deutschen Häuser und Keller und entdeckten hastig hochgezogene Mauern, die Juden verbargen. Es blieb nur eins übrig: Sie mussten fort, doch nicht alle zusammen. Sie wollten zum Arbeitslager Cyranka-Berdechow, das nach der Deportation aus Radomyśl zeitiger in diesem Sommer im Wald bei Mielec eingerichtet worden war und in dem sich schon Cousine Malka befand. Vielleicht war das Onkel Reubens Plan gewesen. Er könnte noch Verbindungen gehabt haben, Möglichkeiten der Kommunikation mit Personen, die wichtig waren und Einfluss hatten. Meine Schwester und Onkel Reubens jüngere Schwester Hanka gingen zuerst. Sie marschierten nachts, versteckten sich tagsüber und planten, bei Tagesanbruch im Lager anzukommen und sich dem Arbeitstrupp anzuschließen, der das Lager verließ. Entweder bemerkten die Wachsoldaten nichts oder, was wahrscheinlicher ist, sie waren auf irgendeine Weise von Onkel Reuben durch Malka bestochen worden. Die beiden Mädchen arbeiteten den ganzen Tag mit dem Straßenbautrupp und kehrten mit den anderen abends ins Lager zurück.

Vater, Tante Feige und Cousine Esther gingen ein paar Tage später aus Dębica fort. Für die drei, von denen zwei nicht mehr jung waren, muss der Dreißig-Kilometer-Marsch zum Lager bei kaltem Wetter und möglicherweise Schnee oder Regen sehr anstrengend gewesen sein. Sie hatten vielleicht nicht mehr genug zu essen; vielleicht brauchten sie länger, als sie gedacht hatten. Jedenfalls schafften sie es irgendwie, in das Lager hineinzukommen, während fast alle draußen bei der Arbeit waren, und sie beschlossen, sich in einer der Baracken auszuruhen. Und dort fanden sie die deutschen Wachsoldaten. Sie führten sie hinaus und erschossen alle drei.

Danach musste ich immer, wenn ich an meinen Vater dachte, nur an seine letzten Augenblicke denken. Ich stellte ihn mir müde, hungrig und frierend vor, wie lachende Wachsoldaten in deutschen Uniformen ihre Gewehre auf ihn richteten, als er sein Grab schaufeln musste und jede Schaufel Erde ihn dem Tod näher brachte. Er grub und wusste, wenn das Loch groß und tief genug war, würde sein Leben enden. Wie lang es wohl gedauert hat, bis er sein Grab ausgehoben hatte? Wie lang hat er gelebt, bis der Schuss krachte und er ins Grab fiel?

Aber so ist es nicht gewesen. Vor kurzem habe ich erfahren, dass in diesem Lager drei Brüder mit Namen Kaplan waren (oder war es nur ein Kaplan?), die der Gestapo als Informanten dienten. Sie durften kommen und gehen, wie es ihnen beliebte, und benutzten ihre Freiheit nicht nur, um in der Umgebung von Mielec von Polen versteckte Juden zu verraten, sondern auch um alle anzuzeigen, die illegal in das Lager gekommen waren. Ich weiß nicht, ob sie das taten, um sich bei den Deutschen einzuschmeicheln, und hofften, damit ihre eigene Haut zu retten. War es Böswilligkeit oder hegten sie einen persönlichen Groll gegen Leute aus Mielec, die sie gekannt hatten? Was auch immer der Grund war, es war ein Kaplan, der die drei müden Flüchtlinge in den Baracken bei den Deutschen meldete. Vater, Tante Feige und Cousine Esther wurden offenbar im Lager erschossen, aber sie wurden nicht gezwungen, ihr eigenes Grab zu schaufeln. Die Leichen der drei wurden dort liegengelassen, wo sie umgefallen waren, damit alle es sehen sollten, als sie nach ihrem schweren Arbeitstag ins Lager zurückkehrten. Später wurden sie im Wald, der das Lager umgab, begraben. Bis zum heutigen Tag liegen in einem namenlosen Grab in einem Wald bei Mielec ihre Überreste, wie die Knochen vieler anderer Opfer der Kaplans und der Deutschen.

In Krakau zog Mutter jeden Tag nach dem Mittagessen ein sauberes, obwohl genauso schlecht passendes Kleid an und machte sich auf zum Komitee, um die endlosen Listen von Personen, die noch am Leben waren, zu lesen, die ständig herausgegeben wurden. Jeden Abend kam sie mit einem noch tiefer von Gram gezeichneten Gesicht und hoffnungsloseren Augen zurück. In all diesen Wochen fand sie kein einziges Mal einen vertrauten Namen eines Verwandten oder Freundes.

Mania und meine Schwester gingen täglich zum Kleinen Marktplatz, um Tauschhandel zu betreiben, und Celina ging zur Arbeit in ihr Büro. Celinas Mutter blieb in der Wohnung zurück. Sie saß in dem einen bequemen Sessel und träumte, wie ich mir vorstellte, von der Vergangenheit, als sie wohlhabend war; als sie Persianerteppiche und einen Persianermantel besaß; als sie noch einen Mann hatte; und als sie vielleicht, ähnlich wie unsere Frau Friedman in Mielec, nachmittags ihre Besuchsrunden machte. Ich verbrachte meine Nachmittage damit, Krakau zu entdecken.

Ich lernte diese schöne Stadt kennen, wie man Abschnitte eines Buches liest, und das entsprang offenbar genauso dem Wunsch, meine neue Freiheit zu nutzen, wie meiner Entschlossenheit (das glaubte ich damals), ein polnisches Leben zu führen. Dort draußen, in den schönen Planty-Parkanlagen, auf den kleinen Plätzen und in den alten Kirchen, inmitten der ehrfurchtgebietenden Gebäude der Jagiełłonen-Universität und ihrer abgeschiedenen Höfe, fühlte ich mich seltsam zu Hause. Doch ich konnte damals nicht wissen, denn keine Erfahrung leitete mich und kein Mentor erklärte es mir, dass es eigentlich die Geschichte und die bewahrten Traditionen dieser Stadt waren, für die ich empfänglich war. Krakau war meine erste Begegnung sowohl mit Geschichte als auch mit Kunst und Schönheit. Und in Krakau bekam ich eine Ahnung von einem Leben, einer Welt jenseits von Polen, jenseits des Dilemmas, jüdisch zu sein und überlebt zu haben. Vielleicht wurde damals ein Same gelegt, der viele Jahre lang ruhen sollte, um dann eines Tages aufzugehen und in mir die Liebe zum Altertum (*hao gu*, wie es die Chinesen nennen) und die Freude an der Geschichte zu wecken.

In Krakau entdeckte ich die Macht des Films. Auf meinen Streifzügen hatte ich ein kostenloses Kino entdeckt – ich hatte ja gewiss kein Geld – und ich sah dort zwei Filme. Der eine war ein russischer Film über unglückliche Liebe, dessen Namen ich nicht mehr weiß oder vielleicht nie gewusst habe (damals konnte ich noch kein Russisch lesen), obwohl ich mich ganz deutlich an seine Geschichte und einige seiner Szenen erinnere. Ein Soldat auf Urlaub ist auf dem Weg nach Hause in sein Dorf, um das Strohdach der Mutter zu reparieren. Während der Zug durch einen endlosen sonnigen Birkenwald fährt, verliebt er sich in ein Mädchen. Ihre Trennung ist unvermeidlich – sie muss weiter, er muss das Dach reparieren. Während ich zusah, musste ich unwillkürlich daran denken, wie Tośka und ich uns ständig Gedanken über die Traurigkeit wahrer Liebe gemacht hatten. Der andere Film war *Gunga Din*. Dieser bekannte Film basiert auf einem Gedicht Rudyard Kiplings, wie ich später erfuhr, und handelt von einem indischen Aufstand, von tapferen britischen Soldaten und dem spärlich bekleideten Wasserträger Gunga Din, der sein Leben opfert, um die britischen Soldaten zu retten. Da ich kein Englisch konnte und nichts über Indien wusste, muss mir das meiste vom Inhalt des Filmes entgangen sein. Aber es war nicht wichtig, ob ich ihn verstand oder nicht. Auf der Leinwand entfaltete sich eine Fantasiewelt, die so wirklich schien, obwohl ich wusste, dass sie es nicht war. Ich verlor mich in den Bildern sonnendurchfluteter Wälder, von Bergen und staubtrockenen Wüsten und vermochte die Realität und die Vorstellungswelt nicht zu unterscheiden, bis der Film zu Ende war und ich nach draußen stolperte und versuchte, mich wieder in der Wirklichkeit zurechtzufinden.

Diese Filme wurden jedoch bald in den Schatten gestellt von den viel eindrucksvolleren Bildern des Wawel, der Burg der polnischen Könige, die mich wieder an Tośka erinnerte. Als ich eines Nachmittags bereits die Plätze und Kirchen unterwegs zur Langen Straße und der Suppenküche erkundet hatte, beschloss ich, in die entgegengesetzte Richtung zu gehen, die Grodzka-Straße hinunter. Es war ein langer Weg und nachdem ich einmal nach rechts und einmal nach links abgebogen war, befand ich mich auf der Kanoniczna-Straße wieder. Plötzlich stand wie ein wunderbares Bild auf einem Zauberteppich der Wawel vor mir – die Burg, die Kathedrale, die Tore und die vielen anderen Bauwerke des Wawel. Er war wie ein Traumbild und ich fürchtete, er könnte verschwinden, wenn ich wegschaute.

Meine Füße trugen mich in Richtung des Wawel – er zog mich an wie ein Magnet. Schließlich stand ich im großen Hof, obwohl ich nicht sagen konnte, wie ich dort hingekommen war. Der Hof war von Unkraut überwuchert und Abfallhaufen lagen überall herum, aber an diesem Nachmittag nahm ich die Vernachlässigung nicht wahr. Meine Augen hingen an den prächtigen Bauwerken, an der Burg mit ihren Arkadenbögen und Säulen, ihren Fenstern und kunstvollen Umrahmungen. Meine Fantasie beschwor hinter diesen Fenstern Könige und Königinnen herauf, die Kutschen beobachteten, die ein- und ausfuhren. Kammerzofen verbargen sich hinter schweren Vorhängen und blickten hinunter auf ihre geliebten Ritter, die sich zum Aufbruch rüsteten, mit wichtigen Angelegenheiten betraut. Ich konnte Pferdeknechte und Diener hin und her eilen sehen, im Dienst bedeutender Persönlichkeiten. Ich beschwor Boten, die mit Nachrichten von weit entfernten Residenzen eintrafen, ihre Pferde glänzten vor Schweiß vom langen, schnellen Ritt. Ich glaubte, noch das Klappern der Hufe auf dem Kopfsteinpflaster und das Rasseln der Wagenräder zu hören, die lauten Befehle, die raschen Schritte der Diener. Die Vergangenheit hallte in dem vernachlässigten Burghof wider, eine Vergangenheit, die nicht die meine war, von der ich mir aber sehnlich wünschte, es wäre meine, und von der ich etwas aus den Romanen Henryk Sienkiewicz' erfahren hatte, die Tośka und ich in einer anderen Zeit, an einem anderen Ort gelesen hatten.

Ich verließ die Wawelumfriedung und ging hinunter zum Fluss und legte mich am Ufer ins Gras. Es war ein trüber Tag und unter dem grauen Himmel wirkte auch das blaue Wasser grau. Das Gelände am gegenüberliegenden Ufer war menschenleer und trostlos. Vom Flussufer aus gesehen war der Wawel mit seinen Türmchen, Türmen und Kuppeln zu einer dort oben hockenden Festung geworden, die den Fluss unten und das Land dahinter bewachte. Die Fensterreihen, die auf die Weichsel blickten, erschienen mir wie viele Augen, die mich da unten beobachteten. Ich fühlte mich bedroht, als stünde einer hinter jenen Fenstern und verfolgte jede meiner Bewegungen; vielleicht nicht einmal eine lebende Person – ein Gespenst, ein Wesen, dem Unrecht geschehen war und das sich rächen wollte. Ich starrte nacheinander in jedes Fenster, doch sie waren alle ganz leer. Nichts war zu hören außer dem sanften Murmeln der Weichsel.

In den folgenden Wochen ging ich fast täglich zum Wawel. Ich saß am Ufer des Flusses und beobachtete an sonnigen Tagen die träge am blauen Himmel dahintreibenden Wolken oder blickte auf die glänzenden Kiesel im glitzernden Wasser. Ich erblickte dann Schiffe, die den Fluss zum Königshof heruntergesegelt kamen, Schiffe, mit denen tapfere Ritter von Expeditionen in ferne Länder zurückkehrten oder die ungeduldig erwartete Gesandte auf diplomatischer Mission brachten. Hofdamen bevölkerten die Fenster der Burg; sie sahen zu, wie die Schiffe in der Biegung des Flusses vor Anker gingen. Dann schlängelte sich eine Prozession von Adligen und Dienern langsam hinauf zu den Wällen der großen Burg.

Wieder ging ich in den Arkadenhof und lauschte den Geräuschen vergangener Tage – einer königlichen Hochzeit vielleicht, die jüngste Tochter des Königs soll mit einem ausländischen Prinzen verheiratet werden. Die Gäste kommen zur großen Feier und Kutschen, beladen mit Geschenken, rollen in den Hof. Bäuerliche Menschenmengen, die von nah und fern gekommen sind, schauen bei den Festvorbereitungen mit offenem Munde zu. Bald werden die Glocken der großen Kathedrale zu läuten anfangen und den Beginn der königlichen Prozession zur Kathedrale verkünden. Köstliche Düfte von schmorenden Gänsen und frisch gebackenen Broten dringen aus der königlichen Küche im Erdgeschoss der Burg.

Bei solchen Träumereien verflog mir die Zeit und nur der Stand der Sonne mahnte mich, nach Hause zu eilen, ehe die Dunkelheit hereinbrach. Eines Nachmittags sah ich mehr Besucher im Burghof. Gruppen von Bäuerinnen und Städtern schauten sich die Burg und ihre geheimnisvollen Fenster und Türen an. Einige traten zögernd durch einen niedrigen Eingang. Ich folgte ihnen. Und dann erblickte ich die Gobelins. In einem unterirdischen Raum bedeckten sie die Wände von der Decke bis zum Boden. Und nun stand auch ich mit offenem Munde da. Noch nie hatte ich etwas Ähnliches gesehen, hatte mir nie vorgestellt, dass es etwas wie diese Gobelins geben könnte. Zunächst dachte ich, es seien Gemälde, riesige, überlebensgroße Gemälde von wunderbaren pastoralen Landschaften. Aber als ich genauer hinsah, stellte ich fest, dass sie gewebt waren. Wirklich? Nein, entschied ich, sie waren gestickt – Millionen winziger Stiche feinster Nadeln mit den dünnsten Garnen, ausgeführt von Tausenden Jungfrauen, Jahr um Jahr. Hatte mir Tośka nicht einst so etwas erzählt?

Dennoch beeindruckte mich nicht so sehr, wie sie gemacht waren, und auch nicht die Geschichten, die sie offenbar erzählten, und die Szenen, die sie abbildeten. Es waren ihre Größe, ihre Erhabenheit, ihre Majestät, die fesselten. Da waren Wiesen und Gärten oder vielleicht Parks zu sehen, grüne Vegetation und blühende Bäume. Ein plätschernder Bach teilte eine friedliche Landschaft; ein verschlafenes Dorf schwebte am Horizont. In den Bäumen saßen Vögel, am Boden kleine Tiere, verspielte Hunde, geduldige Esel, ab und zu ein Pferd mit wehender Mähne. Prächtige Pfauen stolzierten im üppigen Grün, Reben klammerten sich an Bäume und in der Ferne sah man sanft geschwungene Hügel. Hier herrschte ewiger Frühling ohne die lebensfeindliche Kälte des Winters mit Schnee und Frost. Hier herrschten Ruhe und Frieden. An den Rändern waren andere Szenen:

spielende Affen und fantastische Vögel, viele verschiedene Früchte – Weintrauben und Zitronen, Pfirsiche und Pflaumen. Inmitten blühender Pflanzen spielten seltsame Wesen auf Musikinstrumenten oder träumten in friedlichem Schlaf.

Nie zuvor hatte ich diese Art von Kunst erlebt – Schönheit, verwandelt zu einem greifbaren Bild. Die St. Marienkirche war wunderbar, ihr hoch aufragender Bau inspirierend, auf ihren farbigen Glasfenstern konnte man ständig etwas Neues entdecken. Aber diese Gobelins waren anders. Ein Mensch mit unerschöpflicher Fantasie hatte die reale Welt der Blumen, Pflanzen, Tiere und Menschen genommen und sie in eine ideale Welt ohne Hunger und Angst verwandelt, eingefangen in einem Augenblick der Vollendung.

Von da an konnte ich nicht aufhören, über die Gobelins nachzudenken. Die scheltende Stimme von Celinas Mutter drang gelegentlich an meine Ohren, doch was sie sagte, erfasste ich nicht. Die Gespräche am Mittagstisch hörte ich wie aus großer Entfernung. Vor meinem geistigen Auge waren nur die Landschaften, aus denen der Krieg verbannt worden war. Für mich wurden die Gobelins zum Garten – nun gewaltig vergrößert –, in dem ich als Kind gespielt hatte, der Garten, der untergegangen und aus dem ich verschwunden war. Ich ging immer noch jeden Tag zur Suppenküche und wartete in der ständig wachsenden Schlange, bis ich an der Reihe war; ich vernahm die Stimmen, die sich beschwerten, und das klagende Treblinka-Lied. Doch auch diese Laute kamen wie aus großer Ferne, und wenn mich einer ansprach, starrte ich ihn oft töricht an. Ich hatte gar nichts gehört.

Noch mehr als vorher verlor ich das Zeitgefühl. Ich wanderte über das Gelände des Wawel, schaute manchmal in die Kathedrale hinein, doch meist saß ich im Burghof und träumte oder ich stand vor den Gobelins und studierte jedes Detail aufs Genaueste. Während all der Wochen, in denen ich mir etwas über das Leben auf der Burg zusammenfantasiert hatte, bis zum Tag, als ich die Gobelins entdeckte, hatte ich die Burg nie betreten. Nun war ich neugierig, was sich sonst noch im Inneren verbergen mochte, und schließlich folgte ich einigen Leuten, die miteinander flüsternd die große Treppe zum Absatz im ersten Stockwerk hinaufstiegen. Ich wusste nicht, welche weiteren Wunder ich erwarten sollte. Gab es vielleicht noch mehr Gobelins oder andere Schätze, die ich mir nicht vorstellen konnte? Auf das, was ich fand, war ich nicht vorbereitet.

Die Räume im oberen Stockwerk waren kahl. Abfall war auf dem Boden verstreut. Die Wände waren schmutzig und sie hatten hässliche Löcher, unblutige Wunden, wo große Putzbrocken herausgemeißelt worden waren. Von drinnen gesehen waren die Fenster, die in der Nachmittagssonne gefunkelt hatten, wenn ich vom Ufer des Flusses zu ihnen hinaufgeblickt hatte, blind vor Dreck. Der Staub des Sommers und der Regen hatten hässliche Streifen hinterlassen. Ich wanderte von Raum zu Raum – alle hatten beschädigte Fußböden, ruinöse Wände, einen umgestürzten Stuhl, einen arg zerkratzten Tisch. Jeder Raum war leer und ohne einen Hinweis auf seine glorreiche Vergangenheit. Die Hochstimmung der vergangenen Woche wich der Verzweiflung. Krieg und Plünderung waren auch in diese königlichen Räume vorgedrungen. Nichts war verschont worden. Nur die großartigen Gobelins waren noch da. Hässliche nackte Leere oben bildete einen scharfen Kontrast zu der Schönheit unten.

SEPTEMBER 1980

Als ich viele Jahre danach zum ersten Mal nach Polen zurückkehre, beginne ich meine Reise nach Mielec und in die Vergangenheit in Krakau und mit dem Wawel. Trotz der verstrichenen Zeit habe ich die Gobelins und meine erste Begegnung mit der Geschichte nicht vergessen. Ich laufe genau wie jenes erste Mal zum Wawel: vom Marktplatz aus durch die Grodzka-Straße, dann die steile Kanoniczna hinauf zum Wawel selbst. Die Grodzka, einst Teil der wichtigen Handelsstraße von Ungarn nach Westeuropa, ist nun eine nette Hauptstraße mit Läden und Restaurants. Doch die interessieren mich nicht. Ich beeile mich, um die Gobelins zu sehen, und bin nach all den Jahren immer noch überzeugt, dass Hunderte von Burgfräulein sie gestickt haben, Stich an winzigen Stich fügend, Jahr um Jahr. Die Gobelins sind in dem wunderbar restaurierten Senatorensaal mit seiner bemalten Decke ausgestellt; die Verwahrlosung, die ich 1945 gesehen hatte, ist nun vorbei und vergessen. Schimmernde Kronleuchter und Standlampen beleuchten den großen Saal und die Gobelins – sie sind so atemberaubend wie damals, als ich sie zum ersten Mal sah. Einen Moment lang bin ich wieder das fünfzehnjährige Mädchen, völlig verzaubert von der Großartigkeit, der erstaunlichen Schönheit dieser Wandteppiche. Doch als ich sie genau betrachte, entdecke ich (ganz verzagt), dass sie nicht gestickt sind. Sie sind gewebt. Die Beschreibung informiert mich, dass über 140 Gobelins im 17. Jahrhundert in flämischen Weberwerkstätten hergestellt wurden, die damals berühmt waren für die Qualität ihrer Arbeiten und ihrer Materialien. Sie wurden in Auftrag gegeben von König Sigismund Augustus Jagiełło, von dem bekannt ist, dass er ein Kunstkenner war. Das ist also ihre Geschichte. Doch ich bin noch nicht bereit, diese Version der Ereignisse zu akzeptieren. Ich will die Gobelins nicht für Waren halten, gekauft und bezahlt; ich möchte an meiner Fantasie von den Burgfräulein festhalten, die diese schönen Bilder schufen. Sosehr ich mich auch bemühe, ich kann auch nicht mit Bestimmtheit sagen, ob die Gobelins, die ich jetzt sehe, diejenigen sind, die ich damals gesehen habe. Wie viele waren damals in dem Raum unter der Burg? So viele wie jetzt in diesem Saal hängen? Die Gobelins im Senatorensaal zeigen bekannte biblische Szenen: Adam und Eva, Noah und die Arche, den Turm von Babel. Würde ich sie nicht wiedererkennen und wissen, wenn es diese hier sind, die ich damals gesehen habe?

Ist die Vergangenheit also ein Trugbild, ist die Erinnerung immer ungenau und verschwommen, sind die Gobelins eher vorgestellt als wirklich gesehen? Ich erfahre später, dass man die Gobelins, als die Deutschen im September 1939 in Polen einmarschierten, zusammen mit anderen Schätzen aus dem Wawel auf einen Lastkahn geladen und die Weichsel hinunter transportiert hat, dann wurden sie auf einen Heuwagen verfrachtet und danach in Autos nach Rumänien gebracht. Von Rumänien wurden sie nach Aubusson in Frankreich verschifft. Französische Restauratoren arbeiteten an den von der Reise beschädigten Gobelins, bis die Deutschen in Frankreich einmarschierten, und dann wurden die Schätze aus dem Wawel eilig nach England geschickt. Da England zu der Zeit unter heftigem deutschen Bombardement litt, war es eine glückliche Fügung, dass der polnische Dampfer *Batory* die unschätzbaren Gobelins sofort nach Kanada bringen konnte. Und in Kanada blieben sie, bis sie 1961 an Polen zurückgegeben wurden.

SECHS

Entscheidungen

Also: Sie hatte den Krieg überlebt, ein Studium
abgeschlossen, geheiratet.
Sie häufte Dinge an: alte und neue Dokumente, Fotos,
Untersuchungsergebnisse, Postkarten, Rechnungen,
Quittungen, Gebete, Zeitungsausschnitte … Ein
jedes wurde ihr zur Vergangenheit. Ihr Organismus
produzierte in erstaunlicher Eile Vergangenheit …
Es drängte sie zu den Menschen. Sie stieß sie
durch … Ironie vor den Kopf, bat überschwenglich um
Verzeihung und suchte von neuem ihre Nähe …
Sie fürchtete sich vor Einsamkeit, Krankheiten, Kälte,
den Nachbarn, Hunden, fremden Blicken,
der Meinung anderer, der eigenen Angst …
Hanna Krall, Da ist kein Fluss mehr

Eigenartig, wie deutlich die Erinnerung an jenen schicksalhaften Julimorgen noch immer ist. Es war eine graue, kühle Morgendämmerung und ein feiner Nieselregen in der Luft, als Mutter, Schwester und ich durch Krakaus menschenleere Straßen gingen. Die Häuser zu beiden Straßenseiten waren mit ihren geschlossenen Fenstern geheimnisvoll und in der Morgendämmerung fast unheimlich. Als wir uns dann dem Bahnhof näherten, liefen viele Menschen mit Bündeln eilig vorbei. Einige hatten mit Bindfaden verschnürte Koffer, bestimmt «organisiert» (wie es meine Schwester ausdrückte, das heißt, man hatte sie mitgehen lassen), während andere sich riesige Bündel auf den Rücken gebunden und die Zipfel vor der Brust verknotet hatten. Einzeln oder in Gruppen eilten sie zum Zug. Alle waren irgendwohin unterwegs, alle kamen von irgendwoher: polnische Arbeiter, die aus Deutschland zurückkehrten; Ungarn und Rumänen, die Polen verließen; aus Konzentrationslagern befreite junge Männer und Frauen, die nach Familienmitgliedern suchten, nach jemandem, der vielleicht überlebt hatte. Und dann gab es die Ruhelosen, die einfach in Bewegung bleiben mussten, die schon wussten, dass sie weder Heimat noch Familie mehr hatten. Das waren Szenen, nicht unähnlich denen, die ich auf der Reise mit meiner Schwester nach Krakau erlebt hatte.

Eine riesige Menschenmenge drängte sich im düsteren Bahnhof und draußen auf dem Bahnsteig, ungeduldig auf die Ankunft des Zuges wartend. Keiner fragte danach, wohin er fuhr, wenn er nur irgendwohin fuhr. Und als er schließlich mit seinen geschlossenen Viehwaggons und offenen Güterwagen einfuhr, stürzten sich die Leute auf ihn, als würde nie wieder ein Zug kommen, um sie zu unbekannten Zielorten zu bringen. Sie drängelten und schoben und belegten bald jeden verfügbaren Platz, sogar auf dem Kohlenwaggon, auf der Lokomotive und auf den Kupplungen, während immer noch mehr hineinzukommen versuchten und von Kameraden hineingehievt wurden. Obwohl sich die Menge auf dem Bahnsteig verringert hatte, hielt der Ansturm auf den Zug durch Spätankömmlinge unvermindert an.

Wir drei standen auf dem Bahnsteig, umklammerten unsere Bündel mit Reiseproviant und hatten Angst, einander in der quirligen Menge zu verlieren. Wir wollten in den Zug – er fuhr nach Prag, das glaubten wir wenigstens –, doch wir wussten, es würde uns kaum gelingen, ohne voneinander getrennt zu werden. Als wir nun so dastanden und uns ängstlich fragten, was wir tun sollten, schlenderten mehrere russische Soldaten in frisch gewaschenen Uniformen zum einzigen Personenwagen im Zug. Die Menge gab ihnen respektvoll einen Weg frei, als plötzlich das Unerwartete geschah. Einer der Soldaten, der sah, wie wir hilflos dort standen und weder nach vorn gingen noch zurückkonnten, nahm sich unser an, als wären wir lang vermisste Freunde und beförderte uns schiebend und ziehend in ihr Abteil. Mutter, die nicht ganz begriff, was geschehen war, schien zu zögern, doch meine Schwester und ich ließen uns glücklich auf bequemen Sitzen nieder. Das war eine schlichte, doch sehr bedeutsame menschliche Geste, eine helfende Hand – es war wie ein neuer Anfang.

Unsere Reise war lang, doch von Mutter und ihren Krakauer Freundinnen gut geplant. Wir hatten Papiere, die uns gestatteten, bis Prag zu reisen. In Prag, so war entschieden worden, sollten wir uns Papiere für Linz in Österreich beschaffen, das noch in der russischen Besatzungszone lag. Keiner würde vermuten, dass wir dann von dort in die amerikanische Besatzungszone wollten. Wie wir im Einzelnen den Übertritt von der russischen in die amerikanische Besatzungszone schaffen wollten, war nicht klar. Das würden wir in Prag herausfinden. Unser endgültiges Ziel war Frankfurt, wo Mutter ihre jüngste Schwester Friedel zu finden hoffte. Friedels nichtjüdischer Mann Arno war Kommunist, was in Nazi-Deutschland ganz gewiss unerwünscht gewesen war, doch besser als Jude. Es bestand die Chance, dass sie nicht deportiert und umgebracht worden war und beide am Leben waren.

Der Zug rollte durch die üppige polnische Landschaft, durch grüne Wiesen und heranreifende Weizenfelder, gesprenkelt von roten Mohnblumen. Dachte ich an die Vergangenheit, vielleicht an Tośka, der ich immer die roten Mohnblumen zeigen wollte, es aber nie tat? Hatte ich Hoffnungen, Erwartungen? Verließ ich Polen mit Bedauern? Vielleicht hatte mich das Abenteuer der Reise so gefangengenommen, dass weder die bekannte Vergangenheit noch die unbekannte Zukunft eine große Rolle spielten. Ich nenne es ein Abenteuer, weil wir bald darauf stehenblieben. Die Russen verschwanden und alle, die so kühn um einen winzigen Platz im Zug gekämpft hatten, ließen sich nun auf dem Bahnsteig des Bahnhofs nieder, um auf den nächsten Zug zu warten, der uns vermutlich unserem Ziel ein weniger näher bringen würde. Und so ging das weiter, durch schöne sonnige Tage und sternfunkelnde Nächte hindurch – wir warteten auf Bahnhöfen namenloser Städte, drängten und schoben uns in den nächsten Zug, bis wir schließlich die tschechische Grenze überquerten.

Die Landschaft änderte sich nicht – sanfte Hügel, kleine Obstgärten, mit Getreide und Kartoffeln bestellte Felder, dicht beieinander liegende winzige Dörfchen mit Häusern, die ein Bretterzaun umgab, und Sonnenblumen, die ihre Gesichter der Sonne zukehrten. Was sich hinter der Grenze änderte war, dass freundliche Dorf- und Stadtbewohner mit großen Kanistern voll Milch, Kesseln voll Suppe und dicken Scheiben duftenden schwarzen Brots zum Bahnhof kamen. Sie führten uns an die Pumpen in ihren Höfen und ließen uns den Ruß vom Gesicht waschen. Unser Durst war gelöscht, der Hunger gestillt, und begleitet vom freundlichen Lächeln der Menschen und mit guten Wünschen bedacht warteten wir auf den nächsten Zug.

Am regnerischen Abend des 6. Juli 1945 kamen wir in Prag an. Der Prager Bahnhof war wie der Krakauer bis an die Kapazitätsgrenzen mit Menschen gefüllt, die ankamen, wegfuhren, sich auf den Bahnsteigen drängten; mit Menschen, die zielgerichtet zu ihrem jeweiligen Bestimmungsort eilten. Wieder standen wir drei im Bahnhof und wussten nicht, was wir als Nächstes tun sollten, wo wir übernachten konnten, wo wir die Dokumente für unsere Weiterreise bekommen, wen wir fragen und wie wir uns verständigen sollten. Ich verstand etwas Tschechisch, das eine gewisse Ähnlichkeit mit dem Polnischen hat, doch nicht genug, um Wegbeschreibungen in einer unbekannten Stadt zu verstehen. Doch dann kam wie in Krakau ganz unerwartet Hilfe: Ein Mann mit einem Stück Kirschkuchen in der Hand tauchte auf, der in uns offenbar die hilflosen Fremden erkannt hatte, die wir waren. Hatte er den Kirschkuchen gerade essen wollen und es sich dann anders überlegt, als er uns sah? Oder kam er jeden Tag mit einem Stück Kirschkuchen zum Bahnhof? Wie auch immer – und ich habe oft an diesen Mann mit dem Kirschkuchen gedacht –, er gab ihn mir (ich hoffe, ich habe ihn mit meiner Mutter und Schwester geteilt) und ich aß diesen wunderbaren Kuchen langsam und kostete den süßen, würzigen Geschmack von jedem Bissen aus. Der Mann führte uns dann durch finstere Straßen zu einem großen Gebäude (vielleicht einer Schule), übergab uns einigen Leuten, die eifrig DDT-Zerstäuber betätigten, und er versprach, am nächsten Morgen wiederzukommen. Das war unsere erste Begegnung mit DDT-Pulver; unsere Wirte nahmen bestimmt ganz zu Recht an, dass jeder, der damals aus Polen kam, verlaust war. Danach wurden wir wiederholt besprüht und hörten auf, uns über dieses Zeugnis des westlichen Fortschritts zu wundern, und nahmen die Entlausungsprozedur als gegeben hin.

Der Mann kam tatsächlich am nächsten Tag wieder und brachte uns zum tschechoslowakischen Repatriierungsamt, wo schon sehr viele Menschen auf Reisedokumente warteten. Diese waren leicht besorgt, wie sich herausstellte. Nachdem Mutter ihre Entlassungspapiere aus Schindlers Brünlitz-Lager vom 15. Mai 1945 vorgelegt hatte, aus denen hervorging, dass sie politischer Häftling eines Konzentrationslagers gewesen war, wurde ihr eine amtliche Bescheinigung ausgestellt, die sie nicht nur fünf Jahre jünger machte, sondern sie auch in eine deutsche Jüdin umwandelte, die heimkehrte. Wir mussten also nicht vortäuschen, dass wir nach Linz wollten, denn nach unseren neuen Dokumenten kehrten wir nach Frankfurt zurück. Die Bescheinigung war freundlich wie die Beamten; der Besitzer wurde ermahnt: «Behalten Sie das Dokument immer bei sich, damit es Ihnen bei der sicheren Heimkehr hilft!» Vier andere Personen schlossen sich uns an, ein Ehepaar und ihre erwachsene Tochter und ein einzelner junger Mann, und wir sollten nach Pilsen reisen und dort in die amerikanische Besatzungszone überwechseln, wo schon ein Lager für DPs (*Displaced Persons* – Zwangsverschleppte) eingerichtet war. Wie außerordentlich effektiv doch die Tschechen alles organisiert hatten. Oder war das schon das Werk der *Brichah*, der Organisation, die schließlich die Massen heimatloser und enteigneter Juden über Grenzen brachte?

Wieder bestiegen wir einen Zug – diesmal war es kein Viehwaggon. Wir fuhren nach Pilsen, liefen zur Grenze, zeigten unsere Ausweise den russischen Soldaten und dann den amerikanischen (die Letzteren waren mehr daran interessiert, uns mit DDT zu besprühen, als unsere Papiere zu kontrollieren) und überquerten dann die Grenze.

Möglicherweise haben wir nicht viel mehr als zwei oder drei Wochen in diesem Grenzlager für DPs verbracht (es könnte das Lager Karlov gewesen sein), doch für mich waren diese gemächlichen, stillen Tage eine ruhige Zwischenstation. Das Lager war eigentlich ein verlassenes Kloster mit einem riesigen Gelände und grünen Rasenflächen unter alten schattenspendenden Bäumen. Die leuchtend weißen Gebäude – die Nonnenunterkünfte, nahm ich an – waren verschlossen und die Lagerbewohner, die täglich mehr wurden, waren in provisorischen Baracken untergebracht. Es gab nichts zu tun. Wir mussten uns nicht einmal um das Essen sorgen. Dreimal täglich rollten stramme deutsche Frauen einen großen

Kessel entweder mit dünner Suppe oder mit Kartoffelbrei aus der Küche zu den Baracken. Wir verachteten die Deutschen, überzeugt davon, dass es SS-Frauen waren, ehemalige KZ-Aufseherinnen, weil sie sogar an den heißesten Tagen langärmlige Blusen trugen, um die SS-Tätowierung zu verbergen, die sie am Arm hatten, wie wir zu wissen meinten. Sie waren arrogant, obwohl sie wussten, wer wir waren, und wir verfluchten sie leise. Brot war knapp, und zur Bereicherung unserer gleichförmigen Ernährung kroch ich gelegentlich durch ein Loch im Zaun und machte Streifzüge in die nahegelegenen Dörfer. Die Bauern waren großzügig und ich kehrte immer mit einem Topf von dem Käse zurück, für den diese Gegend berühmt ist. Ich erinnere mich, dass ich einmal einen alten Rollfilm, den meine Schwester geheimnisvollerweise irgendwo gefunden hatte, bei amerikanischen Soldaten gegen eine Tafel Schokolade tauschte. Doch diese kurzen Ausflüge waren nicht unbedingt erforderlich – wir hungerten nicht – und sie beanspruchten auch nicht viel Zeit.

In der Umgebung des Lagers schien es nichts Interessantes zu geben und ich träumte oft mit offenen Augen im Gras unter einem Baum oder in der hellen Sonne. Ich stellte mir vor, dass ich die Glocken hörte, wie sie die Nonnen zum Gebet riefen, dass ich sie auf den schattigen weißen Wegen langsam zur Kapelle laufen sah, wobei sie ihre Rosenkränze durch die Finger gleiten ließen. Ich stellte sie mir bei ihren verschiedenen Aufgaben vor, beim Kehren, Gemüseputzen, Kochen oder bei stiller Meditation. Ich wusste nicht, wo diese Nonnen jetzt waren, wer sie aus ihrem friedlichen Kloster vertrieben hatte. Vielleicht mussten sie heimatlos umherziehen wie wir. Bestimmt würden sie eines Tages zurückkehren, während ich nie wieder heimkehren würde. Ich hatte keine Heimat, in die ich zurückkehren konnte, und mit jedem Tag wich Polen, wo ich einst gelebt hatte, weiter in eine undeutliche Vergangenheit zurück. Mielec gehörte inzwischen zu einer anderen Zeit. Poznań, die Schule, die Orlowskys, selbst Krakaus Kirchen und der Wawel schienen zu einem anderen Leben zu gehören. Aber ich wollte nicht daran denken – nicht an die Vergangenheit, nicht an Tośka, nicht an Cousine Esther, die tot war, wie ich wusste, und auch nicht an Vaters Lied. Ich wollte nur an das Jetzt denken und daran, was morgen geschehen könnte.

Lang blieb ich nie allein mit meinen Träumereien. Unser Raum in den Baracken stank mittlerweise nach reifem Käse, und um dem zu entfliehen, streifte die eine oder andere der Zimmergenossinnen durchs Klostergelände und fand mich schließlich irgendwo im hohen Gras. Bis zur nächsten Runde Kartoffelbrei vertrieben wir uns die Zeit, indem wir über die verhassten SS-Frauen sprachen. Jetzt heißt es wir gegen sie, sagten wir, nicht sie gegen uns. Und wir sind die Starken, wie sie bald feststellen werden. Ist das nicht herrlich, dass wir keine Angst mehr vor ihnen zu haben brauchen?

Langsam lernte ich, eine Beziehung zu Fremden aufzunehmen, indem ich versuchte, mich so zu sehen, wie sie mich sahen, als Heranwachsende, noch nicht erwachsen, doch auch kein Kind mehr. Mir gefiel dieses leichte, unverbindliche Geplauder; wir waren Reisegefährten nur auf dieser kurzen Reise und würden uns bald trennen, um uns nie wiederzusehen. Das Zusammensein in diesem Zwischendasein ermöglichte auf seltsame Weise das Schmieden einer vorsichtigen neuen Beziehung zwischen meiner Mutter, meiner Schwester und mir. Das machte ich mir erst viel später klar. Wir drei waren eine Familie … und doch keine. Wie konnten wir ohne Vater eine Familie sein? Wir erwähnten ihn nie, sprachen nie von ihm, doch seine Abwesenheit war uns immer bewusst, und das wahre Zusammengehörigkeitsgefühl als Familie wuchs allmählich erst viel später in Amerika, als wir eine Zeit lang glaubten, wir könnten wie andere Leute sein, oder als das von uns erwartet wurde.

Schließlich verließen wir das Lager in Richtung Deutschland. Ein langer Lastwagenkonvoi kam, mit gepflegten amerikanischen Soldaten am Steuer. Wir fuhren den ganzen Tag und machten nur einmal in einem Wald Rast, wo wir herrlich süße, wilde Erdbeeren pflückten, während die amerikanischen Soldaten zu unserer großen Belustigung einen kleinen Ball hin und her warfen. Später würde ich dieses Spiel kennenlernen und erfahren, dass es Baseball war.

Gegen Abend erreichten wir Regensburg. Einige von uns wurden in einem Kloster abgesetzt, aus dem die Nonnen nicht wie bei dem vorherigen verschwunden waren. Sie empfingen uns gastfreundlich, gaben uns zu essen und nahmen uns dann mit auf eine große Krankenstation. In langen Bettreihen lagen dort so alte Männer und Frauen, wie ich noch keine gesehen hatte; verschrumpelte, blasse alte Gesichter blickten uns aus sauberer Bettwäsche an. Die Alten lächelten zahnlos und streckten runzlige Hände zur Begrüßung aus. Stolz erzählten uns die Nonnen, dass sie diese jüdischen Männer und Frauen gerettet hatten (vielleicht aus Theresienstadt) und sie nun pflegten. Wir gingen zwischen den Betten umher, hielten diesem und dann jenem die Hand, umarmten und küssten die alten Leute im Bewusstsein, dass diese gebrechlichen Wesen Übriggebliebene waren und wir ihresgleichen nirgends sonst mehr sehen würden. Wir konnten uns nicht vorstellen, wie sie überlebt hatten, wo doch die ganz Alten und die ganz Jungen gleichermaßen getötet worden waren. Heute kommt mir der Gedanke, dass die Begegnung mit diesen alten Männern und Frauen am Ende unserer Reise, als eine neue Zukunft bloß eine Möglichkeit war, die wir uns kaum vorzustellen wagten, auf seltsame Weise auch eine Vergangenheit symbolisierte, die für uns schon verloren war.

Wir gingen auf die Straßen hinaus und sahen uns die unglaubliche Zerstörung durch das alliierte Bombardement an. Das Kloster schien das einzige Gebäude zu sein, das der Zerstörung entgangen war. Überall die Ruinen ausgebrannter Häuser; bei manchen war die Fassade eingestürzt und bot nun den Blick in Zimmer, die gefährlich in der Luft hingen. Straßen waren unter dem Schutt eingestürzter Gebäude verschwunden. Hier und da bewegten alte Leute Steine und Ziegel auf der Suche nach ihren Habseligkeiten. Sie wirkten ärmlich und vernachlässigt, doch ich bemitleidete sie nicht. Wieder dachte ich, wie ich es in den kommenden Monaten noch oft tun würde: Ihr könnt mir nichts mehr tun; ich gehe mitten unter euch und ich habe keine Angst. Und ich muss auch nicht mehr so tun, als sei ich eine andere.

Ein Paar, ein junger Mann in makellosen weißen Hosen und einem weißen Hemd und eine junge Frau, kamen uns entgegen. Beide bildeten einen starken Kontrast zu den Deutschen, die im Schutt nach Dingen wühlten, die sie einst besessen hatten. «*Amkha*», sagten sie. Das war das erste Mal, dass ich diesen Gruß hörte, doch ich wusste sofort, was er bedeutete: *Amkha*, wir sind ein Volk, wir mögen nirgendwo hingehören, doch wir gehören zusammen. Später hörte ich dieses Wort oft, wenn sich jüdische Fremde begegneten (bist du einer von uns?) und wenn die Antwort *amkha* war, gab es laute Begrüßungen, als hätten sich alte Freunde zufällig wiedergetroffen. Unerklärlicherweise hat meine Erinnerung an diesen ersten Nachmittag in Deutschland drei Dinge verschmolzen: meine Feststellung, dass die Angst fort war, die Begegnung mit den alten Männern und Frauen und jenen Gruß. Kuba, der junge Mann, der das Wort gesagt hatte, und ich wurden enge Freunde für ein knappes Jahr, dann verschwand er, wie alle meine Freunde.

Mein Freund Kuba in Würzburg am 4. Oktober 1945. Auf der Rückseite des Fotos stehen die Worte: «In ewiger Erinnerung, Kuba».

Aus meinem Tagebuch:

23. Juli 1945: Ich bin von Polen nach Deutschland gereist. Eine neue Welt hat sich aufgetan, mir bisher unbekannt und verachtet. Es klingt einfältig, aber meine Gedanken haben nicht genug Platz in meinem Kopf.
24. Juli 1945: Wenn ich nur jemanden hätte, mit dem ich über all das sprechen könnte, würde ich mich besser fühlen. Ich sehne mich nach Polen.
1. August 1945: Das Leben ist ohne Sinn, es widert mich an. Sie denken nur an schöne Kleider und ich bin so einsam …

Es fällt nicht leicht, jene ersten Wochen und Monate in Deutschland zu rekonstruieren. Die Wochen des Alleinseins in Krakau, als ich, abgesehen von meiner täglichen Aufgabe, die Suppe zu holen, mir selbst überlassen war, dann die stillen, geruhsamen Tage im Pilsener Kloster-Lager waren plötzlich abgelöst worden vom Zusammenleben mit wenig vertrauten Verwandten – Tante Friedel und ihrem Mann Arno samt Freunden und Besuchern – in ihrem Haus in Frankfurt.

Friedel hatte den Krieg tatsächlich überlebt, versteckt von der deutschen Untergrundbewegung. Arno, ein bekannter Journalist, war gegen Ende des Krieges in einem Arbeitslager eingesperrt gewesen. Eine Version von Friedels Geschichte ging so, dass sie den Amerikanern unmittelbar nach ihrer Ankunft in Frankfurt sagte, sie müssten ihren Mann finden, der sofort mit der Herausgabe einer Zeitung beginnen könnte, was zur Normalisierung der Lage beitragen würde. Sie könnten ihm vertrauen; er sei kein Nazi gewesen, versicherte sie den Amerikanern.

Friedel, die eine Dame von beachtlicher Überredungskunst war, sagte auch, dass sie und ihr Mann eine Wohnung brauchten. Vermutlich sagten ihr die Amerikaner, sie solle sich ein Haus suchen und einfach einziehen, und genau das tat sie. Das von ihr ausgesuchte Haus war ein elegantes dreistöckiges Gebäude mit einer holzgetäfelten Eingangshalle und einer Wendeltreppe, die vom Erdgeschoss in den ersten Stock führte. Der zweite Stock war ausgebrannt, und meine Schwester und ihre Freunde nannten ihn das Sonnendeck. Die Eingangshalle und die Treppe war mit roten Läufern ausgelegt. Im ersten Stock enthielt ein ganzes Zimmer nur Schränke und Spiegel, und im Bad gab es eine in den Boden eingelassene marmorne Wanne. Wir waren zu sechst in dem Haus, Eva eingeschlossen, die ungefähr so alt wie meine Schwester war. Eva gehörte nicht zur Familie, doch sie hatte irgendwo Friedel kennengelernt, oder vielleicht war es auch

Arno gewesen, und da sie keine Bleibe hatte, lebte sie nun bei ihnen.

Das Haus befand sich in einem Stadtteil, der bis vor kurzem noch vornehm gewesen sein musste, doch im Jahr 1945 wie das übrige Frankfurt zum großen Teil zerstört war. Die Verwüstung war fast vollständig. Wie in Regensburg bedeckte der Schutt meterhoch ganze Straßen; in teilweise eingestürzten Häusern hingen Zimmer mit ihren umgestürzten Möbeln grotesk in der Luft. Diese neue und unbekannte Welt war ein ungemütlicher Ort, wo ich keine Aufgabe hatte und mich nicht zugehörig fühlte, wo ich nicht mehr meinen Neigungen nachgehen konnte. Eingespielte Tagesabläufe gingen weiter, neue bürgerten sich schnell ein. Mutter stand wieder am Herd und kochte Suppen und Gemüse und wie in Krakau schielte sie kurzsichtig in die Töpfe. Ihr Gesicht war immer noch verhärmt und traurig. Es würde noch etliche Monate dauern, bis sie schließlich eine Brille bekam. Jeden Morgen bestieg Friedel ihr Fahrrad und begab sich auf Nahrungssuche. Viele Wochen lang hatten wir vorwiegend Gurken, die Mutter in Suppen und eigenartig schmeckende Gemüsegerichte verwandelte. Arno arbeitete in seinem Arbeitszimmer mit den amerikanischen Presseberatern oder nachmittags mit Friedel, die alles für ihn tippte. Evas Freundinnen kamen zu Besuch und die Mädchen gingen hoch aufs Sonnendeck.

Ich entdeckte bald einen Platz für mich auf der Wendeltreppe; von dort konnte ich die Mädchen oben hören und beobachten, was unten vor sich ging. Eva war verliebt in Larry, den hübschen Amerikaner, der mit Arno zusammenarbeitete. Er trug eine Hornbrille und hatte ein ernsthaftes Gesicht. Larry sprach Deutsch, weil seine Eltern vor dem Krieg Deutschland verlassen und nach Amerika gegangen waren, und deshalb war er damit betraut worden, Arno zu unterstützen. Eva war sich sicher, dass er sie genauso liebte wie sie ihn und dass er eine Möglichkeit finden würde, sie nach

Amerika zu bringen. Vielleicht hatte Larry es versprochen, aber höchstwahrscheinlich wollte sie es einfach glauben. Ihre Freundin Hanna, die meist auch hier im Haus war, liebte einen italoamerikanischen Soldaten; und wie sich herausstellte, war sie von ihm schwanger. Wie Eva war auch Hanna absolut sicher, dass ihr Freund, der kein Jude war und den wir nie zu Gesicht bekamen, sie mit nach Amerika nehmen würde.

Die Gespräche auf dem Sonnendeck drehten sich alle um Liebe und Ehe und darum, wie wundervoll das Leben in Amerika sein würde. Die Mädchen sprachen selten von der Vergangenheit; nur gelegentlich erwähnte eine von ihnen einen Vorfall in diesem oder jenem Konzentrationslager, wo sie gewesen waren. Meist gab es nur die Gegenwart und was noch kommen sollte, zusammen mit ihrer Liebe zu diesen hochgewachsenen, hübschen Soldaten, die sie wie Märchenprinzen in ein Wunderland bringen würden. Die Heirat mit einem «Ami» erschien in jenem Sommer als einzige Alternative zum Bleiben in Deutschland.

Im Erdgeschoss wurde nur über Geschäftliches gesprochen: wie die *Frankfurter Rundschau*, deren Erscheinen Arno vorbereitete, ein Medium zur Vermittlung demokratischer Werte werden musste; wie Leitartikel sich von Tatsachenberichten abheben mussten; wie Papier aufzutreiben war; wie man Druckmaschinen beschaffen konnte; wann Redaktionsschluss für die erste Ausgabe sein sollte. Amerikaner in sauberen, tadellos gebügelten Uniformen und glänzenden Schnürstiefeln gingen mit dicken Aktentaschen ein und aus. Mir kamen sie vor wie Supermänner, große, durchtrainierte, wohlgenährte Männer von einem anderen Stern. Manchmal ließ sich der eine oder andere Besucher herab, mit uns zu sprechen. Ich war völlig verwirrt, als ein Engländer aus der britischen Besatzungszone sagte, mein Überleben im Versteck sei für ihn neu, interessant und ungewöhnlich. War er schon gelangweilt von zu viel Berichten über Konzentrationslager?

Wenn wir uns zum Mittagessen um den Küchentisch versammelten, wandte sich das Gespräch der Politik zu: Deutschlands Zukunft, die alliierte Besatzung, was zu erwarten war, wenn die Nürnberger Kriegsverbrecherprozesse im November begannen. Arno war immer noch Marxist, obwohl er nicht mehr Mitglied der Kommunistischen Partei war. Während wir Mutters neueste Gurken-Kreation verspeisten, erhielten wir oft eine Unterweisung über die Ausbeutung des Proletariats und das unausweichliche Absterben des Kapitalismus, ungeachtet der unverhohlenen Bewunderung Arnos für die amerikanische Demokratie. Groß und schlank saß Arno da und sprach sich mit hinter der Brille funkelnden dunklen Augen leise, doch eindringlich für eine Verbindung von Marxismus mit demokratischen Institutionen aus. Anders Friedel, die eine dogmatischere Marxistin war. Sie vertrat leidenschaftlich die Rechte des Proletariats und brachte in unmissverständlicher Sprache ihre Verachtung für die Bourgeoisie zum Ausdruck, zu der wir drei, wie sie sagte, gehörten. Während sie sich energisch das kurze Haar aus dem runden Gesicht strich, beschuldigte sie uns, dem Elend der armen Arbeiter und der Unterprivilegierten gegenüber gleichgültig gewesen zu sein.

Wahrscheinlich war es Friedels Vehemenz, verbunden mit direkter Feindseligkeit gegenüber Christentum und Religion im Allgemeinen, was mich verstörte, denn am 7. August schrieb ich in mein Tagebuch: «Die Kommunistische Partei ist nicht christlich? Wie kann das sein, wenn das Ziel ist, seinen Nächsten zu helfen, was auch ein christliches Ziel ist?» Und am 13. August ist vermerkt: «Der Kommunismus ist nicht gegen die Kirche, nur gegen die Priester.» Das sind sicherlich die naiven Beobachtungen einer Fünfzehnjährigen, die noch dazu den Glauben mitgebracht hatte – der in jenen frühen Jahren nach der Befreiung Polens durch die russische Armee weit verbreitet war –, dass ein Kompromiss zwischen der Kirche und der kommunistischen Weltanschauung möglich war. Doch nun hatte Friedel die Frage der Religion als «Opium des Volks» heraufbeschworen. Kein Wunder, dass ich in mein Tagebuch schrieb, dass ich mich nach jemandem sehnte, dem ich mich wirklich öffnen, dem ich Fragen stellen könnte – einem Menschen, mit dem ich diese Glaubensfragen erörtern könnte.

An den Nachmittagen wurde die Küche und der Küchentisch von den Mädchen und ihrer Schneiderei beschlagnahmt. Meine Schwester nahm die Sache in die Hand, da sie vor dem Krieg eine Schneiderlehre gemacht hatte. Alte Kleider wurden auseinandergetrennt und neue daraus gemacht. Das Gespräch drehte sich jetzt um Mode, Stoffe und Farben, die miteinander harmonierten oder nicht; was am besten zu einem dunklen oder einem hellen Teint passte. Eva, die schwarzes Haar, einen Honigteint und lebhafte graue Augen hatte, liebte enge Kleider, die ihre schlanke Figur zur Geltung brachten. Sie sah gut aus und war temperamentvoll, und es war ihr sehr wichtig, sich modisch zu kleiden. Hanna war klein und graziöser als Eva, doch sie wurde schon rundlich und hatte neue Sachen am nötigsten. Während Eva stark und zäh war (obwohl sie vielleicht nicht immer so gewesen war), wirkte Hanna mit ihren großen Augen und dem kurzen lockigen Haar sanft und schwach. Diese Schneiderei wurde voll und ganz von Friedel unterstützt, die wollte, dass wir zu einem «zivilisierten» Leben zurückkehrten. Ich fand das verwunderlich. Das Leben in Deutschland kam mir nicht besonders zivilisiert vor, und ein hübsches Kleid konnte auch nicht unzivilisiertes Benehmen kaschieren. Doch schließlich wurde auch ich modisch ausgestattet mit einem Rock und einem Eisenhower-Jackett – ein Stil, der sich an amerikanischen Armeeuniformen orientierte und gerade der letzte Schrei war. Friedel nahm uns drei auch zum Friseur mit, wo sie mit diebischer Freude meine Zöpfe abschneiden ließ, die sie vom Moment unserer Ankunft an gehasst hatte. In stundenlanger Arbeit verwandelte der Friseur unser strähniges, mattes Haar in krause Dauerwellenfrisuren. Meine Mutter und Schwester schienen sich mit der neuen Frisur zu gefallen. Ich war mir gar nicht sicher; die Zöpfe hatten zu meiner polnischen Identität gehört. Was hatte ich jetzt mit einer krausen Frisur für eine Identität? Während jener ersten Wochen verwandten wir viel Aufmerksamkeit auf Haare und Zähne, denn beide hatten unter Vernachlässigung und Mangelernährung gelitten.

Manchmal gesellte ich mich zu den Mädchen in der Küche und hörte ihrem unaufhörlichen Geplauder über Modefragen und Kleider zu. Wenn Mutter ihre Haushaltspflichten erledigt hatte, setzte sie sich zu uns und trennte alte Pullover auf, um aus der Wolle Badeanzüge zu stricken. Leider hatte sie nicht bedacht, dass die Wolle zu alt und daher schwach war und die Maschen sich aufräufeln würden, wenn sich das Gestrick voll Wasser sog. Keiner von uns sagte ihr das, nicht einmal Friedel, die sonst kein Blatt vor den Mund nahm und oft den Kummer ihrer älteren Schwester übersah. Während ich über die Gruppendynamik unter uns vier so wenig zusammenpassenden Frauen nachdenke, wundere ich mich, dass wir es wenigstens für ein paar Monate schafften, ohne größere Zusammenstöße miteinander auszukommen.

Allmählich bildete sich ein Bündnis zwischen Friedel und meiner Schwester heraus, die zunehmend abhängig wurde von dieser starken Frau. Das wachsende Bedürfnis meiner Schwester, sich auf jemanden zu stützen (aktiv gefördert von Friedel), mag etwas mit ihrer sich langsam entwickelnden Krankheit zu tun gehabt haben, die schließlich als Tuberkulose diagnostiziert wurde. Gleichzeitig wurde Friedel immer unzufriedener mit mir – ich war irgendwie nicht so, wie ich sein sollte –, während Mutter sich wie abwesend und schlafwandlerisch unter uns bewegte; sie war da, doch ein Teil von ihr war noch woanders und ihr gehetzter Ausdruck verschwand selten. Mutters Geistesabwesenheit zusammen mit meinen Pubertätsproblemen und gelegentlichen Trotzreaktionen müssen Friedel zur Verzweiflung gebracht haben, denn wir entzogen uns beide ihren Versuchen, uns zu lenken, und ihrem starken Wunsch, von uns gebraucht zu werden. Kein Wunder, dass ich häufig in mein Tagebuch schrieb, ich sei traurig und wünschte, ich könnte fortgehen, weit, weit weg, und Deutschland und die Deutschen nie wiedersehen. Mein starker Widerwillen gegen Deutsche verschmolz mit meiner wachsenden Überzeugung, dass ich anders sein sollte, als ich war. Doch weil ich von Natur aus zum Widerspruch neigte, versuchte ich nicht, es Friedel recht zu machen, mich ihr vielleicht mehr unterzuordnen, sondern tat genau das Gegenteil. Eine Zeit lang war es wohl Arno, der besser als sie verstand, dass gehorsam unterwürfiges Verhalten nicht von mir erwartet werden konnte, weil ich mich einmal selbst vor dem sicheren Tod gerettet hatte. Er hatte ein mitfühlendes Herz.

Wir sprachen nicht von Polen, außer einmal, kurz nach unserer Ankunft. Nach dem Abendessen saßen Arno, Friedel und wir drei unter dem milden Licht der Deckenlampe um den Küchentisch. Arno bat uns eine nach der anderen zu erzählen, was geschehen war. Und wir erzählten und fassten im Laufe einiger Abendstunden sechs Jahre voll Leben und Sterben zusammen, sechs verlorene Jahre. Einige Monate später schrieb Arno einen Leitartikel über uns in der neuen Zeitung *Frankfurter Rundschau.* Darin erzählte er unsere Erlebnisse und stellte sie denen eines deutschen Jugendlichen gegenüber. Wenn ich diesen Leitartikel heute lese, sehe ich, wie schon damals – gerade einmal vier Monate nach Kriegsende – Ereignisse und ihre Abläufe auf subtile Weise verändert wurden, nicht ganz so geschehen waren, wie von Arno beschrieben. Sogar damals war das bloße Erzählen der

Geschichte nicht genug. Doch vielleicht irre ich mich und Arnos Version ist korrekt. Vielleicht ist es ein halbes Jahrhundert danach mein Gedächtnis, das fehlerhaft ist. Andererseits wollte Arno mit diesem Leitartikel keine Geschichte der Verfolgung und des Leidens erzählen. Er wollte vielmehr zeigen, wie eine ganze Generation deutscher Jugendlicher blind Gefolgschaft leistete, ohne Fragen zu stellen. Die Botschaft, und nicht die Erinnerung, war Arno wichtig.

Viel hatte sich zum Sommerende verändert. Mutters regelmäßige Gänge zu jüdischen Organisationen, bei denen sie nach Verwandten forschte, hatten sich ausgezahlt. Zuerst tauchte ein «Cousin» auf (solange sie Geminders waren, nannten wir sie Cousins), Chajm Geminder. Er gehörte zum anderen Zweig der Geminder-Familie, die am Kleinen Markt gewohnt hatte, und wir hatten ihn eigentlich in Mielec nicht gekannt. Er war ein kleiner Bursche, der aus unbekanntem Grund eine dunkelblaue Uniform trug und eine große «Maschine» besaß, wie man damals Motorräder nannte. Er machte Geschäfte auf dem Schwarzmarkt. Zu seinen Waren gehörten auch Armbanduhren, die er an beiden Armen bis zu den Ellbogen hinauf trug, wie es die russischen Soldaten getan hatten. Er besuchte uns nun regelmäßig zu Hause und brachte manchmal Früchte seiner illegalen Tätigkeit mit. Obwohl wir moralisch verpflichtet gewesen wären, diese aus unrechtmäßigen Quellen stammenden Geschenke zurückzuweisen, wäre es sogar der edelgesinntesten Person schwergefallen, einem Päckchen Tee oder dem noch höher geschätzten Kaffee zu widerstehen. Zweitens, und das war noch wichtiger, tauchte der Mann von Vaters Schwester Schejndl – das heißt, Mutters Schwager – in Bayern auf. Er war der einzige Überlebende der Padawer-Familie. Mutter, die schließlich eine Brille bekommen hatte, schielte nicht mehr so sehr und wirkte ein klein wenig lebendiger. Außer ihren zwei Schwestern in Bolivien und zwei Brüdern in Argentinien war Chajm (Heinrich) Padawer der einzig nahe Familienangehörige und der Einzige von Vaters Familie, der überlebt hatte. Doch 1945 (und sogar später) hatten wir noch Hoffnung, dass eine Nichte oder ein Neffe oder eine von Mutters anderen Schwestern überlebt haben könnte und plötzlich auf unserer Schwelle auftauchen würde.

Gegen Ende des Sommers überwand ich meinen Widerwillen dagegen, mich in Frankfurt umzuschauen, dieser hässlichen zerstörten Stadt mit den eingestürzten Häusern. Da ich nicht als Deutsche angesehen werden wollte, heftete ich einen blauweißen Streifen an mein Kleid, wie ich es bei anderen Juden gesehen hatte, und ich war froh, wenn Deutsche mich verächtlich ansahen. Sie sollten wissen, dass ich jüdisch war und dass es ihnen nicht gelungen war, mich umzubringen. Wenn wir einen von «unseren» Leuten das erste Mal trafen, sagten wir erfreut *amkha* und wurden sofort die besten Freunde.

Als ein Lager für *Displaced Persons* (DPs) in der Nähe von Zeilsheim eingerichtet wurde – eigentlich bestand es nur aus vielen Baracken auf einer großen Wiese –, fing ich an, die meisten Tage der Woche dort zu verbringen. Am 29. August schrieb ich in mein Tagebuch, das Essen in Zeilsheim sei sehr gut. Ich erwähnte die hässlichen Baracken oder den Schlamm, wenn es regnete, nicht. Da ich mich in Zeilsheim anmeldete, bekam ich Verpflegungsrationen im Lager. Friedel begrüßte die zusätzlichen Lebensmittel und endlich einmal hatte ich das Gefühl, dass ich es ihr recht gemacht hatte. Ich gewann auch neue Freunde, meine ersten Freunde nach der mir teuren Freundschaft mit Tośka.

In den trostlosen Baracken von Zeilsheim saßen wir auf harten Notbetten und sprachen über den Kommunismus, über Gleichheit für alle und besonders darüber, ob man nach Eretz Israel gehen sollte. War das nicht unser Land, der einzige Ort auf der Welt, der uns Heimat sein konnte? Palästina muss den Juden gehören, schrieb ich am 19. August in mein Tagebuch; am 3. September schrieb ich, dass ich wahrscheinlich dort hingehen würde. Vielleicht habe ich manchmal noch mit dem Gedanken gespielt, Nonne zu werden und ein stilles, selbstloses Leben im Dienst höherer Ziele anzustreben; vielleicht wenn ich einsam war, wenn das Durcheinander von Menschen bedrückend wurde, wenn ich das Alleinsein suchte, das so schwer zu erreichen war. Doch ich war froh, mit meinen neuen Freunden zusammenzusein und neue Ideen zu diskutieren, und vor allem war ich froh, mit ihnen Polnisch statt Deutsch sprechen zu können. Und während ich mich noch hin und wieder nach Polen sehnte, besonders nach dem geordneten Leben, das ich für eine kurze Zeit bei den Orlowskys in Poznań geführt hatte, war mir das Jüdischsein im Kreis anderer Juden – und sie waren alle so verschieden – zunehmend angenehm. Ich staune heute oft über die Leichtigkeit, die Mühelosigkeit, mit der ich zu dieser oder jener Person wurde; die Leichtigkeit, mit der ich mich von einem frommen jüdischen Mädchen in ein gleichermaßen frommes katholisches und dann in ein weltliches jüdisches Mädchen verwandelte. Doch das war damals keine Zeit der Introspektion und es zählte allein, dass man am Leben war.

Nicht jeder konnte das Leben im DP-Lager ertragen, wo man wieder in Baracken lebte und den Regeln und Vorschriften unterworfen war, die von den Amerikanern, die diese Lager führten, für notwendig erachtet wurden. Zu Herbstbeginn, als es kälter zu werden begann, entdeckte ich eine kleine Gruppe junger Leute – die meisten von ihnen aus Krakau oder Warschau – in einem heruntergekommenen kleinen Hotel im Stadtzentrum. Wie meine Zeilsheimer Freunde waren sie Anfang zwanzig, einige Jahre älter als ich, doch sie waren kultivierter und einige waren Studenten gewesen. Offenbar hatten sie dieses kleine, vernachlässigte Gebäude, das höchstwahrscheinlich nach einem Luftangriff verlassen worden war, einfach übernommen. Die Zimmer waren düster und ungepflegt, die Flure dunkel und modrig; schmutziges Geschirr war überall aufgetürmt, manchmal lag dazwischen auch schmutzige Wäsche; aber meine Freunde waren so munter wie ein Schwarm Vögel, der sich zeitweise auf einem nicht sehr ordentlichen Baum niedergelassen hatte. Sie fanden alles besser, wenn es nur kein weiteres Lager war.

Ihre Diskussionen unterschieden sich von denen meiner Zeilsheimer Freunde. Ja, Palästina war eine Möglichkeit, doch im Moment gab es drängendere Fragen, glaubten sie. Wie konnte es geschehen (denn ganz sicher waren nicht wir es, die es hatten geschehen lassen), fragten sie, dass wir hier waren, dass wir verschont geblieben, dass wir am Leben waren? Waren wir stärker, klüger, besser (zum ersten Mal in meinem Leben hörte ich etwas von Darwin) oder waren wir eigentlich gemeiner, rücksichtsloser, selbstsüchtiger als diejenigen, die umkamen? Warum wurden wir verschont? Oder war unser Überleben so sinnlos, so ohne Bedeutung wie alle unsere schrecklichen Erlebnisse? Sie redeten und diskutierten, während ich zuhörte und Fragen stellte. Dazwischen gingen wir, wenn der Hunger uns packte, auf die nebligen, nassen Straßen, um etwas zu essen aufzutreiben. Wenn ich jetzt daran zurückdenke, mit welcher Intensität dieses halbe Dutzend junger Männer und Frauen der Frage «Warum ich?» – warum nicht meine Schwester, mein Bruder, mein Freund? – mit Vernunft beizukommen versuchte, kann ich mich nicht erinnern, dass wir auch über Gott gesprochen hätten. Ich glaube nicht, dass wir uns mit Gottes Plänen beschäftigten, ganz anders als viele Theologen und Erzieher heute, oder damit, warum er sein erwähltes Volk nicht vor der Katastrophe bewahrt hatte. Vielleicht waren wir zu sehr mit unserem eigenen Überleben beschäftigt und mit seiner Bedeutung für unser zukünftiges Leben. Vielleicht reichte es zu wissen, dass die Katastrophe nicht abgewendet worden war. Wozu sich mit theologischen Gründen abmühen, warum es nicht geschehen war?

So viele Jahre ist das nun her und ich sehe unsere kleine Gruppe immer noch in dem kalten Hotelzimmer. Wir saßen in Mänteln und Schals auf den ungemachten Betten mit ihren zerknautschten grauen Laken und redeten, als hinge unser Leben davon ab. Da wir nun einmal hier waren, da wir am Leben waren – sollten wir nicht wissen, was wir tun mussten? Wir waren wie neugeboren – jedoch im Vollbesitz unserer geistigen Kräfte. Wir konnten entscheiden, nicht was wir erreichen wollten – etwa Erfolg, Reichtum, Zufriedenheit –, sondern was für Menschen wir sein wollten. Wir konnten uns ganz bewusst entscheiden, wer und was wir sein wollten. In den Tag hineinzuleben, ohne uns Gedanken zu machen, konnte nicht angehen. Weil wir am Leben waren statt all der Menschen, die gestorben waren, hatten wir nun eine Verantwortung nicht nur uns selbst, sondern auch den Toten gegenüber, für die wir sprechen mussten. Was war das für eine Verantwortung, eine Bürde, die wir auf uns nehmen mussten? Nach und nach lernte ich etwas über Freiheit und über Entscheidungen und darüber, dass Leben Verantwortung übernehmen bedeutet. Mir wurde auch bewusst, dass wir, die ins Leben zurückgekehrt waren, niemals ein Leben führen konnten wie die, die nicht da gewesen waren, wo wir gewesen waren.

In jenem Herbst schrieb ich ein Gedicht, dass mir jetzt unbeholfen erscheint, das aber vielleicht interessiert, weil es etwas über Flucht zu sagen versucht und gleichzeitig zu verstehen gibt, dass sie unmöglich ist.

Nasse Lichter und Gestalten
drängen sich in meinem Blick.
Der Natur Kräfte walten
so erfüllend ihr Geschick.
In der kleinen Pfütze vor mir
schwimmt ein Blatt als wärs ein Boot
mit des Herbstes schönster Farbe
schimmert es noch etwas rot.
Manchmal träumen wir ein Märchen
haben Flügel und wir schweben
in dem großen Glase Leben.

In jenem regnerischen und nebligen Herbst ging ich seltener nach Zeilsheim, weil ich die meiste Zeit mit meinen Freunden im Hotel verbrachte und weil das Lager unglaublich überfüllt war mit Neuankömmlingen, die jeden Tag in die amerikanische Besatzungszone strömten. Das Essen schmeckte nicht mehr und die Portionen waren auch nicht mehr ausreichend. Die Baracken, schon im Sommer hässlich, waren nun dunkel und feucht; der ganze Platz war eine riesige Schlammpfütze, wo der Schwarzmarkthandel blühte und wo die Amerikaner offen ihre Verachtung gegenüber den DPs zeigten. Die meisten meiner Freunde, die am Ende des Sommers dort gewesen waren, waren fortgegangen, um der hoffnungslosen Atmosphäre des Lagers zu entkommen. Redegewandte Emissäre waren eifrig dabei, junge Leute für die illegale Emigration nach Palästina zu rekrutieren; ihre aggressive Werbung war nicht immer überzeugend. Ich ging noch gelegentlich zu den Tanzveranstaltungen, die im Lager organisiert wurden. Aber nachdem ein Junge (ich weiß noch genau, dass er einen üppigen roten Haarschopf hatte) mir gesagt hatte, ich tanze wie eine Diesellokomotive, gab ich auch diese Besuche auf.

Das Frankfurter Haus kühlte immer mehr aus und Friedel installierte einen Holzofen in Arnos Arbeitszimmer im Erdgeschoss. Kohle war nicht zu bekommen und Friedel begab sich nun energisch auf die Suche nach Holz. Da Frankfurts Straßen inzwischen wieder befahrbar waren, hatte Arno sich ein Auto und einen Fahrer, Hans, angeschafft. Das war ein fröhlicher Bursche, dessen Beteiligung an der Jagd nach Holz sehr geschätzt wurde. Doch gleichgültig, wie viele Holzscheite die beiden auftrieben, es waren offenbar nie genug. Wir hockten entweder in der Küche, die warm war, wenn Mutter kochte, oder versuchten unauffällig in einem Winkel des Arbeitszimmers zu sitzen.

Ich hatte im Sommer wieder zu lesen begonnen (ich hatte damit aufgehört, als meine Schwester und ich aus Poznań abreisten), als Arno mir *Das Kapital* in die Hand drückte. Das war nicht unbedingt fesselnde Lektüre, wenn man bedenkt, wie wenig ich mit dem literarischen Deutsch des neunzehnten Jahrhunderts vertraut war, und nach einem Exkurs in Rosa Luxemburgs revolutionäres Leben ließ ich mich mit Stefan Zweigs Erzählungen im warmen Arbeitszimmer nieder. Larry, der amerikanische Presseberater, war es nicht gewohnt, drinnen zu frieren, und sicherte sich einen Platz in der Nähe des Ofens und des Holzkastens, wenn er kam. Während er den kleinen Ofen großzügig beschickte, weinte Friedel fast, wenn sie mitansehen musste, wie ihre kostbaren Holzscheite eins nach dem anderen verschwanden. Sie wusste nicht und ich sagte es ihr auch nicht, wie ich (und auch meine Mutter und Schwester) die Tage herbeisehnte, an denen Larry mit Arno arbeitete.

Das waren auch die Tage, als ich zum ersten Mal die Macht der Literatur erfuhr, als ich Zweigs Meistererzählung «Der Amokläufer» las, die von Gefühlen berichtet, von Leidenschaft jenseits der Vernunft, von irrationalem Besessensein. Ich erinnere mich noch deutlich an die Erregung, die ich spürte, als ich diese seltsame Erzählung über den Kampf zwischen Pflicht und Verlangen las, erzählt in der Dunkelheit der Nacht während einer Seereise. War das deshalb so, weil ich und auch meine Mutter und Schwester vergessen hatten, wie man Gefühle ausdrückt, oder es nicht wagten, sie zu äußern, keine Worte für sie hatten? Als ich ein halbes Jahrhundert später auf diese Erzählung in chinesischer Übersetzung stieß, war das, als würde ich einen alten, beinahe vergessenen Freund wiederfinden, der mich an längst vergangene Tage erinnerte.

Die Liebe gedieh nicht in dieser kalten Stadt. Eines Tages steckte sich Larry mit den Masern an – oder mit Mumps – und er kam ins Krankenhaus auf die Isolierstation. Evas Träume von Amerika stürzten zusammen wie ein Kartenhaus, als Larry ihr entweder erzählte oder schrieb, dass er verheiratet sei. Larry war noch nicht völlig genesen, als die Armee ihn per Schiff nach Amerika zurückschickte. Mit gebrochenem Herzen verschwand Eva für eine Weile und kam nur einmal zurück, um uns zu sagen, dass sie nach Italien gehe und von dort nach Eretz Israel. Nachdem sie sowohl ihren Geliebten als auch ihren amerikanischen Traum verloren hatte, glaubte Eva, ihr bleibe keine andere Wahl. Amerika blieb den DPs verschlossen, wenn nicht Verwandte mit heißbegehrten eidesstattlichen Erklärungen die Verantwortung übernahmen, dass ein DP nicht der Öffentlichkeit zur Last fallen würde. Eva wollte – wie so viele – nicht länger in Deutschland bleiben. Hanna war schon früher verschwunden. Ihr italoamerikanischer Freund und Vater ihres ungeborenen Kindes war auch verheiratet, stellte sich heraus. Als seine Dienstzeit in Deutschland zu Ende ging, reiste er eines Tages ab. Sie hörte nie wieder von ihm und erfuhr erst später von einem seiner Freunde, dass er verheiratet war und sich für immer davongemacht hatte. Hanna erzählte uns nicht, was sie tun wollte, welche Entscheidungsmöglichkeiten sie überhaupt noch hatte. Sie verschwand einfach. Schließlich konnte man nicht so einfach an Entscheidungsmöglichkeiten glauben, wenn es viele Jahre lang keine gegeben hatte beziehungsweise eine getroffene Entscheidung sich womöglich als tödlich herausgestellt hatte. Selbst unser kürzlich wiedergefundener Cousin Chajm Geminder war eines Tages verschwunden, wenn auch nicht wegen enttäuschter Liebe. Offenbar hatten ihn seine Schwarzmarktgeschäfte nach Italien geführt, wo er prompt im Gefängnis landete. Da einer nach dem anderen verschwand, war es an der Zeit, diese graue, kalte Stadt zu verlassen. Ich wollte meine Entscheidung nicht durch die Macht der Umstände bestimmen lassen.

APRIL 2000

Ein beträchtlicher Teil der chinesischen Lyrik ist dem Thema Freundschaft gewidmet – es werden nicht unbedingt Loblieder auf die Bedeutung der Freundschaft gesungen, sondern Trennungen und Begegnungen werden thematisiert, die Sehnsucht nach dem abwesenden Freund, die Sorge um den Verbleib der Freunde. Ich mag diese Freundschaftslyrik ganz besonders, vielleicht weil sie vertraut klingt und mich an die vielen Freunde denken lässt, die mir einst so nahe waren, doch schon vor langer Zeit gegangen sind, wohin sie gehen mussten.

Wie anrührend sind diese Verse des Dichters Wei Yingwu aus dem 9. Jahrhundert, die er als Brief an den Sekretär Yuan richtete:

Traurig, traurig, fern von Familie und Freunden,
Wandere und wandere ich durch Dunst und Nebel.
...
Wo werden wir wieder zusammenkommen,
Wenn das Leben wie ein Boot auf den Wellen
Auf Wasserwirbeln unaufhörlich tanzt?

Wei Yingwu wusste, es stand nicht in seiner Macht, ein Wiedersehen mit seinem Freund herbeizuführen; er wusste, dass sie sich nur durch Zufall und nicht geplant je wiedersehen würden.

Wang Wei, der im achten Jahrhundert schrieb, bezweifelte, dass sein Freund selbst nach Jahresfrist zurückkehren würde, und er stellt ihren Abschied so dar, dass etwas Endgültiges daran ist. Die Natur in ihrer Beständigkeit unterscheidet sich vom Leben der Menschen und das Wiedersehen von Freunden ist nicht selbstverständlich:

> Zum Abschied gab ich dir das Geleit durch die Berge,
> Nun schließe ich am Ende des Tages die Tür.
> Wenn im nächsten Jahr das Frühlingsgras sprießt,
> Kommst du dann zurück, mein teurer Freund?

Die freudige Wiedervereinigung von Freunden nach Jahrzehnten der Trennung wird beschrieben von Du Fu, auch ein Dichter des achten Jahrhunderts, der, als das Unmögliche geschieht, einfach ausrufen muss:

> Wenn Freunde sich im Leben treffen
> Gleicht das dem Treffen von Morgen- und Abendstern.

Wenn ich diese Gedichte lese, bin ich jedes Mal tief berührt, denn meine Freunde, die mich so viel lehrten (auch wenn ich ihre Lehren nicht vollständig begriff), zerstreuten sich schließlich. Wir trafen uns noch zwei, drei Jahre lang unregelmäßig, während wir in Deutschland waren, und jede Begegnung war ein Grund zum Feiern. Doch dann gingen wir getrennte Wege, denn wichtig war, Deutschland und die DP-Lager zu verlassen, die herablassenden amerikanischen oder jüdischen Beamten zu vergessen. Wir gaben einander unsere Fotos, unsere Bilder, auf die wir «Meinem lieben Freund» oder «Zur ewigen Erinnerung» oder «Kämpfe für ein besseres Morgen» schrieben, doch wir sahen uns nie wieder.

Einige der »Displaced persons« vor dem Hotel in Cham, wo wir lebten. Mai 1946.

Ich habe die Fotos noch: Ruth Prager, Kuba mit seinen weißen Hosen, der hübsche DP-Polizist Romek, Leon Kochalski, der fröhliche Joseph Steinhoff, Elzbieta mit ihrem schön gebleichten Haar … Wenn wir uns wiedersehen würden, würden dann unsere Begegnungen so freudig und bittersüß sein wie die von meinen chinesischen Dichtern geschilderten? Vielleicht nicht. Damals hatten wir nur einander, obwohl ich glücklich zu nennen war, weil ich noch meine Mutter und Schwester hatte. Aber in diesen zwei kurzen Jahren waren wir füreinander die Verwandten und die Freunde, die wir in Tarnów, Krakau, Radomyśl, in Bełżec, Stutthof, Majdanek verloren hatten; das war, ehe Auschwitz zur Metapher geworden war, ehe wir mit dem Etikett der unpersönlichen, anonymen «Überlebenden» von heute versehen worden waren. Und doch sehne ich mich danach, den einen oder anderen meiner Freunde eines Tages wiederzusehen, und hoffe törichterweise, dass sie mir einen

Teil meiner selbst wiedergeben könnten, der auf irgendeine Weise zwischen Zeilsheim und Jerusalem verloren ging.

Cham war ein kleines DP-Lager mit nur ein paar hundert Menschen. Eigentlich war es kaum ein Lager, weil die DPs entweder im einzigen Hotel des verschlafenen bayrischen Städtchens oder in Zimmern in deutschen Häusern wohnten. Nachdem Mutter ihren Schwager Heinrich Padawer geheiratet hatte – ein Ereignis, das meine Schwester und mich froh stimmte –, zog sie nach Cham, während meine Schwester in Frankfurt blieb. Ab und zu wohnte ich auch in Cham, doch wie die meisten meiner Freunde im Frühling und Sommer 1946 reiste ich ruhelos zwischen DP-Lagern hin und her, als wäre ich auf der Suche nach etwas, doch weder ich noch sonstjemand wusste, was das war. Friedel war vielleicht erleichtert, als ich aus Frankfurt wegzog, obwohl sie gar nicht einverstanden war mit meiner Freiheit und meinem unsteten Leben.

Ein Foto, das von einer kleinen Anhöhe über Cham gemacht wurde, zeigt eine hübsche Stadt inmitten sanfter Hügel, zweistöckige Häuser mit Spitzdächern, viele Bäume und zwei Kirchtürme. Es war hier bei weitem angenehmer als im nahegelegenen überfüllten Landsberger Lager und sogar besser noch als in München, wo das meiste jüdische Leben stattfand. Es waren keine amerikanischen Soldaten in der Stadt stationiert und wichtige Besucher wie Ben-Gurion gingen nach Landsberg und gaben sich nicht mit Cham ab. Falls die Deutschen etwas gegen das Lager hatten, bekam ich es nicht zu spüren. Abgesehen von den Wirtinnen hatten wir wenig Kontakt zur deutschen Bevölkerung, die überwiegend aus missmutigen und schäbig gekleideten älteren Leuten zu bestehen schien. Cham war eine ruhige Stadt, und nur unsere Jungen mit ihren lärmenden, zu großen Motorrädern oder ab und zu ein amerikanischer Jeep störten die Ruhe. Cham war malerisch, und doch machte ich mir oft Ge-

Ein Chanukka-Fest in einem Displaced-Persons-Lager in Cham, Bayern, am 3. Dezember 1945. In der Mitte im Vordergrund sitzt Abie, der als Vermittler beim Vorstand des Lagers fungierte

danken über die hässliche Nazi-Vergangenheit, die bestimmt hinter diesen Fenstern mit den farbenfrohen Blumenkästen und den Spitzengardinen verborgen war. Wo waren die SS-Männer und Soldaten jetzt, die in diesen Zimmern gewohnt hatten und dann in den Krieg gezogen waren, um zu töten und zu verstümmeln? Das fragte ich mich.

Das Lager verwaltete sich selbst mit wenig Einmischung von außen. Seine Geschäftsstelle, die vom würdigen Dr. Nebel geleitet wurde, befand sich in einem der größeren Gebäude in der Stadtmitte. Elzbieta in ihren eleganten Kostümen mit Eisenhower-Jackett arbeitete als Sekretärin. Der leicht erregbare Abie, dessen starker Körpergeruch ihm vorauseilte, wohin er auch ging, war der Mittelsmann zwischen dem Lager und der UNRRA (United Nations Relief and Rehabilitation Agency – Organisation der Vereinten Nationen für Hilfs- und

Wiedergutmachungsmaßnahmen), die alles besorgte, was wir brauchten (oder manchmal auch nicht).

Im April war der lange Winter dann auf dem Rückzug. Gliedmaßen, die durch die Winterkälte schmerzhaft geschwollen waren, bekamen wieder ihre normale Form. Und das Passahfest stand bevor. Die Erregung im Lager war groß. Die Beamten der UNRRA hatten Abie eine reichliche Lieferung von Matzen aus Amerika versprochen, denn das war unser erstes Passahfest als freie Menschen, wie die UNRRA-Leute mehrfach gesagt bekamen, wenn sie nach Cham kamen. Abie wurde nach München geschickt, um jedem, der ihm zuhörte, die Bedeutung des Festes klarzumachen, und vor allem mit Nachdruck die Beschaffung der Matzen zu fordern, des ungesäuerten Fladenbrots der befreiten Sklaven, die gerade noch rechtzeitig vor dem sicheren Tod gerettet worden waren.

Wie gut ich mich an dieses erste Passahfest nach dem Krieg erinnere: An die Aufregung, mit der wir unseren ersten Seder planten, das Lesen der Exodus-Geschichte von der Befreiung aus der ägyptischen Gefangenschaft, die dieses Jahr auch unsere Geschichte war – dieses Passah mit Hunderten von Fremden, die überhaupt keine Fremden waren, da die Geschichte eines jeden nur eine Variante der allgemeinen Geschichte war. Es war wie kein anderes Passahfest vorher oder nachher. Die Natur selbst schien an der Vorfreude teilzuhaben. Störche kehrten zu ihren Nestern auf Schornsteinen zurück, die sie im Herbst verlassen hatten. Zarte grüne Knospen zeigten sich an den Bäumen, plötzlich war Vogelgesang zu hören und zierliche weiße Blumen waren halb versteckt an den Berghängen zu entdecken. Die Matzen waren jedoch nicht in Sicht, was uns große Sorge bereitete.

Eines Tages kam ein Lastwagen an, doch statt mit hübsch verpackten amerikanischen Matzen war er mit Altkleiderbündeln beladen: Kleider, Pullover, Anzüge, Hemden, Schuhe – alle ziemlich abgenutzt und nicht allzu sauber. Die wurden bei der Lagerverwaltung abgeladen. Bei unserem Passah-Geschenk aus Amerika war nicht ein Paar neuer Nylonstrümpfe für die Frauen dabei. Wir waren nicht dankbar. Unsere reichen amerikanischen Verwandten hatten uns mit ihrer Altkleidergabe beschämt.

Es war eine Lektion, die wehtat, die wir jedoch zu diesem Passahfest nötig hatten. Wir mochten keine Wanderer sein, die aus der Wüste kamen, doch wir waren genauso heimatlos wie sie nach ihrem Auszug aus Ägypten. Mittellos wanderten auch wir in der Wüste, die Deutschland hieß, von einigen verachtet wie unsere Vorväter, und wir unterschieden uns gar nicht so sehr von den entlaufenen Sklaven der alten Zeit. Aber damals hatte Gott Wunder getan, hatte den Ägyptern Plagen und Frösche geschickt, während kein solches Unglück zur rechten Zeit die Deutschen heimgesucht hatte. Gott hatte sogar das Rote Meer für die Israeliten geteilt, damit alle entkommen konnten. Natürlich waren wir nur der Rest eines Volkes, *Sche'arit Haplita*, wie wir auf Hebräisch hießen. Ich erwog diese Lehren der Geschichte, die Unterschiede und Ähnlichkeiten, war mir aber überhaupt nicht sicher, dass wir in ein Gelobtes Land gehen würden, wie unsere einst versklavten Vorfahren.

Als klar wurde, dass wir in Cham vergessen worden waren, dass keine Matzen zu diesem Passahfest in unser kleines Lager gelangen würden, beschlossen wir Mitte April, unser ungesäuertes Brot selbst zu backen. Eine deutsche Bäckerei wurde requiriert, ein winziger Betrieb, der nur aus zwei Räumen bestand. In dem einen wurde der Ofen rituell gereinigt. Nachdem Abie all seine Überredungskünste aufgeboten hatte, half die UNRRA Säcke mit Mehl in der Umgebung aufzukaufen und das gesamte Lager wurde aufgeteilt in Brigaden von Teigmischern und Matzen-Ausrollern. Glücklicherweise hatten wir einen erfahrenen Bäcker im Lager – seit kurzem stolzer Vater von Zwillingsjungen, deren Geburt fast als Wunder angesehen wurde. Er brachte den Männern das Zubereiten des Teigs bei und den Frauen das Ausrollen.

Das Matzenbacken muss vor allem schnell geschehen; der Teig muss rasch gemischt werden, damit er nicht zu gehen anfängt. Jede Handvoll Teig muss schnell und ohne sie zu wenden ausgerollt werden; dann müssen die Bäcker genauso schnell die Matzen in den Ofen schieben und sie wieder herausholen, ehe sie verbrennen. Die Bäckerei war klein, die Schar der Matzen-Ausroller groß. Wir kamen einander ständig mit unseren langen und kurzen, von deutschen Hausfrauen ausgeliehenen (aber rituell gereinigten) Nudelhölzern in die Quere. Es war harte Arbeit. Es war fröhliche Arbeit. Die Männer mischten. Die Frauen rollten aus. Alle riefen: «Schneller!» Wir produzierten Matzen, die viereckig, rund, oval, dreieckig oder formlos waren.

Nie hat das Brot der Freiheit köstlicher geschmeckt und nie war ein Seder, die rituelle Mahlzeit zu Beginn des Festes, bedeutungsvoller. Als der Vorleser der Exodus-Geschichte anstimmte: «*Awadim hajinu*» (Wir waren Sklaven), kannte jeder im Essraum des Lagers die Bedeutung der Worte. Nie wieder würden wir Sklaven sein. Aber die Gedanken an das Geschehene waren schwer zu vertreiben, und wie in den Jahren seither musste ich an unser letztes Passahfest in Sosnowiec denken, als Vater noch lebte und wir keinen Seder hatten.

Obwohl es uns damals nicht bewusst war, wurde dieses Passah für meine Freunde und mich, und vielleicht auch für andere, zum Wendepunkt. Wir mussten unseren eigenen Exodus beginnen. Die Lager zu verlassen, Deutschland, dieses sinnleere, unstete Leben hinter uns zu lassen, war zu unserem Hauptziel geworden. Es mussten größere Anstrengungen unternommen werden, um zu leben anzufangen. Es ging nicht darum, wie die Amerikaner es später gern ausdrückten, ein neues Leben anzufangen – die meisten von uns waren zu jung, als dass sie jemals ein Leben gehabt hätten. Wir mussten unser Leben aus dem Nichts aufbauen, von ganz vorn beginnen. Für einige hieß das heiraten, es war egal, wen, um nur nicht allein zu sein; andere fingen an, mit jemandem «zu gehen», mit dem Ziel zu heiraten. Ja, es schien als hätten wir fast jede Woche eine Hochzeit. Keiner beklagte sich; das ganze Lager feierte die Hochzeiten, bei denen wir zu Festessen eingeladen wurden. Offenbar dachte ich über die Heiratsepidemie nach, denn am 10. Mai 1946 schrieb ich in mein Tagebuch: «Ich weiß nicht, ob ich heiraten will, ich möchte meine Freiheit nicht verlieren ...» Ich habe wohl in erster Linie meine Freiheit zu studieren, zu lernen, mir einen Beruf zu wählen gemeint, denn zwei Tage später bekannte ich, dass ich nicht wusste, welchen Beruf ich wählen sollte.

Diese Fragen von Heirat oder Studium und Karriere stellten sich vielleicht auch deshalb, weil ich mich in diesem Frühjahr schwer in Gaby verliebte, einen entfernten Verwandten vom Padawer-Zweig, dessen Familie vor Kriegsausbruch nach Amerika emigriert war. Durch Zufall tauchte Gaby, der in München stationiert war, eines Tages mit einem Jeep in Cham auf. Der Besuch eines amerikanischen Soldaten, der noch dazu ein – egal, wie weit entfernter – Verwandter war, war ein imposantes Ereignis in unserem sonst so wenig imposanten Leben. Gaby war nicht besonders hübsch, doch er schien alles das zu sein, was unsere Jungen nicht waren. Er sah gepflegt aus, hatte tadellose Tischmanieren, war belesen, führte intelligente Gespräche, konnte gut zuhören und machte sich Sorgen um mich und «Onkel», Mutters neuen Mann. Leider behandelte er mich wie eine jüngere, etwas zurückgebliebene Schwester, während ich ernst genommen sein wollte. Trotz der vielen Fotos, die Gaby von mir machte und die andere von uns machten, entwickelte sich die Romanze nicht so richtig. Gaby, erfuhr ich schließlich, war verlobt und eines Tages war er fort. Im Tagebuch ist nur ein kurzer Eintrag: «Mit Gaby ist alles vorbei.»

Um einen Ausgleich zu unserem ruhigen, doch langweiligen Leben in Cham zu schaffen, machten wir häufig Ausflüge nach München, wo wir amerikanische Filme sahen und Eis aßen, was immer noch eine seltene Köstlichkeit für uns war. Meine Schwester und ich sammelten eine kleine Schar alter und neuer Bekannter um uns, meist junge Männer, die nichts zu tun hatten, die sich treiben ließen und warteten. Wir redeten über die Gegenwart und die Zukunft und berührten die Vergangenheit selten, außer wenn sie uns an etwas in der Gegenwart erinnerte. Unserer Meinung nach waren die fügsamen jungen Leute, die in den Lagern von Feldafing oder Landsberg blieben, absolut lächerlich. Ein Handwerk erlernen – so spotteten wir –, tagein, tagaus an Nähmaschinen zu sitzen oder zu lernen, wie man Nägel in Holz schlägt – hatten wir etwa dafür überlebt? Und diese sogenannten Zeitungen, die sie in den Lagern herausgaben! Wen interessierte dieser oder jener bedeutende amerikanische Besucher, der kam, sich umschaute und wieder ging, während sich nichts änderte! Und wir hielten auch nicht viel von der gepriesenen und fast augenblicklich wieder vergessenen Konferenz der befreiten Juden im Januar 1946, wo hehre Worte und feierliche Reden zu hören waren, die wenig Verbindung zu unserem täglichen Leben und unseren Hoffnungen hatten. Wir hörten die zungenfertigen Emissäre aus Palästina an mit ihren Versprechungen von einem sorglosen Kibbuz-Leben, einer für alle und alle für einen, wo die Kibbuzniks glücklich die Hora um ein loderndes Feuer tanzten. Wir waren skeptisch. Es klang zu gut – und eigenartigerweise sprach kein einziger der Emissäre jemals vom Studieren, Lernen, vom Aufholen der verlorenen Jahre, und gerade das beschäftigte mich und auch einige meiner Freunde. Wie konnten wir so viel nachholen? Eretz Israel schien mir aus Kibbuz-Küchen zu bestehen, wo man mir befehlen würde, bis ans Ende meiner Tage Kartoffeln zu schälen. Und so lachten wir jungen Leute viel und machten uns über jene aufgeblasenen Männer lustig, die glaubten, sie könnten uns sagen, was wir mit unserem neu gefundenen Leben anfangen sollten. Dann gingen wir noch ein Eis essen.

Wie meine Frankfurter Freunde im vergangenen Jahr so zeigte mir Ludwik Drattner in Cham neue Möglichkeiten. Er war in den Konzentrationslagern verprügelt worden und seine Knochen waren nie wieder richtig zusammengewachsen, deshalb war er krumm. Er hatte auch ein lahmes Bein und verschiedene Fingernägel fehlten. Er war Ungar und siebenundzwanzig Jahre alt. Elzbieta, die Lagersekretärin, machte sich Sorgen, dass er zu alt für mich sei. Aber ich «ging» nicht mit Ludwik; er war einfach ein guter Partner für das, was ich damals ernsthafte Gespräche nannte. Ludwik, der sein lahmes Bein nachzog, und ich wanderten in den Hügeln um Cham, bewunderten die üppig wachsenden Blumen und Bäume, beobachteten bunte Schmetterlinge und lauschten den Vögeln, wie sie einander riefen. Eichhörnchen mit buschigen Schwänzen liefen über unseren Weg und verschwanden flink im Laub hoher Bäume. Wir saßen auf einer Bank im warmen Sonnenschein und sahen hinunter auf das friedliche Cham mit seinen gepflegten Häusern und Gärten und fragten uns, was wir hier eigentlich machten, warum wir überhaupt hier waren. Wäre Ludwik etwas weniger krumm oder weniger lahm gewesen, hätte ich mich von der Aufmerksamkeit eines älteren Mannes in dieser romantischen Umgebung geschmeichelt fühlen können. Aber mit romantischen Gefühlen hatte ich nichts im Sinn. Und offenbar auch Ludwik nicht. Damals beschäftigten mich hauptsächlich Poesie und Literatur – die Macht der Worte, geheimnisvolle Gefühle hervorzurufen. Es war wahrscheinlich Ludwik mit seinem feinen Sinn für Humor, der mich mit satirischen Gedichten bekannt machte. Von den zwei Gedichten, die ich noch habe, verspottete das eine – «Zwei Ritter» von dem großen deutsch-jüdischen Dichter Heinrich Heine – den polnischen Patriotismus, der sich mit nationalistischen Ansichten vermischt. Das andere – «An die Richter von Nürnberg» von dem polnischen Dichter Karol Szpalski – ist eine beißende Anklage gegen den Kriegsverbrecherprozess, der damals stattfand:

Die Herren Richter, gemächlich und gemäßigt,
es ist vorbei und erledigt, es ist Nachkriegszeit.
Alles Plötzliche ist ungut, sollen die anderen hetzen,
aber nicht die Richter und nicht die Schuldigen.
Dass einst Kinder bei den Füßen gepackt und ihnen die Köpfe
an Bäumen zerschmettert wurden? Lappalien, Lappalien.
Dass einst Menschen wie Schatten qualvoll
verdursteten? Eine ferne Erinnerung, mehr nicht.
Dass Menschen einst gehenkt und Knochen zerschmettert wurden,
dass Männer weggefangen wurden? Es ist vorbei, schon lange.
Selektionen fürs Grab und todbringende Durchsuchungen
und Frauenhaar. Herumreiten auf Einzelheiten.
Gefangene und Pawiak-Juden, Majdanek und Auschwitz,
es ist an der Zeit, sie aus dem Gedächtnis zu tilgen.
Dass es einst Typhus, Mücken, Läuse und Dunkelheit gegeben hat,
sehr bedauerlich, meine Herren, übt Nachsicht.
Es ist vernünftig, dass ihr gemächlich urteilt.
Es ist vorbei und erledigt, es ist Nachkriegszeit.

Während wir bergauf, bergab die grünen Hügel durchstreiften (was Ludwik bestimmt schwergefallen ist, obwohl er sich nie beklagte), begriff ich allmählich, warum mir die Posen, die unsere amerikanischen und jüdischen Besucher einnahmen, genauso absurd vorkamen wie die von Crapülinski und Waschlapski in Heines Gedicht. Mir wurde auch nach und nach klar, dass ich nicht bereit war, mich für eine Idee zu opfern. Weder die kommunistischen Ideen, die im vergangenen Jahr noch so attraktiv erschienen waren, noch die zionistischen waren es wirklich wert, dass ich mein hart erkämpftes Leben dafür einsetzte. Viele Jahre später, als ich das am Pomona College meinem Lehrer Ch'en Shou-yi gegenüber erwähnte, sagte er, das erinnere ihn an die chinesischen Neo-Daoisten des fünften Jahrhunderts, die es für nützlicher hielten, lebendige Rebellen zu sein als tote Märtyrer. In den Hügeln über dem idyllischen Cham mit seiner Nazi-Vergangenheit lasen Ludwik und ich polnische und jiddische und sogar deutsche Gedichte, darunter die wunderbaren Nonsens-Gedichte von Christian Morgenstern, die für mich viel Sinn ergaben.

Es gab so viel zu lernen, so viel zu entdecken. Eine Zeit lang wollte ich Medizin studieren, doch ich hatte zu viele Fragen, die Literatur und die Poesie und die Geschichte betreffend, und warum ich lebte und andere tot waren. Ich wusste damals, dass ich Antworten darauf nie in einer Kibbuzküche finden würde. Doch ich glaubte auch, dass ich Pflichten hatte, eine Verpflichtung, dass ich etwas dafür schuldete, dass ich am Leben war. Es gebe Gründe, weswegen wir noch hier seien, hatten meine Frankfurter Freunde behauptet, obwohl wir sie vielleicht nie begreifen würden. Eine Weile glaubte ich, wenn es Gründe gebe, würden sie nur in jenem Land aus Vaters Lied («Die grünen Auen Zions, wo die Lämmer weiden») entdeckt oder erkannt werden. Andererseits waren die grünen Auen Zions etwas anderes als eine Kibbuzküche. Nach meinen Tagebucheintragungen aus diesen Wochen des Abwägens von Möglichkeiten war die Palästina-Option wichtig. Am 31. Oktober 1946 schrieb ich:

> Wir müssen Palästina haben. Schließlich kann der kleine Rest der Juden sich nicht wieder durch die Welt schleppen, um dem Antisemitismus der Nationen ausgeliefert zu sein. Die Juden sollten mit allen Mitteln, die ihnen zur Verfügung stehen, wie ein Mann kämpfen, damit Palästina uns gehört. Aber wir sind alle egoistische Materialisten. Jeder hat eine andere Ausrede, warum er nicht nach Palästina geht. Auch ich. Ich schäme mich.

Obwohl ich mich schämte, ja sogar angewidert von mir war, weil ich auch meinen unmittelbareren Verpflichtungen gegenüber meiner Mutter und Schwester nicht nachkam, die ich nicht im Stich lassen sollte, wie mir mein Gefühl sagte (und ich glaubte, mein Fortgehen sei wieder eine Art Im-Stich-Lassen), entschloss ich mich dennoch, bei der ersten Gelegenheit nach Amerika zu gehen. Es solle nur für eine gewisse Zeit sein, schwor ich mir. Nach dem Studium würde ich meine Schuld begleichen. Ich weiß nicht, warum ich so sicher war, dass ich in Amerika studieren könne; ich wusste es einfach, ohne dass es mir jemand gesagt hatte. Habe ich Mutter um Erlaubnis gefragt? Wahrscheinlich nicht. Der selbstsüchtige Trieb, um jeden Preis zu leben, der mich schon einmal bewogen hatte, meine Familie zu verlassen, bewegte mich auch dieses Mal. Es war jetzt keine Entscheidung auf Leben oder Tod wie damals, doch es war trotzdem eine schicksalsschwere Entscheidung. Ich fühlte mich damals oft schuldig – nicht weil ich überlebt hatte, sondern weil ich meinen eigenen Weg ging, schuldig für diese Selbstsüchtigkeit, die ich nicht zügeln konnte oder wollte. Und es muss gesagt werden, dass Mutter mich irgendwie verstand. Wie in Dębica, als Mutter mir zu fliehen half, half sie jetzt, die Reise nach Amerika möglich zu machen. Ganz unerwarteterweise – und ich weiß nicht, wie Mutter das geschafft hatte – konnte ich mich einem Kindertransport anschließen und ich hoffte, dass diesmal Vater, wäre er noch am Leben gewesen, mir seine Zustimmung gegeben hätte.

Der erste Zwischenaufenthalt für jüdische Emigranten jeden Alters auf dem Weg nach Amerika war die Münchner Funkkaserne, mehrere Reihen von zweistöckigen deutschen Heeresbaracken, die als Emigrationslager genutzt wurden. Amerikanische Soldaten leiteten dieses Lager, doch vielleicht funktionierte nichts so, wie sie es sich vorstellten, weil niemand Englisch verstand; man hörte die Soldaten gewöhnlich jemanden anschreien, als wäre die Person taub. Es war ein unglaublich schmutziger, öder Ort, schlammig im Herbstregen. Trotz der grimmigen Novemberkälte waren die Baracken nicht geheizt. Die neun oder zehn Betten in jedem Zimmer hatten als Matratze dünne Strohsäcke, keine Laken und eine dünne, stinkende Decke pro Mann. Das Essen war kärglich: eine lauwarme Mahlzeit pro Tag, meist ziemlich harte, klebrige Spaghetti mit etwas Ähnlichem wie Tomatensauce. In meiner Erinnerung wird die Funkkaserne immer graue Farben haben – graue Wolken, graue Gebäude, graue Erde; an manchen Tagen schien sogar die Tomatensauce einen Stich ins Graue zu haben.

Der Kindertransport (die «Kinder» waren alle älter als ich) stellte nur einen winzigen Teil derer dar, die darauf warteten, per Schiff verschickt zu werden. Die meisten Emigranten in der Funkkaserne waren jüdische Erwachsene. Unter der Lagerbevölkerung waren jedoch auch Nichtjuden, meist Ukrainer, so schien es, die von ihren amerikanischen Verwandten unterstützt wurden. Juden und Ukrainer kamen nicht gut miteinander aus, da die Ersteren die Letzteren verdächtigten, Lagerbewacher gewesen zu sein, und die Ukrainer erst noch ihren traditionellen Antisemitismus ablegen mussten. Viele der Ukrainer waren Lagerverwalter und hatten als Blockälteste das Vertrauen der Amerikaner. Ihre Aufgabe bestand zum Teil darin, CARE-Pakete an die Lagerbevölkerung zu verteilen, und sie benutzten das zu ihrem großen Vorteil, indem sie die drei am meisten begehrten Schwarzmarktartikel herausnahmen: Zigaretten, Schokolade und Kaffee. Ich gewann eine neue Sicht auf die Amerikaner; wenn sie die Verantwortung hatten, glichen sie weniger Supermännern und waren eher schlecht gelaunte, unwissende Leute. Warum konnten sie nicht lernen, einen Juden von einem Nichtjuden zu unterscheiden und einen Dieb von einem ehrlichen Menschen, fragten wir uns.

Ich war nur sechs Wochen lang in der Funkkaserne, doch es schien viel länger zu sein, weil die Bedingungen waren, wie sie waren. Die Lage verschlimmerte sich durch einen Vorfall, der sich nach ungefähr vierzehn Tagen ereignete. Wir konnten uns in den nicht nach Geschlechtern geteilten Kaltwasser-Waschräumen nicht waschen und unseren Raum nicht heizen, weil wir nur große nasse Holzscheite ohne Anzünder oder Papier hatten. Da beschlossen sieben andere Mädchen und ich eines Abends, das einzige leere Bett in Feuerholz zu verwandeln. Bald hatten wir ein loderndes Feuer. Wir wuschen uns zum ersten Mal seit unserer Ankunft und wuschen sogar Wäsche; da platzte plötzlich ein ukrainischer Blockältester ins Zimmer (er hatte vielleicht den Rauch aus unserem Schornstein steigen sehen) und brüllte uns auf Ukrainisch an – wir glaubten, es seien Obszönitäten, weil keine von uns Ukrainisch verstand. Am nächsten Tag wurden wir wie Gefangene, wenn auch saubere, zur Amtsstube der Amerikaner geführt, wo uns, wie zu erwarten war, ein Soldat mit hochrotem Kopf anschrie. Da wir kein Englisch verstanden, konnten wir nur vermuten, dass er zornig war. Aber wir waren es eigentlich auch. Stahlen die Ukrainer nicht unsere Schokolade? Und warum bekamen wir kein brauchbares Feuerholz? Wir sagten das dem Amerikaner auf Jiddisch und Polnisch und in verschiedenen anderen Sprachen, die er nun wieder nicht verstand. Schließlich informierte uns ein Dolmetscher, dass wir amerikanisches Eigentum beschädigt hatten und dass uns unsere amerikanischen Visa weggenommen würden. Später wurde das Urteil umgewandelt in ein Ausgehverbot, was mich nicht störte, weil ich wusste, dass alle Zäune Löcher haben, dass man über sie klettern oder sich unter ihnen durchgraben kann.

In den Jahren danach machte ich mir oft Gedanken, was dieser belanglose Vorfall zu bedeuten hatte und warum er so einen starken Eindruck hinterließ. Stand er für das Ränkespiel um Macht, das Sich-Anbiedern durch Denunziation, eine aus den Ghettos und Lagern wohlbekannte Praxis? Oder war es auch ein Versuch, das Opfer an seine Opferrolle zu erinnern? Was den Ukrainer auch bewogen haben mochte zu denunzieren und den Amerikaner zu bestrafen, ich stellte fest, dass ich mich nicht wie ein Opfer zu fühlen brauchte, wenn ich es nicht wollte. Es war eine Frage der Wahl, die man treffen konnte oder auch nicht.

Aus der Funkkaserne wurde unser Kindertransport in ein anderes Emigrationslager nach Bremen verlegt, wo es, verglichen mit München, Luxusunterkünfte in einem Gebäude gab, das vielleicht einmal ein Schulheim gewesen war. Diese Lager waren offenbar nach dem Vorbild von Viehhürden geplant, wo anstelle von Vieh menschliche Fracht bereitgehalten wurde, um an Bord eines Schiffes zu gehen, sobald eines verfügbar war. Es war ohne Zweifel eine effiziente Methode, die aber nicht viel Rücksicht auf die Menschen nahm. Niedergeschlagen und einsam – wir acht Mädchen von der Funkkaserne waren im Bremer Lager aufgeteilt worden – beging ich dort meinen siebzehnten Geburtstag.

Mich überkamen Bedenken, ob ich weggehen sollte, obwohl ich mich laut Tagebuch selbst zu überzeugen versuchte, dass ich diese Reise machte, um zu studieren. Alle meine Bekannten gingen eine nach der anderen an Bord und am 19. Januar 1947 beklagte ich die Leere des Wohnheims. Eine Woche später befand ich mich an Bord der *Marine Perch* und schrieb, wie absurd es doch war, allein in die Welt hinauszufahren. Der Eintrag vom 28. Januar ist der letzte und er hält traurig fest, wie sehr ich mich nach meiner Mutter sehnte.

Aus einem unvollendeten, an Bord geschriebenen Brief, der offenbar nie abgeschickt wurde:

Hier sind die ersten Eindrücke von dem Schiff, wie ich noch nie eins gesehen habe. Die *Marine Perch* ist nicht sehr groß. Dennoch verläuft man sich ständig. Ich laufe stundenlang herum, bis ich unsere Kabine oder die Toiletten finde … Das Meer ist ungeheuer eindrucksvoll. Du kannst dir nicht vorstellen, wie schön es ist. Obwohl wir immer noch nur im Ärmelkanal sind, bin ich ganz und gar angetan von ihm. Man kann stundenlang ins Wasser starren und an die wunderbarsten Dinge denken.

Es gibt drei Decks, wie bei einem Haus mit drei Stockwerken. Das dritte und das zweite Deck sind sehr nett, wie auch die Toiletten, Waschräume und Kabinen dort, die kleiner und besser belüftet sind. Das E-Deck [wo ich untergebracht war] ist schrecklich; die Toiletten haben keine Türen, in jeder Kabine sind mehr als dreißig Leute, es gibt keine Fenster, nur Ventilatoren. Es ist furchtbar heiß.

Das Essen ist wunderbar. Aber es ist abscheulich, wie sich die Leute benehmen. Ich erröte vor Scham. Sie essen nicht einfach, sie verschlingen ihr Essen, und um noch schneller und mehr essen zu können, benutzen sie die Hände.

[Fünf Tage später.] Seit Tagen ist es schon stürmisch. Das Schiff wird wie eine Nussschale umhergeworfen. Ich kann nicht mehr an Deck gehen; nach fünf Minuten bin ich völlig durchweicht. Alle sind furchtbar seekrank und keiner achtet mehr auf sein Aussehen. Männer lassen sich Bärte stehen und die Frauen laufen halb angezogen herum (wenn sie noch laufen können). Ich bin nicht seekrank und ich gehe jeden Tag in den leeren Esssalon, wo mich drei Stewards bedienen. Ich finde, ich bin sehr tapfer, andere finden das auch.

Das Schiff hat ein Leck, doch die Stewards sagen, es sei nicht gefährlich.
Das Wetter ist miserabel. Jeden Tag Sturm.

Das Schiff ist nicht gesunken. Die Stürme legten sich. Und eines Tages kam ich in New York an. Es war wieder eine Durchgangsstation, wo ich nicht lange bleiben würde, wie ich wusste.

Nach nicht einmal zwei Jahren zog ich nach Los Angeles, wohin meine Mutter mit ihrem Mann zwei Jahre später, 1950, kam. Sie sah wunderbar aus, ihr Haar war hübsch geschnitten und gewellt und der gehetzte Blick war fort. Keiner hätte vermutet, dass vor erst sechs Jahren diese elegante Dame im kalten Matsch von Birkenau gestanden hatte, ausgemergelt und nicht sicher, ob sie und ihre Tochter den nächsten Tag noch erleben würden. Meine Schwester kam zwei Jahre später. Auch sie sah gut aus und war sogar noch schöner als bei unserem letzten Zusammensein.

Im Los Angeles der 1950er Jahre kamen offenbar die meisten Leute von woanders. Sie hatten ihre Vergangenheit in ihren Herkunftsorten gelassen und lebten in der Gegenwart. Was auch wir eine Zeit lang taten, wie echte Kalifornier. Nach und nach wurden wir eine Familie – wenn auch eine neue Familie, anders als die alte, an einem neuen Ort. Meine Schwester und ich heirateten, bekamen Kinder. Ich studierte Chinesisch, begab mich erneut auf eine Reise, eine Reise des Geistes, die mich weit weg von Mielec und von Polen führte. Wir feierten Geburtstage und Feiertage, hatten jüdische Freunde und sprachen nur Englisch. Das hatte zunächst eine sehr reduzierte Kommunikation zur Folge, was gar nicht so schlecht war. Wir wollten Amerikaner sein, vom Heute sprechen und vielleicht Canter's Deli auf der Fairfax Avenue besuchen, um Bagel mit Frischkäse und geräuchertem Lachs zu essen. Meine Mutter kochte wunderbare Mahlzeiten und buk elegante Kuchen, und wie im Märchen möchte ich jetzt gern schreiben, dass wir danach glücklich und zufrieden lebten. Aber so war es nicht.

Und das nicht etwa, weil wir in besondere Notlagen gerieten oder mit unüberwindlichen Problemen konfrontiert wurden. Nein, wir führten ein ganz normales Leben in dem stetig wachsenden Vorortgürtel von Los Angeles und hatten unsere kleinen Freuden und unbedeutenden Ärgernisse. Ohne es selbst zu merken, lernten wir, im täglichen Leben anders zu erscheinen, als wir wirklich waren, und wir gratulierten uns dazu, wie gut wir die Rolle spielten. «Sie kommen sicher aus England», sagten die Leute, «oder vielleicht aus Australien». Das gefiel mir; keiner außer engen Freunden sollte wissen, dass ich beim «Tanz auf fremder Hochzeit» war, wie Hanna Krall in einer gleichnamigen Erzählung schrieb. Es war wichtig, vieles vor anderen zu verbergen: unsere Sorgen, unser zwanghaftes Verhalten, unsere seltsamen Phobien, Ängste und Albträume und die körperlichen Leiden wie verschiedene Darmbeschwerden, nicht zu diagnostizierende Schmerzen und Erschöpfungszustände. Schwieriger zu verbergen waren verdrehte emotionale Reaktionen auf bestimmte Situationen, wenn wir lachten, statt zu weinen, oder wie versteinert waren, wenn eine Gefühlsreaktion verlangt wurde. Es gab merkwürdige Empfindlichkeiten, Bemerkungen, die, leichthin gemacht, seltsame Blicke hervorriefen, gefolgt von dem langen Schweigen, vor dem wir uns aus Erfahrung fürchteten. Doch das alles trat erst später auf, lange nachdem wir glaubten, dass unser «neues Leben» begonnen hätte. Es brauchte noch mehr Jahre, ehe wir erkannten, worum es sich dabei wirklich handelte.

Es gab vielerlei Sorgen. Die meinen drehten sich um Krankheit, Ärzte und Krankenhäuser. Jede Krankheit war gefährlich: der Schnupfen bei den Kindern, ihre Bauchschmerzen, blutigen Ellbogen oder Knie – alles war gleichermaßen erschreckend, weil es ungeahnte Komplikationen geben könnte. Den Ärzten konnte man nicht trauen, besonders denen, die sich weigerten, alles ganz genau zu erklären. Wer weiß, was sie verschwiegen? Es könnte etwas Schlimmes über den Gesundheitszustand meines Kindes sein, was sie mir nicht sagen wollten. Mehr als einmal wies mir ein Arzt die Tür und sagte, ich solle nie wieder mit meinen kranken Kindern zu ihm kommen. Krankenhäuser mussten um jeden Preis gemieden werden. Wusste ich denn nicht, dass nie wieder herauskam, wer dort hineinging? Verlust drohte ständig und war ganz nah. Und da ich wusste, wie gefährdet jede Existenz war, musste ich stets wachsam sein, immer darauf vorbereitet, meine Familie zu schützen und zu retten. Bargeld musste an einem sicheren Ort versteckt werden für den Fall einer eiligen Abreise; Nahrungsmittel mussten für den Notfall verfügbar sein; etwas Goldschmuck musste rasch zur Hand sein. Die Erfahrung hatte mich gelehrt, dass man lebensnotwendige Dinge immer für Gold eintauschen konnte. Eines Tages wurde mir jedoch klar, dass meine Ängste und Besorgnisse wie unwillkommene Begleiter auf einer Reise waren. Obwohl ich sie verabscheute, waren wir verdammt, gemeinsam durchs Leben zu gehen.

Schließlich musste ich die Zwischenstation Los Angeles hinter mir lassen. Nach Abschluss einer Doktorarbeit in chinesischer Geschichte stand eine neue Reise bevor. Die Reise nach Jerusalem war vielleicht das Ergebnis einer vor vielen Jahren entstandenen Schuld, die ich jetzt glaubte begleichen zu müssen. Oder war es schließlich doch Vaters Lied von Zion, das mich zu dieser neuerlichen Zwischenstation brachte?

SIEBEN

Am Anfang

Die weißen Bergschwäne, die auf dem reinen, himmlischen Bergsee wohnen, müssen den See eines Tages verlassen. Sie müssen in die Ferne ziehen, von einer schlammigen Pfütze zur nächsten. Wenn ihre Reisen einst zu Ende sind, kehren die weißen Schwäne zurück zu ihrem blauen Bergsee.

Eine buddhistische Parabel

In der Ausweisungsaktion von 1938 wurde ein Paradigma für spätere nationalsozialistische Maßnahmen gegen die Juden gesehen: Sie war die erste größere Deportation, die die Koordination von Polizei, Reichsbahn, Diplomatie und Finanzbehörden erforderte.

Trude Maurer, «Abschiebung und Attentat. Die Ausweisung der polnischen Juden und der Vorwand für die ‹Kristallnacht›»

Ich habe meine Erzählung mit dem Ende des jüdischen Mielec begonnen. Aber die Erzählung vom Ende beginnt nicht dort. Vielleicht hätte ich mit der Geschichte von Mielec beginnen sollen, mit der Gründung der Stadt und ihrer Entwicklung zu einer ziemlich bedeutenden Marktstadt und dem Anwachsen ihrer jüdischen Bevölkerung. Aber was ist denn das Ziel meines Unterfangens? Schreibe ich die Geschichte des jüdischen Mielec? Oder kann ich nur die Geschichten aufschreiben, die Stoff für die Geschichtsschreibung liefern, die Geschichten, die vielleicht einmal Geschichtsstoff werden (oder auch nicht)? Selbst während ich vom jüdischen Mielec und seinem Ende das erzähle, was ich erzählen kann, weiß ich, dass es ein bloßes Bruchstück ist und nur meine Version vom Ende. Es gibt andere Versionen, einschließlich einer Version, die auf Fotos gebannt ist, die Männer, Frauen, Kinder zeigen, deren besorgte Mienen ihre Angst vor einem ungewissen Schicksal verraten. Ich möchte daher hier mit einem weiteren Bruchstück beginnen, mit den Menschen, mit der Familie.

Ich weiß fast gar nichts über meine Großeltern mütterlicherseits. Sie waren schon lange tot, als ich geboren wurde. Vermutlich kamen sie oder ihre Eltern aus Russland nach Leipzig in Sachsen, eine Stadt der reichen Kaufleute und der Messen. Die genauen Geburtsdaten von Fanny und Moses Ganger, den Eltern meiner Mutter, kenne ich nicht, ich weiß nur, dass Fanny 1914 starb und Moses ihr ein Jahr später folgte. Zwischen 1892 und 1903 bekam das Paar elf Kinder, drei Söhne und acht Töchter.

Meine Mutter, die ein fabelhaftes Gedächtnis hatte und viele Einzelheiten über Verwandte und auch weitläufigere Verwandte kannte, erzählte nie viel über ihre Eltern oder ihre Kindheit, obwohl sie als 1901 Geborene schon dreizehn Jahre alt war, als ihre Mutter starb. War das so, weil sie zwischen fünf älteren und zwei jüngeren Geschwistern eingezwängt war und daher nicht die glücklichste Kindheit hatte? Ich weiß nur, dass Fanny und Moses ein Lebensmittelgeschäft hatten, wo sie Käse verkauften, wie meine Mutter einmal erwähnte. Meine Vorstellungskraft hat, vielleicht nicht ganz unrichtig, den Laden zusätzlich zum Käse noch mit Gläsern voll getrockneter Bohnen, Zucker, Bonbons und Essiggemüse- und Sauerkrautfässern ausgestattet.

Wahrscheinlich waren meine Großeltern ein schmuckes Paar: Ihre Töchter hatten ebenmäßige Züge und einige waren

Die Schwestern Ganger im Jahre 1916. Meine Mutter Helene ist die Dritte von rechts.

ziemlich hübsch. Ein charakterisches Merkmal der Ganger-Schwestern war ihre schöne kleine Nase; eine solche Nase galt wie kleine Füße bei Mädchen als Vorzug. Ein Foto, das wunderbarerweise die Verwüstungen der Zeit und des Krieges überstanden hat, zeigt die acht Schwestern 1917, ihrem Alter nach aufgereiht. Sie tragen praktische Kleider oder Blusen, ohne jegliche Rüschen und Spitzen. Keine von ihnen trägt Schmuck, außer der Zweitjüngsten, die Ohrringe hat. Meine Tante Rosa, die Älteste, war damals erst dreiundzwanzig Jahre alt, aber mit ihrem Pincenez und dem Doppelkinn wirkt sie schon wie eine ältere Dame. Wahrscheinlich hat sie nach dem Tod der Mutter die Aufsicht über ihre jüngeren Schwestern übernommen. Sie hat etwas Gebieterisches auf dem Foto und hatte das sicher auch in Wirklichkeit. Bestimmt hatte sie sich bei den beiden Jüngsten, 1917 fünfzehn und vierzehn Jahre alt, nicht beliebt gemacht. Die Ältere der beiden schaut mich trotzig an, während das jüngste Mädchen, meine Tante Friedel, missmutig dreinschaut und nicht die geringste Andeutung eines Lächelns zeigt. Kein Wunder, dass sie der strengen Herrschaft Rosas früh entfloh und der Kommunistischen Partei beitrat, wo sie Arno kennenlernte. Auf dem Foto ist das Gesicht meiner Mutter Helene etwas schief und geschwollen – ein vereiterter Weisheitszahn, sagte sie, als ich sie einmal danach fragte. Von den Jungen existiert kein ähnliches Bild. Ja, abgesehen von diesem Foto gibt es kein anderes Erinnerungsstück an diese Generation meiner Familie, abgesehen von Moses' massiv-goldener Taschenuhr. Sie geht heute immer noch und führt Großvaters Zeit weiter.

Im Gegensatz zu den Leipziger Verwandten waren die Geminders, Vaters Familie, Schtetl-Juden. Obwohl Mielec eine Marktstadt war, in die Bewohner der umliegenden Dörfer kamen, um ihre Erzeugnisse zu verkaufen und lebensnotwendige Dinge einzukaufen, konnte es sich nicht mit Leipzig vergleichen, mit seinen reichen Kaufleuten und seinen Messen. Der Grund, weshalb ich so viel mehr über diese unbedeutende galizische Kleinstadt und die Geminder-Familie weiß, hat wahrscheinlich mit den Geschichten zu tun, die Vater so gern erzählte. Oder vielleicht stammt meine Erinnerung aus der lang vergangenen Zeit, als die Frauen sich noch nachmittags in Großmutter Mindels Küche versammelten und Geschichten erzählten, denen Esther und ich lauschten.

Am Anfang war Urgroßmutter Blime, die dreimal verheiratet gewesen war, erzählte mir einmal eine Verwandte. Wie alt Blime jeweils war, als sie heiratete und Ehemänner begrub, ist nicht bekannt, da das einzig exakte Datum 1859 ist, als sie ihrem zweiten Mann einen Sohn gebar. Als ihr zweiter Mann starb, war sie offenbar noch jung genug, um ein drittes Mal zu heiraten und ihren zweiten Sohn Chajm, meinen Großvater, zu bekommen. Blime lebte noch, als der Erste Weltkrieg ausbrach, und sie starb im hohen Alter von neunundneunzig, erzählte mir meine Cousine Eva.

Blimes dritter Mann, mein Urgroßvater Israel Geminder, war ein Witwer, dessen mit in die Ehe gebrachte Tochter Riwke später zur Geminder-Familie am Kleinen Markt gehörte. Israel war ein Hausierer, der seine Runden zu Fuß durch die Dörfer machte, um Warenbestellungen von polnischen und jüdischen Bauern entgegenzunehmen und das Bestellte dann zu liefern. Den größten Teil der Woche über war er fort und kehrte nur zurück, um die bestellten Waren zu kaufen und sich auf den Sabbat vorzubereiten. Ich weiß nicht, wann er gestorben ist – es war vor dem Ersten Weltkrieg –, doch Blime überlebte ihn um viele Jahre. Da er Witwer war, mochte er älter als seine Frau gewesen sein. Blime, die jenen weißen Turban mit den drei Perlenschnüren trug, nötigte sogar Großmutter Mindel, ihrer Schwiegertochter, Respekt ab – und die war nicht gerade dafür bekannt, andere zu respektieren. Mindel war es auch, die ein kleines Zimmer für Blime neben dem Laden eingerichtet hatte, wo ihre Gegenwart viele Jahre nach ihrem Tod noch zu spüren war.

Chajm, mein Großvater, heiratete Mindel, die aus Dębica stammte, und dem Paar ging es gut. Sie hatten drei Kinder: die beiden Mädchen Feige und Schejndl und meinen Vater Jedidia, der 1891 geboren wurde. Großvater Chajm machte nicht mehr wie sein Vater zu Fuß die Runde durch die Dörfer. Er kaufte Pferd und Wagen und war so in der Lage, mehr Dörfer aufzusuchen, größere Entfernungen zu bewältigen und mehr (wahrscheinlich auch größere und schwerere) Güter zu transportieren. Die Bauern kauften zum größten Teil Kleinwaren: Bänder für Zöpfe; Kämme und Taschenspiegel für Bräute; Zwirn und Nadeln; Stoffe für Röcke und Blusen; Knöpfe; wollene Tücher; neue Stiefel vom Schuhmacher. Aber zu der Zeit, als Großvater Chajm Pferd und Wagen kaufte, hatte sich plötzlich eine florierende Federnindustrie in Mielec entwickelt, die meist von den Juden der Stadt betrieben wurde. Er war vielleicht einer von mehreren Fuhrleuten, die Federn auf den Dörfern aufkauften, um sie an die «Industriellen» in Mielec zu verkaufen, die Federbetten herstellten. Es ist nicht klar, wann genau dieses Geschäft aufkam; 1891 gab es noch keinen Anhaltspunkt dafür. Seine Laufbahn als Fuhrmann muss mit dem Transport von Getreide angefangen haben, denn es gab bestimmt sechs Getreidehändler in der jüdischen Gemeinde von Mielec.

Ob er nun genug Geld als Fuhrmann verdient hatte oder ob er ein zwielichtiges Geschäft getätigt hatte (wie eine Verwandte andeutete, ohne Näheres preiszugeben), jedenfalls gab Chajm das Umherreisen auf, als reiche Familien in Mielec Steinhäuser zu bauen begannen. Er errichtete das schöne zweistöckige Haus auf der neu angelegten Sandomierska-Straße hinter dem Großen Markt. Wie ich beschrieben habe, war der Laden im Erdgeschoss, drei Zimmer waren im ersten Stock und darüber befand sich ein Dachboden, wo Hühner und Gänse an Markttagen jämmerlich litten. Das war im ersten Jahrzehnt des zwanzigsten Jahrhunderts, nach dem großen Feuer im Jahr 1900, dem viele der Holzgebäude in Mielec zum Opfer fielen. Der Laden machte auf einer Postkarte von 1911 Werbung für sich als Spezialitätenladen für Schokolade und «Südfrüchte», vielleicht Bananen und Apfelsinen oder auch Zitronen. Aber das war in der guten alten Zeit vor dem Ersten Weltkrieg. In den 1930er Jahren waren diese Luxusartikel einfacheren, lebensnotwendigen Artikeln gewichen, wie Heringen, Essiggemüse und Mehl. Ich habe auch schon beschrieben, dass das Haus fast unverändert – bis auf eine Steintreppe, die nun statt einer hölzernen in den ersten Stock führte – auf der Sandomierska-Straße 15 (die jetzt Mickiewicza heißt) stand, als ich Mielec 1980 besuchte.

In Mielec aufzuwachsen, das in Westgalizien liegt, war etwas völlig anderes, als in Leipzig groß zu werden. Während meine Mutter eine säkulare deutsche Schule besuchte, ging mein Vater in eine der Cheder-Schulen der Gemeinde, wo jüdische Jungen ab einem Alter von drei oder vier Jahren mit der Bibel, den Kommentaren und Gebeten vertraut gemacht wurden. Seine Schwestern blieben ohne Zweifel zu Hause und lernten die Gebete, das hebräische Alphabet und das Rechnen von ihrer Mutter Mindel, die die Geldgeschäfte des Ladens geschickt führte und jeden Sabbat mit ihrer modischen grauen Perücke auf dem Kopf fromm betete. Die Kinder lernten sicher auch jiddische Bücher lesen. Diese begannen allmählich in Polens Kleinstädten aufzutauchen, zur Freude der ungebärdigen Cheder-Jungen, unter ihnen der junge Jedidia, stelle ich mir vor.

Reisende Buchhändler kamen mit Handwagen voller Lesestoff durch die kleinen galizischen Städte. Die Bücher, die sie verkauften – meist in deutscher Sprache, wurde mir erzählt –, waren keine religiösen Bücher, sondern überwiegend weltliche. Die Jungen, die ahnten, dass es eine Welt außerhalb der Grenzen ihrer kleinen Stadt gab, waren sich nicht zu fein, Münzen zu stehlen, wo immer sie konnten, um die Bücher zu kaufen. Trotz der Wachsamkeit ihrer Eltern und Lehrer schafften sie es, den Buchhändler abzufangen und mit ihren Schätzen unterm Arm einen unbenutzten oder wenig besuchten Dachboden zu finden. Dort brachten sie sich das lateinische Alphabet bei (was bei Beherrschung des Jiddischen nicht unmöglich war) und fingen an, «Verbotenes» zu lesen. Diese «wilden Jungen», wie man sie nannte, wurden meist erwischt, es gab Strafen und das Leben kehrte wieder in die gewohnten Bahnen zurück … bis zum nächsten Besuch des Buchhändlers. Und inzwischen lernte eine Reihe von Jungen, darunter mein Vater, mithilfe dieser Bücher andere Sprachen neben Hebräisch zu lesen.

Außer dem Buchhändler spielten auch die Abenteuer von Mindel und Blime im Ersten Weltkrieg – Blime musste damals weit über sechzig Jahre alt gewesen sein – eine Rolle in der familiären Überlieferung. Mielec und einige der Dörfer in der Umgebung waren strategisch wichtig, weil sie an der Wisłoka lagen. Mitte September 1914 war das Gebiet zum Schlachtfeld für die vorrückende russische und die verteidigende österreichische Armee geworden; als Mielec verloren schien, beschlossen viele Einwohner, darunter auch Blime und Mindel, zu fliehen. Hier gibt es eine Lücke in der Geschichte. Blieben Feige und Schejndl zurück oder flohen sie auch? Vater war, wie wir wussten, schon früher von Großmutter Mindel nach Holland geschickt worden, um seiner Einberufung in die österreichische Armee zu entgehen. Wie auch immer, die beiden Frauen gingen nach Wien, wo sie bei Mindels Schokoladenlieferanten Unterschlupf zu finden hofften. Die Reise mit der Eisenbahn – an sich schon etwas ganz Neues für diese Kleinstädterinnen – wurde ohne Missgeschick bewältigt.

Doch sobald sie in Wien ankamen, begannen ihre Probleme. Vielleicht verwirrte sie das geschäftige Treiben, das Durcheinander breiter und schmaler Straßen, der Anblick der hohen Gebäude; keine der Frauen war jemals in einer so großen Stadt gewesen. Oder vielleicht waren sie erschöpft und verstört von der langen Reise. Was auch immer der Grund gewesen sein mochte, an irgendeinem Punkt verlor Mindel Blime und geriet in Panik – doch möglicherweise war es Blime, die Mindel verlor. Vielleicht interessierte sich Blime für die gut gekleideten Damen in ihren schicken Hüten und Pelzen und ging, abgelenkt von den vielen Kutschen, einfach weiter, um plötzlich festzustellen, dass sie sich verlaufen hatte. Mutter und Schwiegertochter kamen natürlich am Ende wieder zusammen, doch die Geschichte von der Suche und von Mindels Panik und Abenteuern wurde immer wieder genüsslich und mit manch neuer Ausschmückung erzählt. Die Frauen müssen fast acht Monate in Wien geblieben sein (mit oder ohne Hilfe des Schokola-

Hochzeitsfoto in Halle, etwa 1920. In der dritten Reihe, rechts von der Mitte, stehen mein Vater (er trägt einen Hut) und zu seiner Linken meine Mutter.

denlieferanten), während die Kämpfe im Gebiet Mielec den ganzen Winter und Frühling 1915 hindurch andauerten. Aber wo sie wohnten und wie sie dort ihren Aufenthalt finanzierten, wurde nie erwähnt. Es war die Geschichte, wie sie einander verloren und wiedergefunden hatten, die wichtig war.

Blime und Mindel kehrten bald nach Hause zurück. Doch mein Vater nicht. Die kommenden vierundzwanzig Jahre ließ er sich anderswo nieder und glaubte vielleicht, dass er das Schtetl für immer hinter sich gelassen hätte. Es war nicht so, dass er Mielec gehasst oder verachtet hätte; im Gegenteil. Doch ich glaube, er erwartete auch während dieser ganzen Jahre nicht, dass er zurückzukehren gezwungen werden würde, nachdem er alles verloren hatte, wofür er beinahe über ein Vierteljahrhundert gearbeitet hatte.

Es gibt keine Aufzeichnungen darüber, wann und wo meine Eltern geheiratet haben, wie lange sie sich gekannt hatten oder ob sie sich verliebt hatten. Es könnte sein, dass meine Mutter, die eine Ausbildung zur Sekretärin gemacht hatte und als «berufstätige» Frau galt, diesen lebenslustigen Mann, der Musik und Theater liebte, kennenlernte und sich von ihm angezogen fühlte. Oder es könnte eine arrangierte Heirat gewesen sein. Eine Version lautet, dass Dora, eine meiner damals in Holland lebenden Tanten, als Ehestifterin fungierte. Sie hatte sich mit dem jungen Mann aus Polen angefreundet, der allem Anschein nach alles abgelegt hatte, was an seine Schtetl-Vergangenheit erinnerte. Auf einem (verloren gegangenen) Foto, das 1917 oder 1918 aufgenommen wurde, als er sechs- oder siebenundzwanzig Jahre alt war, trug er einen eleganten Anzug mit Weste und modischem Panamahut und er lehnte auf seinem Spazierstock und lächelte glücklich in die Kamera. Eine andere Version besagt, dass Mutters älteste Schwester Rosa die Ehe stiftete. Sie hatte in Vaters Familie eingeheiratet und ihr Mann kannte den Junggesellen aus Polen, der schon längst hätte verheiratet sein sollen.

Meine Eltern müssen um das Jahr 1922 herum geheiratet haben. Die Hochzeit hat vielleicht in Leipzig stattgefunden, wo die meisten ihrer Schwestern lebten; oder sie heirateten in Holland, wo Dora sich um eine ordentliche Hochzeit gekümmert haben würde. Dass es eine elegante und hochrespektable Angelegenheit war, konnte man an dem schon lange verlorenen Hochzeitsbild erkennen, das ich mir als Kind oft anschaute, wie auch das Foto von meinem Vater in Holland. Meine Mutter saß in einem weißen Hochzeitskleid und mit einem Schleier, der hinter den Ohren festgesteckt war, auf einem Stuhl, während seitlich hinter ihr mein Vater in einem eleganten Gehrock stand und einen Zylinder im Arm hielt. Sie sah ängstlich, ja richtig verschreckt aus, während er vergnügt und fast triumphierend lächelte, obwohl eine Waise nicht als erstrebenswerte Partie galt. Nach Großmutter Mindel war Mutter auch etwas größer als ihr Mann, was bei einer Ehefrau gar nicht erwünscht war.

Nachdem Jedidia und Helene geheiratet hatten, lebten sie in Halle an der Saale. Sowohl meine Schwester Lore als auch ich wurden dort geboren. Halle war Juden gegenüber nicht so gastfreundlich gewesen wie Leipzig und hatte sie abwechselnd verfolgt und vertrieben, und seine jüdische Gemeinde zählte 1920 weniger als zweitausend Menschen. 1933 war ihre Zahl auf etwa tausend gesunken. Doch für Halle, keineswegs ein rückständiges Nest, sprach auch einiges. Die Stadt hatte eine beträchtliche Anzahl von Gewerbebetrieben und Fabriken und die Druckindustrie und das Verlagswesen waren gut entwickelt. Die Hallenser Universität, gegründet gegen Ende des siebzehnten Jahrhunderts, war nach 1815 als bedeutendes Zentrum der protestantischen Theologie anerkannt. Wichtiger war der Umstand, dass inzwischen Verwandte beider Familienzweige in Halle lebten, darunter Schejndl, die Schwester meines Vaters, und ihr Mann.

Meine Eltern brauchten Jahre, um sich nach Deutschlands Niederlage im Ersten Weltkrieg in der Stadt zu etablieren. Zuerst wohnten sie bescheiden in einer kleinen Wohnung, selbst nachdem meine Schwester und ich geboren wurden. Doch ob nun mein Vater Geld leihen musste (wenn es so war, kam es höchstwahrscheinlich von Mutters Verwandten) oder ob er während seiner Zeit in Holland Kapital angespart hatte, 1930 hatte er ein ziemlich ansehnliches Geschäft auf einer von Halles Hauptstraßen erworben. In dem geräumigen Laden bot er eine Auswahl kleiner Artikel an: Strümpfe, Babybekleidung, Damenwäsche, Garne und Wolle aller Sorten und Spitzentaschentücher, deren zarte Spitzen Mutter häkelte. Trotz der wirtschaftlichen Schwierigkeiten Deutschlands nach dem Krieg muss das Geschäft gut gegangen sein. Ich habe ein während dieser Jahre der Weimarer Republik aufgenommenes Foto, vielleicht aus dem Jahr 1927 oder 1928. Die Schwestern Hanna, Rosa und meine Mutter stehen zusammen mit Onkel Leo, Hannas Mann, in einem Halbkreis. Meine Schwester Lore, ein fünfjähriges Kind, steht vor ihnen. Die drei Frauen tragen modische Kleider und flache Schuhe (sie waren genauso groß oder größer als ihre Männer). Das Foto muss im Sommer entstanden sein, denn die Frauen und das Kind tragen kurzärmlige Kleider. Vater, der als begeisterter Fotograf bekannt war, hat das Bild vielleicht gemacht; oder vielleicht war es Rosas Mann, dessen Spazierstock Hanna in der Hand hält.

Meine ersten Erinnerungen aus der Zeit, als ich ungefähr drei Jahre alt war, sind Erinnerungen an eine große Fünfzimmerwohnung in einem gepflegten Haus in einer von Kastanienbäumen gesäumten Straße. Obwohl diese Wohnung das Zuhause war, merkte ich bald, dass zu Hause auch woanders war. Während der ersten sechs oder sieben Jahre meines Lebens drehte sich das Familienleben um zwei Mittelpunkte: Halle und Mielec, die Heimat meines Vaters. In Halle war alles geordnet: gepflegt und sauber und vorhersagbar; die Mahlzeiten wurden pünktlich serviert; die ordentliche Unordnung von Familienbesuchen, Geburtstagen und Feiertagen, wenn Tanten und Onkel, sogar die Leipziger Verwandten, sich in der einen oder anderen Wohnung trafen. In Mielec war nichts vorhersagbar. Besucher tauchten zu jeder Tageszeit auf; nichts war je ganz sauber, weder im Laden noch in der Wohnung oben; Wasser wurde eimerweise auf der Straße gekauft; Feuer wurde mit Holzspänen angezündet. Als Kind zogen mich die Unterschiede an, die verschiedenen Gerüche (nicht alle angenehm) und

Meine Mutter, ganz rechts außen, mit Familienmitgliedern und meiner Schwester Lore im Vordergrund.

Laute. Ich erinnere mich, wie es roch, wenn Großmutter ihre Hühnersuppe kochte, und ich erinnere mich an die Gesänge und eindringlichen Melodien, die ich freitagabends aus dem Haus des Rebbe auf der anderen Straßenseite hörte, wie auch an die großen dunklen Männer mit langen schwarzen Bärten und schwarzen Mänteln, die ich sah, wenn wir Mielec besuchten.

Sogar in Halle war die Familie in Mielec nicht fern. Zu den Mahlzeiten waren die Abwesenden anwesend, weil über sie gesprochen wurde, und zu Chanukka kam stets ein großes Paket mit Großmutter Mindels *non*, ein dunkelbraunes klebriges Honig-Nuss-Gebäck, dessen Rezept nur sie kannte. Als ich heranwuchs, war Mielec für mich sowohl vertraut als auch fremd, nahe und weit weg; es gehörte zu meinem Vater und daher auch auf gewisse Weise zu mir. Oder ich zu ihm.

Ich bin dabei, meine Erinnerungen auszupacken, wie es der Literaturwissenschaftler Stephen Owen formuliert, und ich versuche, über das halb Erinnerte und das niemals wieder Erinnerte zu schreiben. Niemand kann meine Erinnerungen bestätigen. Weder Mutter noch eine ihrer Schwestern lebt noch und ich habe schon vor langem den Kontakt zu ihren Kindern, meinen Cousins und Cousinen, verloren, die entweder umgebracht oder in alle vier Winde zerstreut wurden. «Eine Erinnerung ist eine Scherbe der Vergangenheit», schreibt Owen, und das ist wirklich alles, was ich habe, ein paar Scherben. Aus diesen ausgegrabenen, ausgepackten Scherben, die einmal Teil eines Ganzen waren, eine Geschichte zu machen, ist nicht einfach.

In meiner frühesten bewussten Erinnerung an mich selbst stehe ich in der Küche unserer Wohnung und schaue auf einen Sonnenstrahl, der durch das halb geöffnete Fenster fällt. Staubpartikel tanzen in dem Licht. Ich versuche, sie zu fangen, ich öffne meine Hand, greife zu und schließe die Hand zur Faust. Doch jedes Mal, wenn ich die Hand öffne, finde ich nichts darin. Jedes Mal ist meine Hand genauso leer wie vorher. Es ist ein Rätsel – etwas, das nichts ist, und nichts, das trotzdem etwas ist.

Später gab es noch weitere solche Rätsel: Regenwürmer, die lautlos über der Erde auftauchten und im Nu wieder verschwanden. Wohin? Ameisen, die keine Augen hatten und doch eine hinter der anderen marschieren konnten, ohne jemals aus der langen Kolonne auszuscheren. Fliegen, die dem klebrigen Fliegenpapier nicht auswichen, sondern sich selbstmörderisch darauf stürzten und festklebten. Unbelebte Dinge waren anders, doch ebenso rätselhaft. Sie verschwanden nicht, als hätte es sie nie gegeben, und bei ihnen handelte es sich auch nicht um etwas, das sich als nichts herausstellte. Unbelebte Dinge neigten dazu, kaputt zu gehen, ihre Gestalt zu ändern. Anders als Regenwürmer änderten unbelebte Dinge ihre Gestalt geräuschvoll, und das brachte schimpfende Erwachsene auf den Plan.

Meine kleine Welt war die geräumige Wohnung mit ihren hohen Fenstern, aus denen man vorn auf die Straße und hinten auf den Hof mit seinem großen Fliederbaum blicken konnte. Das Wohnzimmer war zum Wohnen da. In ihm standen der lange Esstisch, der Schreibtisch meines Vaters, sein Radio und ein stattliches dunkelbraunes Büfett, auf dem die kostbaren Kristallvasen und -schalen meiner Mutter auf zarten Spitzendeckchen angeordnet waren. Meine Schwester und ich hatten jede unser eigenes Zimmer. Ich spielte manchmal in meinem, doch lieber noch im großen Badezimmer, das eine Wanne enthielt, einen Schrank und den Rasiertisch meines Vaters. Mein Spielzeug wurde neben dem Rasiertisch in einem Korb aufbewahrt, wie ihn die Frauen auf dem Rücken trugen.

In dieser kleinen Welt war Frieda, die bei meiner Familie angestellte Haushälterin und Kinderfrau, die unumschränkte Herrscherin. Meine Welt erstreckte sich auch auf Vaters Geschäft, wohin Frieda mich bringen konnte, wenn sie Besorgungen zu machen hatte. Dort herrschte mein Vater. Seltsamerweise spielte meine Mutter sowohl in der Wohnung als auch im Geschäft eine untergeordnete Rolle und war vielleicht ganz froh darüber. Das heißt, bis eines Tages Frieda bitterlich weinend fortgehen musste, weil es Juden nicht mehr erlaubt war, deutsche Haushaltshilfen zu haben.

Frieda war eine kleine grauhaarige Frau, die man nie ohne ihre große weiße Schürze sah. Ihre blauen Augen blickten streng hinter einer funkelnden randlosen Brille hervor auf ihren Herrschaftsbereich. Ihr langer dünner Zopf war am Hinterkopf zu einem festen Knoten geschlungen. Nachmittags roch sie immer nach Zitrone, weil sie sich nach getaner Arbeit die Hände mit Zitronenschale abrieb, und sie hielt das für besser als das Eincremen mit Handcreme. Frieda stammte nicht aus Halle. Sie war nie verheiratet gewesen und hatte anscheinend keine Familie. Ich glaube, sie war bei der einen oder anderen von Mutters Schwestern in Stellung gewesen, als deren Kinder kleiner waren. Wir waren die Letzten in der Reihe.

Meine Eltern waren völlig abhängig von Frieda. Ich liebte sie, aber meine Schwester Lore hasste sie. Frieda brachte mir vieles bei, unter anderem wie man den zunehmenden und den abnehmenden Mond erkennt. Sie war es, die mich für Missetaten bestrafte, mich zum Essen von Grießbrei zwang, den ich verabscheute, und anständiges Benehmen durchsetzte. Da sie sonst kein Zuhause hatte, war sie immer da, tagaus, tagein. An Feiertagen konnte man meine Eltern bezirzen und manipulieren. Aber Frieda, die jeden Tag da war, konnte nicht dazu bewegt werden, die Regeln zu lockern. Für meine Eltern führte sie einen ordentlichen Haushalt nach einem exakt vorhersagbaren Plan. Sie war fest davon überzeugt, dass Lores Benehmen es erforderlich machte, sie zu beaufsichtigen, und legte Regeln und Vorschriften für sie fest. Es kann nicht geleugnet werden, dass sie tyrannisch war und Disziplin und Gehorsam von Kindern verlangte. Doch es kann auch nicht geleugnet werden, dass sie einen eigenen Kopf hatte – zu einer Zeit, als selbstständiges Denken in Deutschland nicht gerade populär war. Man erzählte sich, dass sie 1933, als Hitler an die Macht kam, erklärt hatte, sie brauche keinen Führer. Es muss meinen Eltern Angst gemacht haben, mit welcher Offenheit sie damals und später ihre Verachtung für die im Stechschritt marschierende SA ausdrückte.

Während meine Eltern tagsüber im Geschäft waren, führte Frieda auf vorbildliche Weise den Haushalt. Wenn Mutter dann zu Hause war, überließ ihr Frieda die Küche. Dort brachte ich Stunden damit zu, Mutter zuzuschauen, wie sie mit sicherer Hand Fische abschuppte, die dünnsten Nudeln schnitt, Kuchenteig rührte. Sie schabte die Schüssel nie völlig aus, sondern ließ absichtlich etwas von dem rohen Teig für mich darin. Wenn die Familie sich zu festlichen Anlässen bei uns zu Hause traf, bereitete sie gedämpfte Hefeklöße zu, die mit einer dicken Fleischsauce gegessen wurden. (Jahre später, als ich zum ersten Mal chinesisches Dampfbrot, *mantou*, aß, stellte ich ganz erstaunt fest, dass es nichts anderes als die Delikatesse meiner Kindheit war.) Die Küche war ein Ort vieler Wohlgerüche. Mutters zarter Duft – sie benutzte eine besondere Gesichtscreme – mischte sich mit den Gerüchen, die aus ihren Töpfen oder Pfannen stiegen.

Manchmal halfen die älteren Nichten und Neffen in der Küche. Mein Cousin Herbert, der später in Bolivien Bäcker wurde, kochte schon als Kind gern. Irgendjemand erzählte, dass er immer mit der auf dem Herd kochenden und blubbernden Speise gesprochen und einmal zum Wackelpeter gesagt habe: «Hör auf zu zittern, du wirst sowieso gegessen.»

Ich weiß nicht, ob Mutter und ich in der Küche viel gesprochen haben. Manchmal sang sie eines ihrer unmelodischen Lieder; im Gegensatz zu Vater konnte sie keine Melodie halten. Ein Lied mit vielen Strophen handelte von einem Mädchen, das seinen Liebsten in einem Myrtenhain treffen wollte und von seiner Mutter überrascht wurde, die dem Mädchen androht, es ins Kloster zu schicken. Frieda hielt sehr wahrscheinlich nicht viel von solchen Liedern. Aber Frieda sang ja auch nie.

Vater und Mutter umsorgten mich beide, wenn ich krank war, was oft der Fall war. Sie kamen mit einem Thermometer an mein Bett, mit einer großen Flasche Jod – bei Halsschmerzen wurde der Rachen mit Jod ausgepinselt – und schließlich mit etlichen Tassen Kamillentee, das sichere Heilmittel meiner Mutter gegen jede Krankheit. Sie waren sehr besorgt um mich und ich erinnere mich, dass mir das gefiel. Sie brachten mir meine Lieblingsbücher, gelegentlich sogar die kostbaren, die in dem Bücherschrank mit den Glastüren aufbewahrt wurden. Als ich Keuchhusten hatte, bereitete mein Vater einmal eine absolut sicher wirkende Medizin zu, wie sie in Mielec üblich war: den Saft einer gebratenen Zuckerrübe, der heiße braune Sirup sollte garantiert meinen Husten lindern. Meine Genesung dauerte offenbar lange, doch Vater schwor, ohne den Rübensirup hätte es noch länger gedauert. Sie waren sogar besorgt bei kleineren Wehwehchen, wie blutigen Knien, und reinigten die Wunde sorgfältig mit Jod. Wenn die lange Binde um das Knie gewickelt werden sollte, waren immer zwei Leute vonnöten: einer, der sich um die Verletzung kümmerte, und der andere, der das schreiende Kind mit Versprechungen zu beruhigen versuchte, die keiner der beiden zu halten beabsichtigte. Sosehr ich das schmerzhafte Brennen des Jods verabscheute, so werde ich es doch immer mit der liebevollen Fürsorge meiner Eltern verbinden. Ich frage mich oft, ob die schmerzstillende, nicht brennende antibakterielle Salbe aus der Kindheit meiner Kinder ähnliche Erinnerungen heraufbeschwören kann.

Für meine Eltern und mich war es eine sorgenfreie Zeit. Wir unternahmen lange Spaziergänge am Fluss und manchmal durfte ich Mutter ins Café Huth begleiten, wo sie sich mit ihren Schwestern und ihrer Schwägerin traf und ich ein großes Stück Schokoladenkuchen spendiert bekam, während ich dem Tratsch der Frauen zuhörte. Ich erinnere mich lebhaft an einen Besuch in Mielec, wo wir als geehrte Gäste empfangen wurden und wo ich, zum ersten Mal in meinem Leben, auf der Straße spielte. Wie später berichtet wurde, war ich furchtbar ungezogen, steckte Cousine Esther in eine Kiste und setzte mich darauf. Als ich krank wurde, versuchte mich Großmutter Mindel mit schrecklich riechendem und noch schrecklicher schmeckendem Haferschleim zu füttern.

Am allerschönsten war es zu den Geburtstagen, meinem und denen der anderen. Sie wurden im großen Stil von der gesamten Familie väterlicher- und mütterlicherseits gefeiert. Tanten, Onkel, Cousins und Cousinen kamen aus Leipzig und brachten große und kleine Geschenke; ein gewaltiges Geburtstagsessen wurde vorbereitet; und Vater spielte unermüdlich Wiener Walzer auf seinem Plattenspieler. Besonders für einen Geburtstag (war es mein vierter?) hatte er für mich einen Kaufmannsladen gebaut und jedes kleine Fach mit Marzipanobst und -gemüse gefüllt. Auf dem Ladenschild stand in Jiddisch «Blimes Laden», und ich war die stolze Besitzerin. Zu demselben Geburtstag bekam ich meinen ersten Schirm. Leider verwendete ich ihn dazu, Tante Friedel, die extra die lange Reise aus Frankfurt gemacht hatte, um mitzufeiern, aus dem Zimmer zu jagen. Sie hat das nie vergessen.

Es war eine zauberhafte Kindheit. Kein Wunder, dass Lore mir Jahre später erzählte, sie habe sich vernachlässigt und nicht beachtet gefühlt, weil ich die Aufmerksamkeit aller auf mich zog. Ja, es stimmt, als Jüngste der beiden Familien und von Erwachsenen umgeben, wurde ich verwöhnt und beschützt. Ich brauchte und vermisste keine Spielgefährten, sondern war völlig zufrieden mit der Gesellschaft meiner älteren Cousins und Cousinen. Das Leben spielte sich in einem engen Familienzirkel ab, und obwohl meine Eltern viele jüdische Familien gekannt haben müssen, spielten diese Familien keine Rolle in unserem täglichen Leben. Friedel, die eifrige Kommunistin geblieben war, beschuldigte uns nach dem Krieg – grausamerweise, fand ich –, kein soziales und politisches Gewissen zu haben. Sie hatte offenbar schon damals eine kritische Haltung zu den deutschen Juden und glaubte, dass sie die erlittene Katastrophe selbst über sich gebracht hatten. Das heißt jedoch, die Opfer für ihre Verfolgung selbst verantwortlich zu machen.

Bestimmt verschlossen meine Eltern nicht die Augen vor der politischen Instabilität der Weimarer Republik oder, als sie zu Ende ging, vor dem wachsenden Antisemitismus in

Deutschland. Zum ersten Mal bekam ich eine Ahnung von Kummer und Leid, als Frieda mir ganz liebevoll beibrachte, dass der hochgewachsene Onkel Max, der mich einmal auf seine Schultern hochgehoben hatte, bis ich glaubte, ich könnte den Himmel berühren, tot war. Obwohl ich damals nicht wusste, was Sterben bedeutet, bekam ich doch mit, dass ich ihn nie wiedersehen würde. Viel später erfuhr ich, dass er zwar frühzeitig an den Nationalsozialismus geglaubt hatte, jedoch später erkennen musste, dass der Hass der Nazis und Hitlers Antisemitismus nichts Gutes verhießen. Er nahm sich 1933 das Leben.

Die Zeit verging schnell. Ich wurde fünf und dann sechs und hörte und sah allmählich mehr. Eines Tages packte Frieda ihren großen Koffer, weinte bitterlich dabei und war dann fort. Bestimmt war meine Schwester Lore froh darüber, Frieda loszuwerden, doch für meine Eltern und mich gab es plötzlich eine schmerzhafte Lücke. Püppe (ihr richtiger Name war Friedel), Tante Claras verwaiste älteste Tochter, kam und lebte bei uns. Dann zog auch noch Tante Bekka, die ältere Schwester meiner Mutter und Onkel Max' Witwe, zu uns. Sie belegte Friedas früheres Zimmer, das noch etwas von ihrer nach Zitronen duftenden Gegenwart bewahrte. Püppe und ich vertrugen uns nicht. Sie war nur ein Jahr älter als Lore und bildete mit ihr eine Front gegen mich. Abgesehen davon änderte sich nicht viel, so schien es jedenfalls. Meine Eltern gingen immer noch morgens in das Geschäft und kamen mittags zur Hauptmahlzeit zurück. Lore ging nach wie vor jeden Tag zur Schule. Und ich brachte mir mit etwas Hilfe von anderen das Lesen bei.

Doch unter der oberflächlichen Ruhe und dem täglichen Einerlei lauerte Unbehagen. Beim Gespräch am Esstisch tauchten neue Wörter auf. «*Rischeß*», sagte meine Mutter oft und nachdrücklich, das jiddische Wort für Antisemitismus

Lore posiert für einen Fotografen. Ich springe im letzten Moment auf die Bank.

aussprechend. Palästina wurde oft erwähnt; Sally Kanner, Vaters Cousin, war dorthin gegangen, um selbst zu beurteilen, ob er seine Familie übersiedeln sollte. «*Hachschara*» – das hebräische Wort für Schulung für Palästina –, sagte Lore, die jetzt zu einer zionistischen Jugendgruppe gehörte, wo sie neue Freunde gewann. Die kleine blaue Schachtel mit dem Bild von Theodor Herzl, dem Gründer des modernen Zionismus, die über dem Radio hing und in die ich jeden Freitagnachmittag Münzen steckte, gewann eine neue Realität und verband sich mit dem realen Ort. Das war Geld für Palästina, für Zion und die grünen Auen aus Vaters Lied. Mir wurde befohlen, unter keinen Umständen mit dem Mädchen zu sprechen, die mit ihren Eltern im Souterrain wohnte; ihr Vater trug die braune SA-Uniform. Nicht, dass ich mit ihr hätte sprechen oder spielen wollen – ihr scharfgeschnittenes, nie lächelndes Gesicht war immer feindselig.

Ich erinnere mich, dass immer weniger Kunden in den Laden kamen, und dann gab es einen beunruhigenden Vorfall, bei dem *Jude* an das Schaufenster gepinselt wurde. Das war vielleicht zur Zeit des Naziboykotts im Jahre 1938, als auch das Geschäft der Geminders auf die schwarze Liste gesetzt wurde. Inzwischen wurden die brüllenden Stimmen, die aus Vaters Radio im Wohnzimmer drangen, schriller und lauter, gehässiger, finsterer und drohender. Ich erfuhr etwas von Krieg und Bomben, als Vater mir einen Zeitungsbericht über den Spanischen Bürgerkrieg vorlas; er saß an seinem Schreibtisch und ich auf seinem Schoß. Spanien war fern, irgendwo weit weg, und mir kam es so vor, als ob mir weder Bomben noch Krieg etwas anhaben konnten, solange ich bei meinem Vater war.

Als ich in die Schule kam, hielt ich mich für ziemlich erwachsen. Doch Lore, inzwischen ein großes Mädchen, und ich hatten kein schwesterliches Verhältnis mehr. Sie zog sich immer mehr zurück und verbrachte mehr Zeit mit ihrer Jugendgruppe. Man traf sich nachmittags und es fanden häufig Ausflüge statt. Ich nahm an ihrem neuen Leben nicht teil und mir wurde gesagt, ich sei zu jung. Wie gut ich mich noch an das Gefühl erinnere, ausgeschlossen zu sein, beiseite geschoben zu werden, aus Gründen, die mir nicht einleuchteten. Auch ich wollte irgendwo dazugehören, zu einer Gruppe außerhalb der Familie. Während ich das schreibe, liegt vor mir ein altes Foto von ihrer Jugendgruppe, zwei Jungen und sieben Mädchen, alle lächeln froh von dem Hügel, auf dem sie sitzen. Es muss Herbst sein, denn man sieht Bäume mit kahlen Ästen im Hintergrund und die jungen Leute haben Pullover an. Ich erkenne Cousine Ette (Püppes Schwester Senta) und Heini, die beide in Kołomyja umkamen. Von den fünf Übriggebliebenen gingen einige nach

Die lokale zionistische Jugendgruppe bei einem Ausflug 1937. Lore sitzt in der ersten Reihe, ganz links.

England, andere nach Palästina. Das Foto wurde vor über sechzig Jahren gemacht, als diese Teenager Jugendträume hatten, die sich nie erfüllten.

Meine Schulzeit war für mich nicht so traumatisch wie für meine Eltern. Ich war nicht erpicht darauf gewesen, in die Schule zu gehen, und war auch nicht begeistert über diesen neuen Lebensabschnitt. Unter etlichen Dutzend Mädchen in der Klasse waren Cousine Ruth und ich die einzigen Juden. Während sie nicht Zielscheibe von Feindseligkeiten und Hohn unserer Klassenkameradinnen zu sein schien, wurde ich fast täglich sowohl mit Worten als auch tätlich angegriffen. «Judenschwein», kreischten sie, und auf dem Schulhof wurde ich ausgegrenzt. Ich war nicht bereit, diese Beschimpfungen hinzunehmen und wehrte mich, schubste oder schlug den Beleidiger. Unweigerlich wurde unser Lehrer, ein Herr Brückner, informiert und er bestrafte mich vor der Klasse, indem er mich ohrfeigte. Unverzagt verlegte ich mich darauf, meine Peiniger auf dem Nachhauseweg zu bekämpfen und kam dann nach diesen Kämpfen ramponiert – die Mantelknöpfe abgerissen, Dreck und tote Blätter im Haar – bei unserem Geschäft an. Meine Cousine Ruth kam im Vergleich zu mir so tadellos zu Hause an, wie sie fortgegangen war. Als ich sie vor ein paar Jahren danach fragte, konnte sie sich an nichts erinnern. Doch es war so, dass Ruth eine christliche Freundin hatte, mit der sie zur Schule ging und wieder heimkehrte. Ich vermute, dass dieses Mädchen sie vor den Beleidigungen schützte, die ich anscheinend herausforderte. Beide Mädchen wollten nicht mit mir gesehen werden, und mancher Kampf fand zwischen Ruths Freundin und mir statt. Wie traurig, denke ich heute, dass diese Kinder, die meisten von ihnen sicher freundliche Mädchen, in so zartem Alter schon mit der schrecklichen Krankheit ihrer Eltern infiziert waren.

Meine Eltern waren offensichtlich bestürzt, weil sie fürchteten, diese kindlichen Händel könnten Auswirkungen auf die ganze Familie haben. Mutter versuchte mich dazu zu bewegen, mich nicht zu rächen. Doch sie schien nicht zu verstehen: Ja, ich war jüdisch, aber ich war kein Schwein. Von meinem kindlichen Standpunkt aus gehörte beides einfach nicht zusammen. Letztendlich dauerten diese Probleme nicht sehr lang, weil ich nur etwas über ein Jahr in die Schule ging. Und dann kam der Oktober 1938.

AUGUST 1999

Mein Sohn Jonathan Michael hat ein großes Haus mit einem großen Hof in einem Vorort von Boston. Er hat auch einen großen Hund. Und er hat eine erfolgreiche Karriere in einer großen Bank gemacht. Er ist zu einem freundlichen und fürsorglichen Mann herangewachsen. Doch ich sehe noch den kleinen Jungen, der immer in Bewegung war und rannte, ich dicht hinterher, um ihn vor kommendem Schaden zu bewahren, vor den schrecklichen Gefahren, die irgendwo dort draußen lauerten – um ihn davor zu bewahren, vom Schlitten zu fallen, vom Zaun, vom Baum; um ihn vor Krankheit, vor Schmerz zu bewahren, vor Menschen, die ihm schaden könnten. Seine sorglose, glückliche Kindheit war für mich eine Zeit der benennbaren und nicht benennbaren Ängste und Schrecken. Als er und seine Schwester Miriam Alisa zehn und neun wurden, so alt, wie ich bei Ausbruch des Zweiten Weltkriegs gewesen war, wurde ich noch wachsamer, achtete auf Zeichen für ihre Fähigkeit zu überleben. Ich wollte sicher sein, dass sie ertragen könnten, was ich ertragen hatte, dass sie stark sein würden, wenn es nötig war. Würden sie unter ähnlichen Umständen überleben? Um auf der sicheren Seite zu sein, waren sie nach keinem in der Familie benannt worden, der nicht überlebt hatte. Obwohl ich es damals nicht bemerkte, bedeutete für mich, Mutter für meinen Sohn und meine Tochter zu sein, vor allem, sie zu beschützen und vor großen Gefahren zu retten, wie mich meine Mutter einst gerettet hatte.

Unsere Familie ist in diesem Jahr im großen Haus meines Sohnes zusammengekommen. Wir sind acht: Lore und ihr Mann, ihre beiden Töchter und der Enkelsohn, mein Sohn, meine Tochter und ich. Ich habe immer noch meine (inzwischen gut verborgenen) Ängste, doch es ist die jüngere Generation, die mich zu schützen sucht – nicht vor Gefahren, denn es gibt keine, nur vor kleinen Unannehmlichkeiten: vor der Kühle des Abends, einem plötzlichen Schauer, der brennenden Sonne. Sie sind so normal, diese jungen Leute, und ich denke, wie unglaublich seltsam ich doch meinen Kindern vorgekommen sein muss, als sie klein waren und wenn sie mich mit anderen Müttern, die sie kannten, verglichen.

Lore und ich sitzen im Hof hinterm Haus meines Sohnes unter einem großen schattenspendenden Baum. Die nachmittägliche Sonne schickt Lichtkaskaden durch das dichte Laub des Baumes, in dem ein Vogel, der von unten nicht zu sehen ist, nach seinem Gefährten ruft. Der Hund schläft unruhig zu unseren Füßen, seine Nase zuckt, vielleicht träumt er von einer Jagd und Futter. Es ist friedlich hier in diesem gutbürgerlichen Vorortviertel in Massachusetts mit seinen gepflegten Häusern und Rasenflächen. Das passt überhaupt nicht zu der Aufgabe, die vor Lore und mir steht: Wir sind dabei, einen Packen Formulare mit vielen Seiten und vielen Fragen für eine Datenbank auszufüllen, die geschaffen wurde, um uns zu «Wiedergutmachungskandidaten» für einen zukünftigen Zeitpunkt zu machen. Während die Überlebenden des Holocaust allmählich aussterben (ich muss dabei an die glücklosen Dinosaurier denken), haben Schweizer Banken kürzlich jüdische Konten anerkannt und bestätigen Versicherungsgesellschaften unbeglichene Forderungen. Milliardenschwere Konzerne erinnern sich zögerlich an die Zwangsarbeiter, die sie vor mehr als einem halben Jahrhundert reich gemacht haben. Während Lore und ich die Formulare mit ihren seltsamen Fragen ausfüllen, lachen wir und machen uns keine Illusionen; höchstwahrscheinlich werden wir als Fußnote in irgendeiner Doktorarbeit landen.

Wir haben Formulare für Versicherungsansprüche und Formulare für unbezahlte Zwangsarbeit. Natürlich sind wir sicher, dass Vater versichert gewesen sein muss; er war ein verantwortungsbewusster Geschäftsmann, ein Mann, der sich um das Wohlergehen seiner Familie im Falle, dass ihm etwas zustieß, Gedanken machte. Doch wie sollen wir wissen, was für eine Lebensversicherung er hatte oder bei welcher Gesellschaft? Solche Informationen werden normalerweise nicht an kleine Kinder, und nicht einmal an Heranwachsende, weitergegeben. Eltern erzählen ihrem Nachwuchs für gewöhnlich nicht, wie viel ihr Tod wert ist. Wir haben von Namenslisten im Zusammenhang mit unbeglichenen Forderungen gehört: 160 000 Namen, schreibt einer; 147 000 ein anderer; wieder ein anderer erwähnt 300 000 Namen, die später rätselhafterweise auf 100 000 reduziert werden. Manche schreiben, dass die Versicherungsgesellschaften die Veröffentlichung der Listen nicht gestatten. Andere schreiben, dass nur ein paar tausend Namen veröffentlicht werden. Einige schreiben, dass Yad Vashem, die Jerusalemer Holocaust-Gedenkstätte, die Listen hat oder bekommen wird, aber zugesagt hat, sie nicht zu veröffentlichen. Ich habe mich telefonisch nach den Listen erkundigt und bekam die Auskunft, ich solle mich mit dieser oder jener Organisation in Verbindung setzen. Die Personen, die sich dort am Telefon melden, schreien einen grob an oder leugnen jegliches Wissen um Listen und Namen. Wie außerordentlich seltsam, sage ich zu Lore. Hier ist Geld, das nach Recht und Gesetz uns gehören sollte, falls unser Vater wirklich eine Lebensversicherung hatte, doch wir werden daran gehindert, auch nur herauszufinden, ob wir Anspruch darauf erheben können. Und ich blicke auf ihren tätowierten Arm.

Sie und die anderen 199 weiblichen «Schindler-Juden» wurden in Auschwitz nicht mit einer Nummer tätowiert, weswegen sie glaubten, dass sie bald, sehr bald, in die Gaskammer geschickt würden. Lore hat eine «KL»-Tätowierung (für Konzentrationslager), mit der alle Zwangsarbeiter der verschiedenen Lager in der Gegend von Mielec gekennzeichnet wurden. Ich frage mich beiläufig, ob die Deutsche, die kürzlich Arme mit Nummerntätowierungen fotografiert und in einer Ausstellung gezeigt hat, von den «KL»-Tätowierungen wusste. Manchmal blicken die Leute auf Lores «KL» und fragen, was es bedeutet. Nummern sind Nummern, vermute ich, und brauchen keine Erklärung, «KL»-Tätowierungen dagegen schon. Lores nummernloser Arm mit dem «KL»-Zeichen war für die Ausstellung gar nicht in Betracht gezogen worden, weil keiner die Bedeutung kennen würde. Es ist nicht ganz fair, denke ich, die «KL»-Tätowierten zu übersehen, es gibt etwa zweitausend von ihnen, die Straßen für die Firma Baeumer und Loesch bauten, wie Lore, oder für die Heinkel-Flugzeugwerke arbeiteten. Nur sehr wenige überlebten, darunter auch meine Schwester. Mutter rettete Lore 1944, indem sie ihren Namen mit auf die Schindler-Liste setzte.

Als der Vormarsch der Russen im Sommer 1944 begann, wurden die Zwangsarbeitslager eins nach dem anderen liquidiert. Zuerst wurde Mutter, die in Dębica gewesen war, nach Płaszów geschickt, wo sie im Büro des Lagerkommandanten Amon Göth arbeitete, der vergessen wäre, wenn Steven Spielberg diesen abscheulichen Verbrecher nicht in seinem Film *Schindlers Liste* porträtiert hätte. Etwas später wurde Lore von Cyranka-Berdechow nach Płaszów geschickt. Vielleicht gab es eine Liste mit Neuankömmlingen, auf der Mutter den Namen ihrer Tochter sah. Oder sie hatte Lore vielleicht bei den nicht enden wollenden Gefangenenzählappellen, die die Deutschen so liebten, gesehen. Nachdem Mutter Lore aus den Massen der Neuankömmlinge gerettet hatte, wurden beide zuerst nach Auschwitz verfrachtet, ehe sie in der Tschechoslowakei landeten, dank der berühmten Liste.

Lore erinnert sich nicht an exakte Daten – wann sie in Płaszów ankam, wie lange sie dort war oder wann die Frauen nach Auschwitz verfrachtet wurden. Für sie verschmelzen die Tage, Wochen und Monate zu einer nebelhaften Erinnerung an Hitze, Kälte, Sonne, Regen und Schlamm unter Tausenden Frauen im gemeinsamen Elend. Später erfuhr ich, und ich teile ihr das mit, dass am 2. Februar 1944 eine große Zahl Gefangene aus den liquidierten Arbeitslagern nach Płaszów gebracht wurden. Wahrscheinlich sind

Mutter und Tochter mit diesen Transporten angekommen. Im Juli 1944 wurden viertausend Frauen nach Stutthof verfrachtet, wo sie ertränkt oder erschossen wurden. Tante Schejndl und ihre beiden Töchter kamen da um. Am 13. August 1944 ging der erste Transport nach Auschwitz. Am 17. September 1944, als in Krakau die Konzertsaison mit einem Klavierabend begann, ging ein großer Männertransport nach Mauthausen und Auschwitz. Am 15. Oktober 1944 gingen zwei Transporte ab, einer nach Groß-Rosen, der andere nach Auschwitz. Onkel Reuben war auf dem Ersteren; er starb später in Flossenbürg. Am 18. Oktober 1944 wurden ungefähr zehntausend Leichen ermordeter Gefangener in Płaszów exhumiert und verbrannt. Schließlich wurden am 21. Oktober 1944 eintausendachthundert Frauen und sechzehn Männer nach Auschwitz geschickt. Unter den Frauen waren meine Mutter und Schwester.

Lore und ich befassen uns in dem sonnigen Hinterhof mit den Formularen; wir lesen die Fragen und lachen, wie wir es immer tun, wenn wir lieber weinen würden, aber nicht mehr wissen wie. Meine zarte, schöne, tätowierte Schwester vom Zwangsarbeiter-Straßenbautrupp soll nun ein Eintrag in einer Datenbank werden. Doch vielleicht bin ich zu skeptisch. Soviel ich weiß, arbeitet ein Gremium seriöser Herren schon an der Entscheidung, wie man die Zwangsarbeiter entschädigen soll, welche Kriterien gelten sollen. Unsägliche Leiden, unwiederbringlich verlorene Jahre – wie werden die Herren das alles in Dollar umsetzen?

Meine Erinnerung an die Schule wird von den Ereignissen im Oktober 1938 verfinstert. Wäre ich älter oder jünger gewesen, hätten diese Ereignisse in Halle sich vielleicht nicht so tief eingeprägt, wie sie es taten. Obwohl sie später im Vergleich mit dem Terror vier Jahre danach verblassen würden, sind einige der Bilder und Einzelheiten für mich jetzt noch so lebendig wie damals, zu Beginn der ersten Reise.

Vater war krank in diesem lang zurückliegenden Oktober, wie das bei ihm im Herbst und Winter häufig der Fall war, da er anfällig für schwere Halsentzündungen war. Es war früher Abend und schon dunkel, draußen war es unangenehm kalt und es nieselte. Wir waren alle zu Hause, auch Tante Bekka, und jeder war mit etwas anderem beschäftigt. Vater lag im Bett und döste oder las. Ich saß am Wohnzimmertisch und las oder machte Hausaufgaben. Plötzlich klingelte es laut und penetrant an der Tür. Dann vernahm ich raue Männerstimmen im Korridor und wie Mutter ängstlich Fragen stellte, und dann standen zwei oder drei große Männer in glänzenden Ledermänteln im Wohnzimmer. Das gedämpfte, doch warme Licht der Deckenlampe, das ich immer geliebt hatte, weil es geheimnisvolle Schatten in den Zimmerwinkeln schuf, fiel mit ganz anderer Wirkung auf diese Deutschen in Ledermänteln. Diese Männer waren nicht geheimnisvoll, sondern bedrohlich, wie sie mitten im Zimmer standen und laut forderten, dass wir sofort zur Überprüfung einer Formalität auf die Polizeiwache mitkommen sollten – ja, wir alle, einschließlich meines kranken Vaters, außer Tante Bekka. Er brauche keine Schuhe anzuziehen, sagten sie zu Vater, wir müssten uns beeilen, er könne gleich in Hausschuhen mitkommen. Es werde nur ein paar Minuten dauern. Obwohl wir es zu der Zeit nicht wussten, mussten wir uns beeilen, weil in dieser Nacht alle polnischen Juden in Deutschland und ihre Familien gefunden und nach Polen zurückgeschickt werden mussten.

Gehorsam zogen wir unsere Mäntel an, während Tante Bekka mit tränenüberströmtem Gesicht an der Tür stand und die Hände rang. Als hätte ich eine Vorahnung gehabt, ließ ich einen letzten langen Blick durch das Zimmer schweifen, wo alle Familienfeiern stattgefunden hatten – über die funkelnden Kristallvasen und -schalen, das Radio mit der blauen Herzl-Schachtel darüber, Vaters Schreibtisch, wo er immer die Zeitung las, den dunklen Tisch mit meinen offenen Büchern und Heften. Dann gingen wir die Treppe hinunter.

Draußen war es dunkel und feucht, die Straßenlampen waren trübe in dem eisigen Nieselregen. Offenbar liefen wir zur Polizeiwache, Vater in seinen Hausschuhen. Die Polizeiwache und ihr Gefängnis waren hell erleuchtet, wie auch die vergitterte Zelle, eigentlich eine Art Käfig, in den wir gebracht wurden, nicht besonders unhöflich. Es war schon eine Anzahl Leute da, einige waren meinen Eltern bekannt. Da weder Stühle noch Bänke gebracht wurden, setzten wir Gefangene uns schließlich auf den Boden. Obwohl die Zelle verschlossen war, saß draußen ein Polizist und starrte uns an, während wir zurückstarrten. In regelmäßigen Abständen kamen neue Familien und einzelne Personen an, bis es ziemlich eng wurde. Alle flüsterten, vielleicht weil wir höflich waren oder weil wir nicht wollten, dass der Polizist vor dem Käfig es hörte. Bei meiner Erinnerung an jene Nacht fällt auf, dass keiner schrie, weinte oder verzweifelt stöhnte, weil er in eine Zelle gesperrt worden war, ohne offensichtlich ein Verbrechen begangen zu haben. Keiner stand auf, umklammerte die Gitterstäbe, schrie Forderungen oder Beschwerden (wie es Gefangene in Filmen tun). Waren wir nicht dennoch zivilisierte Juden, selbst wenn wir Polen waren? Wir alle in jener Zelle akzeptierten offenbar, dass irgendwann einmal Familien, einschließlich der Alten und der ganz Jungen, mitten in der Nacht abgeholt und in hell erleuchtete Gefängnisse verschleppt wurden.

Die Nacht schien kein Ende nehmen zu wollen; wir kauerten auf dem Boden der fensterlosen Zelle und wussten nicht, wann der Tag anbrach. Ich kann mich nicht erinnern, ob wir zu essen oder zu trinken bekamen. Unter diesen Umständen hat man nicht viel Appetit. Schließlich wurden wir zum Bahnhof gebracht, wo sich unter den wachsamen Augen von Polizisten eine große Menschenmenge auf dem Bahnsteig hin und her schob. Der Zug, noch keine Viehwaggons, sondern ein zivilisierter Zug für die Personenbeförderung, wartete. Keiner verabschiedete uns, für uns gab es kein liebes Adieu, kein Gepäck wurde durch die Fenster gereicht und verstaut. Da beobachteten uns nur grimmige Polizisten in langen Ledermänteln und passten auf, dass kein einziger Jude entkam. Ich bezweifle, dass irgendjemand daran gedacht hat. Und ich, ein Kind von noch nicht ganz neun Jahren, wusste nur, was uns geschah, nicht warum.

Zuletzt pfiff die Lokomotive einmal und dann zweimal, wie es Brauch ist, und bald lag Halle weit hinter uns. Der Zug fuhr und fuhr ohne Zwischenaufenthalt, und Vater merkte bald, dass wir nach Osten fuhren, zur polnischen Grenze. Als die Nacht hereingebrochen war, merkte Vater auch, dass der Zug nicht zur üblichen Grenzstation unterwegs war, wo Beamte auf beiden Seiten unsere Pässe kontrolliert hatten, als wir in den vorigen Jahren zur Familie nach Mielec gefahren waren. Und als der Zug stattdessen zum ersten Mal hielt und kein Bahnhof in Sicht war, offenbar am Ende der Welt, da wusste er, dass wir zu einem illegalen Grenzübergang gebracht worden waren. «Die grüne Grenze», sagte mein Vater – das waren seine Worte. Ich wusste damals nicht, dass eine grüne Grenze keine legale und amtliche Grenze mit Passkontrolle war. Dass sie grün genannt wurde, kam mir merkwürdig vor, weil nichts Grünes zu sehen war. Wir stiegen aus dem Zug und standen auf einem großen Feld, das sich bis zum fernen Horizont in die pechschwarze, mondlose Nacht erstreckte – eine große leere Fläche ohne Häuser oder Bäume. Vielleicht war das Feld im Sommer grün gewesen, als hier Weizen oder Kartoffeln wuchsen. Doch Ende Oktober war alles schon abgeerntet und zurückgeblieben war nur schlammiger Lehm, der an unseren Schuhen klebte und das Laufen mühsam machte.

Auf dem Feld waren schon viele Menschen versammelt. Es mussten schon früher Züge aus anderen Städten angekommen sein, alle voll mit polnischen Juden, denen gesagt wurde, sie sollten nun über die Grenze gehen und nach Polen zurückkehren. Unter den wachsamen Augen der deutschen Grenzsoldaten gingen wir gehorsam durch das Niemandsland, doch wir waren noch nicht sehr weit gekommen, als wir von polnischen Grenzbeamten angehalten wurden. Nun beriet ein nahe beieinander stehendes Grüppchen von Männern, was als Nächstes zu tun sei. Es wurde eine Delegation bestimmt, die den polnischen Grenzsoldaten unsere Situation erklären sollte. Nach langen Verhandlungen, was vielleicht dem rostigen Polnisch der Delegierten geschuldet war, kamen sie zurück und teilten uns mit, dass ein Grenzübertritt nach Polen nicht in Frage kam. Wir müssten zurück nach Deutschland. Gehorsam drehten wir um und gingen dahin zurück, woher wir gekommen waren. Jetzt hielten uns die Deutschen an und schickten uns zur polnischen Seite zurück. Wieder und wieder schleppten wir uns hin und her durch dieses schlammige Niemandsland zwischen Deutschland und Polen und flehten Männer auf beiden Seiten erfolglos an. Wie bizarr erscheint mir das heute, dass eine Menge polnischer Juden, von denen viele Polen nie gesehen hatten, in einer dunklen Nacht auf einem riesigen Feld umherwandern; freundliche, gesetzestreue mittelständische Bürger, die vor nur zwei Nächten warme Wohnungen gehabt und in warmen Betten geschlafen hatten, aber nun auf einem schlammigen Feld abgesetzt worden waren, ohne zu wissen, warum oder was mit ihnen geschehen würde.

Ich erinnere mich an seltsame Dinge im Zusammenhang mit dieser langen, dunklen und kalten Nacht. Vielleicht war es der Wind, der meiner Phantasie etwas vorgaukelte, vielleicht hatte ich Halluzinationen und fügte dem Gesehenen etwas zu oder schmückte es aus. Ich erinnere mich an eine lange Reihe von Soldaten, die auf einem Knie knieten und ihre Gewehre auf uns gerichtet hatten, bereit zu schießen, sollten wir noch einen Schritt machen. Ich erinnere mich an eine andere lange Reihe von Soldaten mit Helmen und langen Mänteln. Diese Männer standen aufrecht und ihre Gewehre zielten auch auf uns. Man würde uns bestimmt erschießen, dachte ich, entweder von vorn oder von hinten, oder von beiden Seiten. Und dann sah ich etwas wirklich Angsterregendes, eine Erscheinung von riesigen Ausmaßen. Auf der einen Seite stand weit hinten ein Mann in einer blauen Polizeiuniform und hielt ein riesengroßes Gewehr. Er war so groß, dass er bis an den Himmel zu reichen schien. Während wir alle uns in pechschwarzer Finsternis befanden, die Soldatenreihen eingeschlossen, wurde er von einem hellen Licht angestrahlt und war ganz deutlich zu sehen. Sein großes Gesicht war nicht besonders drohend, doch auch nicht freundlich. Er stand einfach dort, weit weg, und beobachtete die Szene mit den bewaffneten Soldaten und den frierenden und hilflosen Menschen. War dort wirklich jemand oder war das nur meine Einbildung?

Die Nacht zog sich hin. Wir standen da. Wir liefen zur einen Seite, dann zur anderen. Wir warteten. Für kurze Augenblicke saß ich unter Vaters Mantel, um dem beißenden Wind zu entkommen und um die furchtbare Erscheinung nicht sehen zu müssen. Hatte ich während jener langen, dunklen Nacht Angst zu sterben, wie das bei späteren Reisen der Fall sein würde? Ich glaube nicht. Der Tod hatte mir noch nicht sein schreckliches Gesicht gezeigt. Ich hatte die Schreie der Sterbenden noch nicht gehört.

Beim Morgengrauen gestatteten uns die polnischen Soldaten endlich, polnischen Boden zu betreten. Ich weiß nicht mehr, ob das alle betraf oder nur einige von uns. Während der Nacht schienen wir Teil einer sehr großen Menge zu sein, doch seltsamerweise gingen am Morgen nur ein paar Menschen über die Grenze. Wir schleppten uns auf müden, schweren Füßen dahin. In der grauen Dämmerung sah ich Häuser, hier und da von Bäumen umgeben und ein einladendes Licht in ihren Fenstern. Dorthin gingen wir jedoch nicht, sondern wurden in einen Schlachthof geführt. Erst Gefängnis, dann ein schlammiges Niemandsland und dann ein Schlachthof – nichts erschien mehr absurd. Völlig erschöpft fielen wir auf Bänke im Inneren des Gebäudes.

Von da an gibt es große Lücken in meinem Gedächtnis. Ich erinnere mich nicht, wie lange wir in dem Schlachthof waren oder wer dafür sorgte, dass wir dort wegkamen. Ich glaubte nicht, dass uns etwas Furchtbares zustoßen würde, etwas dem Schicksal der dorthin gebrachten Kühe und Kälber Vergleichbares, aber ich hatte wohl mittlerweile keine klaren Gedanken mehr. Wieder fuhren wir und die anderen aus dem Schlachthof mit einem Zug, doch anders als in Deutschland hielt der Zug auf vielen Bahnhöfen, wo Juden uns mit Brot, heißem Tee und langen Salamiwürsten begrüßten. Weil sie auf irgendeine Weise von unserer Not gehört hatten, reichten sie uns Essen durch die Zugfenster, lächelten aufmunternd und riefen den verwirrten und desorientierten Fremden freundliche Grüße zu. Der Zug rollte weiter durch abgeerntete Felder und durch Dörfer und auf jedem Bahnhof wiederholte sich die gleiche Szene: Fremde Menschen reichten uns Essen und zeigten uns ihr Mitgefühl, wofür wir uns bedankten und ihnen die Hände schüttelten. Es dauerte nicht mehr lang, da waren wir in Mielec.

JANUAR 2000

Ich suche in den Geschichtsbüchern nach Beschreibungen dieser im Oktober 1938 durchgeführten ersten, äußerst erfolgreichen Deportation von Tausenden Juden mit ihren Familien, die alle für polnisch erklärt wurden, wenn das Familienoberhaupt polnischer Staatsbürger war. Doch ich finde nicht viele Informationen, nicht einmal die exakte Zahl der Deportierten. Es können fünfzehntausend oder zwanzigtausend gewesen sein, oder vielleicht siebzehntausend. Tausend mehr oder weniger spielt für den Historiker kaum eine Rolle, wenn er später über Millionen schreiben wird.

Langfristige ökonomische Überlegungen spielten eine Rolle bei der deutschen Entscheidung, Deutschland von seinen polnischen Juden zu befreien. Andere Gründe waren vielleicht noch naheliegender. Einer davon war die polnische Anweisung, die Pässe der im Ausland wohnenden Polen auf den Konsulaten und Botschaften stempeln zu lassen, sollten sie jemals nach Polen zurückzukehren wünschen. Es ist auch möglich, dass die polnische Regierung damit drohte, Pässe seiner im Ausland wohnenden Bürger ungültig zu machen. Die Nazis hatten es vielleicht vorgezogen, sich sofort von Tausenden potenziell staatenloser Juden zu befreien. Andererseits wäre jeder Vorwand recht gewesen, um mit der «ethnischen Säuberung» zu beginnen, die seit Jahren die erklärte deutsche Politik gewesen war.

Zur Unsicherheit bezüglich der Zahlen kommt noch eine andere: Wurden diese Tausende von Menschen gezwungen, die Grenze bei Zbąszyn zu überqueren, oder wurden mehrere Grenzübergänge genutzt? Dass die Umstände dieser Deportation vage sind, überrascht nicht. Schließlich ist diese Deportation für Historiker eine unbedeutende Episode und wird lediglich als ein Vorspiel zur Kristallnacht behandelt, zu dem Pogrom, das im darauffolgenden Monat stattfand, als randalierende Nazihorden jüdisches Eigentum mutwillig zerstörten und verbrannten. Die Brüche in den Lebensläufen, der Verlust von Bankkonten, Geschäften und Eigentum, die zahllosen Familien, die über Nacht zu mittellosen Flüchtlingen wurden, das alles war nur ein kleiner Anfang, der verdeckt wird von den schrecklicheren Ereignissen der folgenden Jahre. Es kam niemand ums Leben, niemand wurde erschossen oder erschlagen. Im Kontext der Deportationen könnte das als Luxus-Deportation betrachtet werden und man könnte meinen, es lohne sich nicht, sie dem heutigen Leser nahezubringen, dem grausamere Lektüre zugemutet wurde. Und doch birgt das Vernachlässigen oder Ignorieren auch nur eines Teils dieser Geschichte die Gefahr in sich, dass wir vergessen: Bei dieser Geschichte geht es vor allem auch um Menschenleben und den Verlust an Menschenleben. Ist es da nicht besser, sich an mehr zu erinnern statt an zu wenig? Denn – mit den Worten von Y. H. Yerushalmi – «meine Angst zu vergessen ist größer als meine Angst, mich an zuviel erinnern zu müssen».

Wir kamen in Mielec mit Salamiwürsten und Brot beladen an. Diesmal hatten wir keine Geschenke für die Familie und sie hatten kein Willkommen für uns. Wir kamen müde und schmutzig an, ohne Geld oder Kleider zum Wechseln. Dennoch machten Vaters Schwester, Tante Feige, und ihr Mann, Onkel Reuben, Platz für uns. Großmutter Mindel murrte, wie das ihre Art war – sie war jedoch froh, ihren einzigen Sohn zu sehen. Sie war weniger glücklich, seine Familie zu sehen.

In diesen ersten Wochen in Mielec ging das Leben irgendwie weiter. Besucher kamen, um sich die «Flüchtlinge» anzuschauen, legten besorgt die Stirn in Falten und gingen ihres Wegs. Bald half mein Vater mit im Laden, Lore wurde zu einer Schneiderin in die Lehre gegeben (und sie fügte sich dem verdrossen) und ich ging ganz zufrieden in die Bajt-Ja'akob-Religionsschule für Mädchen. Mutter litt am meisten. Der Heimat beraubt und verunsichert ertrug sie schweigend Großmutter Mindels Feindseligkeit und Tante Feiges offene Feindschaft. Irgendwann wurde dann ein kleiner Teil unseres

Eigentums angeliefert – Kleider, Mutters Schmuck (sogar Urgroßmutters kostbare Perlen), einige Bücher, Matratzen und nicht viel mehr. Diese Dinge waren hastig von Tante Bekka zusammengepackt worden. Sie war in der Wohnung geblieben bis zu dem Tag, an dem sie sich in einem eleganten grauen Seidenkostüm nach Bolivien aufgemacht hatte.

Nun besserte sich unsere Situation etwas. Wir verkauften, was nicht unbedingt gebraucht wurde, und unsere Familie zog zusammen mit Vaters Schwester Schejndl und ihrer Familie in eine Zweizimmerwohnung. Lore wurde sehr geschickt im Nähen eleganter Kleider für die Damen der Stadt; sie war sogar vergnügt und ärgerte sich nicht mehr so sehr über ihr Schicksal als Schneiderin. Die Cousinen waren viel zusammen, einschließlich Tante Feiges Tochter Malka. Unter Malkas Freunden war auch der hochgewachsene Naftule, der Bäckerssohn, der als Schauspieler auftrat. Mutter schien sich mit der nie endenden Hausarbeit abgefunden zu haben, sie kaufte ein, kochte, buk und wusch Wäsche. Cousine Püppe schrubbte mit vollem Einsatz die Böden.

Wenn ich heute auf diese Wochen und Monate zurückschaue, staune ich über die Schnelligkeit, mit der sich wieder eine Alltagsroutine einstellte. Beide Familien, die in großen Wohnungen mit fünf oder mehr Zimmern gelebt hatten, waren auf je ein Zimmer und eine gemeinsame Küche beschränkt. Und doch war es so, als hätten wir durch eine allseitige Übereinkunft von einer Lebensform zur anderen gewechselt, als wäre das ein normaler Vorgang, als ob ein Mensch im Laufe seines Lebens erst auf die eine Weise lebte und dann auf die andere. Nicht, dass das bei den zwei Familien mit Gleichmut abging. Die Frauen stritten sich. Die Cousinen kämpften miteinander. Die Küche wurde häufig zum Schlachtfeld. Die Verzweiflung der acht Erwachsenen, die sie ganz sicher empfunden hatten, wurde jedoch gut verborgen vor dem Kind, während die sieben Frauen und Teenager ihren täglichen Pflichten nachgingen. Mahlzeiten wurden gekocht, Wäsche wurde gewaschen und einmal in der Woche gingen Mutter und ich zum Badehaus, wo unter den Duschen ein Dutzend oder mehr Frauen jeden Alters, jeglicher Figur und Größe sich wuschen. Manchmal gönnten wir uns den Luxus dampfender Badewannen, deren Benutzung mehr kostete als die der Duschen.

Unsere Wohnung war im ersten Stock des Backsteinhauses, das dem polnischen Hauswirt gehörte. Auf dem oberen Treppenabsatz war ein offener Eingang, der als Arbeitsplatz von der Person genutzt wurde, die gerade kochte. Von da kam man in die kleine, fensterlose Küche mit ihrem Holz-und-Kohle-Herd und dem Lebensmittelschrank. Neben der Küche befand sich das Zimmer unserer Verwandten mit seinem Balkon, und man musste durch ihr Zimmer, um zu einer Tür zu gelangen, die in unser Zimmer führte. Die Zimmer waren klein und mit Betten vollgestellt: Wir hatten zwei einzelne Betten und nachts wurde noch ein Klappbett aufgestellt. Die Frage, wer mit wem schlafen musste, führte oft zu langen Diskussionen. Neben unserem Zimmer war ein kleiner Dachboden, auf den ich oft floh, wenn ich allein sein wollte, wenn ich das Gefühl hatte, dass ich unter diesen zusammengepferchten Verhältnissen einen Platz für mich brauchte. Durch das schmutzige Dachbodenfenster beobachtete ich den Hof, die Leute, die dort kamen und gingen, die Mieter, die Wasser vom Brunnen holten oder Wäsche aufhängten. Ich wollte dann glauben, keiner wisse, wo ich war, obwohl ich eigentlich nicht erklären kann, warum das so wichtig war. Ich wollte die anderen beobachten, während sie sich nicht beobachtet fühlten.

Wie kam es, dass ich mich so leicht, fast mühelos, an dieses neue Leben anpasste? Vielleicht habe ich ja eine Persönlichkeit gegen eine andere eingetauscht, habe eine Rolle zu spielen gelernt, wie es Schauspieler tun. Oder habe ich nur etwas vorgetäuscht, wie ich später vorgetäuscht habe, ich wäre polnisch? Ich glaube nicht. Ich fand meinen Platz und mein Zuhause viel unkomplizierter und natürlicher – es war wie bei der Puppe, die sich mühelos zu dem Insekt wandelt, das sie ihrer Bestimmung nach für kurze Zeit ist. Vom verzogenen deutsch-jüdischen Mädchen mit guten Manieren wandelte ich mich im Handumdrehen zu einem selbstbewussten jüdisch-polnischen jungen Mädchen. Ohne mich besonders anzustrengen las und sprach ich bald Jiddisch mit meinen Schulgefährtinnen, las polnische Bücher und spielte in den dunklen Gassen unseres Viertels mit Esther, Tova und ihren Freundinnen Verstecken. Inbrünstig sagte ich jeden Tag die Morgengebete auf, als hätte ich das mein ganzes Leben lang getan, während Vater mit einem Lächeln still seine Billigung ausdrückte und Mutter ein verdutztes Gesicht machte. Sie war auf ihre Weise religiös, hielt sich an die Gesetze, neigte jedoch nicht zur Frömmigkeit. Meine Hinwendung zum religiösen Leben mochte ihr für einen Jungen passender erschienen sein.

Ohne einen Blick zurück auf die Hallenser Vergangenheit richtete ich mich in der Gegenwart von Mielec ein. Ich sehnte mich weder nach den Büchern und dem Spielzeug, das ich einst gehabt hatte, noch nach den besonderen Gerichten meiner Mutter. Ich vermisste nicht einmal die Tanten, Onkel, Cousins und Cousinen aus Mutters großer Familie. Sie gehörten zu einer Welt, aus der ich ausgestoßen worden war und die für mich nicht mehr existierte, besonders weil ich nach und nach erfuhr, dass auch diese Leipziger Familie jene Welt verlassen hatte und in Länder mit exotisch klingenden Namen wie Bolivien und Argentinien ausgewandert war. Halle war nur noch eine trostlose, kahle Landschaft, die nicht länger von den Menschen bewohnt war, die ich gekannt hatte. «Verschwunden und vorbei sind jene Zeiten, leer und fern, wie erträumt erscheinen sie», schrieb der Dichter-

König Li Yü, nachdem er sein Königreich verloren hatte, in das er, wie er wusste, nie wieder zurückkehren würde. Obwohl Vaters polnische Familie mich nicht besonders gern hatte, und ich sie auch nicht, und meine Cousine Esther und ich uns unaufhörlich zankten, war ich jetzt dort zu Hause. Weder damals noch jemals später wollte ich den Ort besuchen, wo ich geboren wurde und wo die Angehörigen meiner Familie, wie ich später erkannte, schon immer unwillkommene Fremde gewesen waren. Paradoxerweise waren wir das in Mielec nicht. Ist es möglich, dass ich als Kind diese unausgesprochene Wahrheit gespürt habe?

Mielec war auf eine Weise Heimat für mich, wie es keine andere Heimat je wieder sein würde. Es war die Heimat meines Vaters und davor die Heimat des Vaters seines Vaters; hier waren weder er noch ich Fremde. Nach Mielec waren alle anderen Heimaten nur Orte für mich, zeitweilige Ruhestätten des Gastes. Die Ruhezeiten konnten länger oder kürzer sein; der Fremde mochte mehr oder weniger willkommen sein, dem Ort und seinen Menschen verbunden oder nicht. Doch keine andere Durchgangsstation, kein anderer Ort als Mielec würde je zu mir gehören oder ich zu ihm – Mielec, wo diese, die erste Reise für eine allzu kurze Zeit geendet hatte.

Nachwort

Wenn man erinnerte mehrdimensionale Szenen, die mit Emotionen aufgeladen, mit Geräuschen und halberinnerten Gerüchen angereichert sind und die vom geistigen Auge bewegt und farbig gesehen werden, in Worte auf einer Papierfläche umwandelt, ist das im Grunde genommen unbefriedigend. Und man kann letzten Endes auch nicht zufrieden sein mit der Schilderung der vielen Gesichter von Angst, Verzweiflung und Trauer oder des Gefühls der Entfremdung, das einen überkam, wenn man in die Welt zurückkehrte, wo Zwangsvertreibungen nur teilweise oder gar nicht stattgefunden hatten. Beim Nachdenken über das autobiographische Schreiben stellt Wallace Fowlie eine «merkwürdige Flucht vom Leben in Worte» fest, «diesen Sprung von einem Vorsatz … zum Ausdruck des Vorsatzes», der zu einem Gefühl der Torheit führt. Es ist nicht nur das Gefühl der Torheit, möchte ich hinzufügen, sondern man ist auch zwangsläufig bestürzt über die Unzulänglichkeit der Worte, ihre Defizite, wenn man sie mit der Intensität der Erinnerung, die sie wiedergeben sollen, vergleicht.

Die Aufgabe des Historikers ist es, vor dem Vergessen zu retten, zu dokumentieren, zu erklären, die Bedeutung zu finden, Teilen der Vergangenheit einen Sinn zu geben. Und während ich so treu und ehrlich wie ich konnte, ein kleines Bruchstück zu bewahren und zu dokumentieren versucht habe – die Vernichtung des jüdischen Mielec und seiner Menschen –, bin ich ratlos, was die Bedeutung oder den

Sinn angeht. Eine sich wandelnde und entwickelnde Kultur, eine Tradition – man nenne sie jiddische Kultur – wurde zusammen mit denen, die sie bewahrten und aufrechterhielten, zerstört, ausgerottet. Gewiss, heute kann ein Gebäude hier und da, ein Friedhof, eine Synagoge, Überreste und Erinnerungen, renoviert und, mit einer Gedenktafel versehen, zur Touristenattraktion werden. Aber jede solche Restaurierung zum Zwecke der Präsentation ist eigentlich eine «Musealisierung»; das lebendige Leben von einst ist zum Ausstellungsexponat im Museum geworden. Statt einer lebenden, sich verändernden Kultur haben wir leblose Museen und Exponate in Glasvitrinen mit sauber beschrifteten Etiketten.

Wir haben auch den in Holocaust-Zentren mit den neuesten technischen Möglichkeiten nachgeschaffenen Holocaust. Es ist erstaunlich, wie sich solche Zentren in amerikanischen Städten vermehren. Einige dieser Zentren sind nicht mehr bloße Museen mit vermutlich langweiligen Exponaten, sondern sie sind fest im Computerzeitalter verankert und der Besucher ist kein Zuschauer, sondern muss bei einem Spiel, ähnlich einem Videospiel, mitmachen, das den Holocaust simuliert. Man will jedoch auch «das Echte» zeigen, sei es nun ein ordentlich renovierter polnischer Viehwaggon oder seien es Pflastersteine aus dem Warschauer Ghetto oder Totenmasken enthaupteter jüdischer Gefangener, die während der Nazizeit vom Wiener Naturgeschichtlichen Museum bestellt worden waren.

Joseph R. Levenson erinnert uns daran, dass «die Vergangenheit zu erhalten, indem man sie nacherzählt oder ihre Hinterlassenschaften ausstellt, nicht bedeutet, sie fortleben zu lassen». Und er erzählt die Geschichte von Baal Schem, der, wenn er vor einem schwierigen Problem stand, stets zu einem bestimmten Ort im Wald ging, ein Feuer entzündete und betete, und das Problem war gelöst. Eine Generation später waren der Ort im Wald und die Gebete noch bekannt; der nächsten Generation war nur noch der Ort im Wald bekannt. Doch in der Generation des Rabbi Israel von Rižin war alles – der Ort, wie man das Feuer entzündet und wie man das Gebet aufsagt – vergessen. Er konnte nur noch die Geschichte erzählen.

Aber reichen die Geschichten, die uns die Museen erzählen? Sollten wir uns dazu gratulieren, dass wir erklärende Aufschriften an Schauvitrinen haben, Tafeln an Gebäuden und sogar Denkmale? Wir brauchen das alles, um uns zu erinnern, heißt es. Doch wie viel vergessen wir beim Erinnern? Und was bleibt uns denn wirklich nach dem Besuch eines Holocaust-Zentrums in Erinnerung, abgesehen von seiner technischen Perfektion?

Ich fürchte, dass auch ich mit meinem Versuch, Leben in Worte zu fassen, zum Vergessen beigetragen habe. Ich habe notgedrungen so viel ausgelassen. Und wie zu Beginn meines Schreibens, so auch jetzt, wo ich es beende, kann ich die Bedeutung mutwilliger Vernichtung nicht fassen. Meine Worte erscheinen mir hohl. Traurig gebe ich dem chinesischen Dichter Recht, der vor langer Zeit dieses Verspaar schrieb:

Stets bleibt Unzufriedenheit, wenn das Ende erreicht ist
– wagen wir es dann, uns zu begnügen und unsere Eitelkeit zu pflegen?

Dank

Ohne meine Freunde Harold R. Isaacs und seine Frau Viola hätte ich dieses Buch nie zu schreiben begonnen. Sie ermunterten mich, es in Angriff zu nehmen, und ich bedaure zutiefst, dass sie seine Fertigstellung nicht mehr erlebt haben. Und diese Seiten wären auch nicht vollendet worden ohne die unermüdliche Unterstützung durch Barbara C. Johnson. Die geschätzte Freundschaft und Unterstützung dieser drei Menschen waren verantwortlich für die ersten Ergebnisse dieses Vorhabens, als ich vor einigen Jahren drei fiktionalisierte Erzählungen veröffentlichte. Doch die belletristische Form erwies sich letztlich als unbefriedigend, und es begann eine lange Zeit des Schreibens und Umschreibens, hauptsächlich während Sabbatsemestern, die mir die Hebräische Universität von Jerusalem gewährte. Ich bin meinen Freunden und Kollegen zu Dank verpflichtet, die im Laufe dieser Jahre Teile des Manuskripts lasen und mir ihre wertvollen Hinweise zukommen ließen. Ich weiß Andrew Ramers scharfsinnige Reaktionen und die einfühlsamen Einblicke und Kommentare von Felicity Bloch, Shalom Eilati, Ami Elad, Joan Hill, Avraham Altman, Cecile Panzer, Yoav und Raya Ariel und Rita und Alexandre Blumstein sehr zu schätzen. Barbara Johnson hat mir enorm geholfen, indem sie den Text während verschiedener Arbeitsstufen und schließlich insgesamt lektoriert hat. Uri Melammed hat mich in komplizierten Fragen der Zahlenkunde beraten und Miriam Isaacs bewahrte mich vor groben Fehlern bei der

Transkription des Jiddischen. Mein Dank gilt auch Wolfgang Kubin und David Shipler für ihr nie erlahmendes Interesse an diesem Vorhaben und für ihre Unterstützung. Meine Schwester Lore Smith und meine Tochter Miriam Eber lasen tapfer jedes Kapitel, das ich ihnen zusandte und bestärkten mich in der weiteren Arbeit. Es ist besonders Miriams Computer-Sachkenntnis zu verdanken, dass die alten Fotografien für diese Publikation genutzt werden konnten. Nicole Morris gebührt besonderer Dank: Ihr kritischer Blick und ihre gründliche und einfühlsame Lektüre aller Kapitel waren mir eine unschätzbare Hilfe dabei zu entdecken, wo ich hin und wieder auf Abwege geraten war. Philippa Bacal bewältigte fachmännisch Probleme der Computertechnik. Und schließlich gebührt ein besonderer Dank Jonathan Segal, meinem amerikanischen Verleger, dessen Geduld und Ausdauer ich zutiefst bewundere, und Ida Giragossian, die sich freundlich meiner Fragen annahm. Ich möchte auch Itta Shedletzky danken, die sich als «Geburtshelferin» dieser deutschen Ausgabe betätigte, und Dr. Claudia Althaus, die sich freundlich und geduldig um kleine und große Fragen beim C. H. Beck-Verlag kümmerte. Vor allem danke ich Dr. Reinhild Böhnke für die hervorragende deutsche Übersetzung sowie für die Sorgfalt, mit der sie die Zitate behandelte und entweder ihre deutschen Quellen herausfand oder sie ins Deutsche übertrug. Alle verbleibenden Mängel sind meiner eigenen Unvollkommenheit zuzuschreiben.

Anmerkungen

EINS **Erste Reisen**

Seite 13 ACHTTAUSEND JUDEN: Der ständige Flüchtlingsstrom macht es unmöglich, die genaue Zahl der Anfang 1942 in Mielec befindlichen Juden zu ermitteln. Vgl. Mark Verstandig, *I Rest My Case*, übers. von Felicity Verstandig (Melbourne: Melbourne University Press, 1997), S. 138-139; er schätzt die Zahl der aus Mielec deportierten Juden auf zehntausend. Das erscheint zu hoch, wenn man bedenkt, dass die jüdische Bevölkerung 1939 ungefähr fünftausend Mann stark war. Es ist nicht klar, warum das auf Seite 20 zitierte deutsche Dokument eine Zahl von 4500 nennt. Diese Zahl ist möglicherweise nicht korrekt oder sie trägt der Tatsache Rechnung, dass nur so viele Juden in den Lubliner Distrikt verschickt wurden, während die übrigen getötet oder für Arbeitseinsätze selektiert wurden.

Seite 14 AKTION REINHARDT: Gerichtsprotokoll (Trial Record), Freiburg, 206 AR 376/63, im Archiv von Yad Vashem: TR-10/607. Die Aktion Reinhardt war eine Spezialeinheit, die im Oktober 1941 gegründet wurde, *vor* der Wannsee-Konferenz im Januar 1942. An ihrer Spitze stand SS- und Polizei-Führer Odilo Globocnik.

Seite 14 GENERALGOUVERNEMENT POLEN: Es wurde im Oktober 1939 gegründet und bestand aus den Gebieten, die formell nicht Teil des Deutschen Reichsgebiets waren.

Seite 15 «VOM KORRIDOR»: Josef Kermisz, Hg., *Dokumenty i materiały do dziejów okupacji Niemieckiej w Polsce* (Dokumente und Materialien zu den Ereignissen der deutschen Okkupation Polens) (Łódź: Centralna Żydowska Komisja Historyczna w Polsce, 1946), S. 12.

Seite 20 «NEUE ZAHL 4500»: Vgl. Anm. zu S. 13.

Seite 20 VOLKSDEUTSCHER: Einer der außerhalb Deutschlands lebenden Deutschen. Sie unterstützten mit überwältigender Mehrheit die deutschen Besatzer; die Männer traten der SS und den Gestapoabteilungen vor Ort bei.

Seite 26 «IM LUBLINER DISTRIKT»: Philip Friedman, *Roads to Extinction: Essays on the Holocaust*, hg. von Ada June Friedman (New York und Philadelphia: Conference on Jewish Social Studies, Jewish Publication Society of America, 1980), S. 227.

Seite 27 «IN EINEM BLUTRAUSCH»: Gerichtsprotokoll, Freiburg, AR 376/63, Archiv Yad Vashem: TR-10/1161Z, Bd. 3.

Seite 31 «12 UHR MITTAGS»: Kermisz, Dokumenty i materiały, S. 24.

Seite 33 «SCHWIERIGKEITEN SIND WÄHREND DES TRANSPORTES NICHT ENTSTANDEN»: Ibd., S. 29.

Seite 36 INS GENERALGOUVERNEMENT ZURÜCKKEHREN: Ibd., S. 33.

Seite 36 IM JULI 1942: Der mit Morden gepflasterte Weg dieses Bataillons wird dokumentiert in Christopher R. Browning, *Ganz normale Männer.* Das Reserve-Polizeibataillon 101 und die «Endlösung» in Polen, (Reinbek bei Hamburg, Rowohlt 1996).

Seite 39 BILD VON EINER SUKKA-WAND: Eine Sukka, wörtlich «Hütte», wurde von den Haushaltsvorständen im Freien errichtet für Sukkot, das jüdische Laubhüttenfest, das zur herbstlichen Erntezeit gefeiert wird. Die Mahlzeiten wurden gewöhnlich in der Hütte eingenommen. Es war Brauch, die Hütte mit geerntetem Obst und mit Bildern zu schmücken, einschließlich eines Bildes von Jerusalem.

ZWEI **Noch mehr Reisen**

Seite 41 «SICH NUN ÜBER DAS LAND VERSTREUEN»: Kermisz, Dokumenty i materiały, S. 11.

Seite 49 «MÜSSTE DIE JUDENAKTION VERSTÄRKT DURCHGEFÜHRT WERDEN»: Werner Präg und W. Jacobmeyer, Hg., *Das Diensttagebuch des deutschen Generalgouverneurs in Polen 1939-1945* (Stuttgart: Deutsche Verlagsanstalt, 1975), S. 511.

Seite 50 MIT IHREM EIGENEN GELD: Diese Information stammt von einem früheren Insassen des Cyranka-Berdechow-Arbeitslagers.

Seite 72 DEUTSCHE STAATSBÜRGER ZU WERDEN: Poznań (Posen) wurde nach dem September 1939 Teil des Deutschen Reichsgebiets und die Bevölkerung musste deutsch werden. Wer polnischer Staatsbürger bleiben wollte, ging fort.

DREI **Als Großmutter starb**

Seite 78 DIE SIE AM SABBAT GEGEN EINE GRAUE AUSTAUSCHTE: Wenn jüdische Frauen heirateten, schoren sie den Kopf kahl und trugen Perücken, doch manche trugen nur Kopftücher. Frauen, die ihr Haar behielten und es nicht bedeckten, galten als modern. Modern zu sein bedeutete jedoch nicht, dass sie die jüdischen religiösen Vorschriften nicht einhielten. Die Moderne kam zunehmend durch selektiv übernommene Veränderungen in den polnischen Kleinstädten an.

Seite 82 NEVILLE CHAMBERLAIN: Chamberlain (1869-1940) war für die Appeasement-Politik gegenüber Hitler 1938 in München verantwortlich, die zur deutschen Okkupation der Tschechoslowakei führte.

Seite 95 «ERSCHÖPFT» ODER «SCHWACH»: Kabbala, was «Überlieferung» bedeutet, ist der mystische Zweig des Judaismus, doch «Kabbalisten» ist ein allgemein gebräuchliches Wort für Mystiker jeden Schlags. Das Zahlenspiel, auf das hier Bezug genommen wird, beruht auf der Tatsache, dass die hebräischen Buchstaben des Alphabets auch für Zahlen stehen. In diesem Fall ergeben Adolf = 121, Hitler = 324 und Mielec = 260 eine Gesamtsumme von 705. Jede dieser Zahlen kann wiederum mit einem hebräischen Buchstaben des Alphabets ausgedrückt werden. Wenn diese drei Buchstaben zu einem Wort verbunden werden, kommt *taschah* heraus, was «erschöpft» oder «schwach» bedeutet. Und da die Buchstaben des Alphabets auch zur Bezeichnung des Jahres benutzt werden, ist *taschah* 1945.

Seite 97 WIR LESEN *DER TRAUM DER ROTEN KAMMER*: *Der Traum der roten Kammer* (Hong lou meng), auch genannt *Die Geschichte des Steins*, erschien zum ersten Mal 1792 im Druck. Der Autor Cao Xueqin (1715?-1763) starb vor der Vollendung des Buches und Gao Ê (1749?-1815) fügte der Ausgabe mit 120 Kapiteln, die wir heute kennen, die letzten vierzig Kapitel hinzu. Eine hervorragende englische Übersetzung in fünf Bänden ist *The Story of the Stone*, übers. von David Hawkes (New York: Penguin Books, 1973-1986). [1932 erschien im Insel Verlag eine deutschsprachige gekürzte Ausgabe, übersetzt von Franz Kuhn, die 1951 wieder aufgelegt wurde.]

Seite 99 DIE AKTEN ÜBER IHR LEBEN: Das 5. Kapitel des Romans erzählt Baoyus Traumbesuch in der Feenwelt mit ihrer der heutigen Welt sehr ähnlichen bürokratischen Organisation. In der Feenwelt werden Akten aufbewahrt, in denen die Vergangenheit, die Gegenwart und die Zukunft aller Mädchen auf der Welt aufgezeichnet sind.

Seite 105 «BEI LEBENDIGEM LEIBE IN DER SYNAGOGE VERBRANNT»: Martin Gilbert, *The Holocaust: The Jewish Tragedy* (London: Collins, 1986), S. 87.

Seite 105 «ALLE KAMEN UM»: Feliks Kiryka, Hg., *Mielec. Dzieje miasta i regionu* (Mielec, Ereignisse in der Stadt und der Region) (Rzeszów: Krajowa Agencja Wydawnicza, 1984), Bd. 2, S. 219.

Seite 105 ALS ER VON DEN TATEN DER SS HÖRTE: Vgl. Walter Goerlitz, «Reichenau: Field Marshal Walter von Reichenau», in *Hitler's Generals*, hg. Correlli Barnett (London: Weidenfeld & Nicolson, 1989), S. 214.

Seite 110 LAUBHÜTTENFEST: Auch als Sukkot bekannt, folgt auf das Neujahrsfest (Rosch Ha-Schana) und das Versöhnungsfest (Jom Kippur) und war ursprünglich ein Erntefest. Während des Sukkotfestes, das sieben Tage dauert, sollen die Familien so viel Zeit wie möglich in einer Hütte (*Sukka*) verbringen und dort essen. Diese Hütte hat ein Dach aus Zweigen, durch das man den Himmel sehen kann.

Seite 110 «KONSULAT IM DEUTSCHEN REICH»: T. Berenstein et al., Hg., *Eksterminacja Żydów na ziemiach Polskich, w okresie okupacji hitlerowskiej* (Die Vernichtung der Juden auf polnischem Boden während der Hitlerokkupation) (Warszawa: Żydowski Instytut Historyczny w Polsce, 1957), S. 55-56.

VIER **Tośka**

Seite 131 «FÜR POLNISCHE UND JÜDISCHE KUNDEN»: Verstandig, *I Rest My Case*, S. 114, 119-120.

Seite 134 ZU BEGINN DES WINTERS: Hier lässt mich mein Gedächtnis im Stich. Ich weiß nur noch, dass unsere geheime Schule während der kalten Jahreszeit existierte. Der Unterricht wird wohl im Herbst 1940 begonnen und vor Frühlingsbeginn 1941 aufgehört haben. Ich weiß auch nicht mehr, wie viele Monate wir tatsächlich die Schule besuchten; vielleicht waren es nur drei Monate im Herbst 1941. Im Januar 1942, als die Deportation aus Mielec bevorstand, wären wir ganz bestimmt nicht mehr zur Schule gegangen.

Seite 138 NOT TRAVELLED MORE: Edna St. Vincent Millay, «The Unexplorer», in *Collected Lyrics of Edna St. Vincent Millay* (New York: Harper & Brothers, 1943).

FÜNF **Suppenküchen und Gobelins**

Seite 163 DECKTE DAS DACH MIT BLECH: Das polnische Diktat steht in meinem Tagebuch, das ich von 1945 bis 1947 führte. Das Tagebuch ist ein zerfleddertes graues Heft, das ich zuerst kurze Zeit in Poznań für Schulaufgaben benutzte. Dort bewahrte ich auch Gedichte auf, die ich im Laufe der Zeit sammelte oder die ich selbst schrieb.

Seite 168 OSKAR SCHINDLERS LISTE: Oskar Schindler (1908-1974) war ein Volksdeutscher aus dem Gebiet der Tschechischen Republik, das jetzt Moravia (Mähren) heißt. Seine widersprüchliche Persönlichkeit – cleverer Geschäftsmann, Trinker, Lebemann – ist in dem Buch von Thomas Keneally *Schindler's List* (New York: Simon and Schuster, 1982) hervorragend eingefangen, und auf diesem Buch basiert Steven Spielbergs Film von 1993. [Das Buch erschien als «Schindlers Liste» in der Übers. von G. Danehl bei Bertelsmann, München 1994.] Im Oktober 1944 gelang es Schindler, über Tausend Juden (es wurde eine Liste mit ihren Namen erstellt), die in seiner Krakauer Fabrik gearbeitet hatten, für seine mehr oder weniger frei erfundene Fabrik in Brünlitz anzufordern. Schindler starb in Deutschland und ist auf dem Lateinischen Friedhof von Jerusalem begraben.

Seite 175 AUS DEN ROMANEN HENRYK SIENKIEWICZ': Sienkiewicz (1846-1916) war ein bedeutender polnischer Romanautor. Sein bekanntester Roman ist *Quo vadis?*. Er wurde 1896 veröffentlicht und in über dreißig Sprachen übersetzt.

Seite 181 BIS SIE 1961 AN POLEN ZURÜCKGEGEBEN WURDEN: Jerzy Szablowski, Hg., *The Flemish Tapestries at Wawel*

Castle in Kraków: Treasures of King Sigismund Augustus Jagiello (Antwerpen: Fond Mercator, 1972), S. 67-69. Aubusson war einst für seine Gobelin-Manufaktur berühmt. Leider gibt es keinen Hinweis darauf, wer die Schätze des Wawel für die Reise die Weichsel hinunter auf den Lastkahn geladen hat.

SECHS **Entscheidungen**

Seite 188 DAS LAGER KARLOV: Nach Yehuda Bauer, *Flight and Rescue: Brichah* (New York: Random House, 1970), S. 109, wurde das Lager Karlov in Pilsen Anfang Juli 1945 als Transitlager eingerichtet.

Seite 200 EINEN LEITARTIKEL ÜBER UNS: Arno Rudert, «*Hans und Lore*», *Frankfurter Rundschau* Nr. 18, 19. September 1945, ist ein Leitartikel, der die Erlebnisse unserer Familie benutzte, um für die Demokratisierung Deutschlands einzutreten.

Seite 204 THEOLOGEN UND ERZIEHER HEUTE: Eli Wohlgelernter, «Once Again Where Was God?» *Jerusalem Post*, 5. Mai 2000, bespricht eine Konferenz in Ashkelon, «The Impact of the Holocaust on Jewish Theology and Thought» (Die Auswirkung des Holocaust auf die jüdische Theologie und das jüdische Denken), auf der diese Frage aufgeworfen wurde.

Seite 206 «IN DEM GROSSEN GLASE LEBEN»: Bei dem – deutschen – Gedicht ist kein Autor und kein Datum vermerkt und ich nehme an, das ich es geschrieben habe.

Seite 209 DIESE FREUNDSCHAFTSLYRIK: Die Gedichte von Wei Yingwu (736-830?), Wang Wei (699-759) und Du Fu (712-770) wurden übersetzt nach der Anthologie *Xinyi Tang shi sanbei shou* (Neue Interpretationen von dreihundert Tang-Gedichten) (Taibei: Sanmin Shuju, 1976), S. 39, 324, 14-15.

Seite 213 ZWISCHEN DEM LAGER UND DER UNRRA: Die *United Nations Relief and Rehabilitation Agency* wurde 1947 ersetzt durch die IRO, die *International Refugee Organization* (Internationale Flüchtlings-Organisation).

Seite 218 IM JANUAR 1946: «*Di Konferenz fun di befrajte Yidn in der Amerikaner Zone*» (Die Konferenz der befreiten Juden in der amerikanischen Zone), *Dos Fraje Vort*, Nr. 18, Februar 1946. Die Zeitung wurde in Feldafing in lateinischer Transkription herausgegeben.

Seite 220 HEINRICH HEINE: Der deutsch-jüdische Dichter (1797 oder 1799-1856) wurde 1825 getauft. Während der letzten neun Jahre seines Lebens war er ans Bett gefesselt und beschäftigte sich während dieser Zeit erneut mit den großartigen hebräischen Texten der Heiligen Schrift.

Seite 220 KAROL SZPALSKI: Nach dieser langen Zeit weiß ich nicht mehr, warum ich als Autor für dieses Gedicht Szpalski, Szpilman notiert habe. Obwohl ich das Gedicht nicht in den mir zugänglichen Anthologien und Enzyklopädien ausfindig machen konnte, bin ich ziemlich sicher, dass der Autor, wie im Text angegeben, Karol Szpalski (1908-1963) ist, ein bekannter Schriftsteller und Dichter, der auch satirische Gedichte geschrieben hat. Ich danke David Weinfeld für Informationen zu Szpalski.

Seite 221 DIE FÜR MICH VIEL SINN ERGABEN: Ich las diese Gedichte von Christian Morgenstern (1871-1914) vielleicht in Morgenstern, *Alle Galgenlieder* (Berlin: Verlag Bruno Cassirer, 1935).

Seite 225 BEFAND ICH MICH AN BORD DER *MARINE PERCH*: Die *Marine Perch* war ein Truppentransportschiff, das 1946 für die Passagierbeförderung gechartert wurde und 920 Passagieren Platz bot. Vgl. Frederick E. Emmons, *American Passenger Ships: The Ocean Lines and Liners*, 1873-1983 (Newark: University of Delaware Press, 1985), S. 36.

Seite 228 WIE HANNA KRALL ... SCHRIEB: Kralls Erzählung ist in ihrem Buch *Taniec na cudzym weselu* (Tanz auf fremder Hochzeit) (Warschau: Polska Officyna Wydawnicza BGW, 1993), S. 131-174. [Das Buch erschien in deutscher Übers. von H. Schumann im Verlag Neue Kritik, Frankfurt a. M., 1993]

SIEBEN **Am Anfang**

Seite 231 Trude Maurer, «Abschiebung und Attentat. Die Ausweisung der polnischen Juden und der Vorwand für die ‹Kristallnacht›», in Walter H. Pehle, Hg., *Der Judenpogrom 1938. Von der «Reichskristallnacht» zum Völkermord* (Frankfurt a. M.; Fischer TB, 1994); S. 52-73.

Seite 235 DIE FEDERBETTEN HERSTELLTEN: Spezielle Informationen über Mielec stammen von Keitelman, «*Di Yiddishe kehile in Melic*» (Die jüdische Gemeinde in Mielec), in *Fun noentn ovar*

(Die jüngste Vergangenheit) (New York: CYCO-Bicher Farlag, 1955), S. 401-451. Die sechs Getreidehändler stehen in *The Galician Business Directory* (Das galizische Branchenverzeichnis).

Seite 244 «EINE SCHERBE DER VERGANGENHEIT»: Stephen Owen, *Remembrances: The Experience of the Past in Classical Chinese Literature* (Cambridge, Mass.: Harvard University Press, 1986), S. 102.

Seite 257 DIE VERÖFFENTLICHUNG DER LISTEN: In amerikanischen und jüdisch-amerikanischen Zeitungen sind verschiedene Artikel erschienen, die sich mit der Taktik der Versicherungsgesellschaften befassen, die Namen der Versicherungsinhaber nicht zu veröffentlichen. Darunter sind Si Frumkins Kommentare zu diesem Thema in der Los Angeles Times, 11. Mai 2000, besonders aufschlussreich.

Seite 257 IN EINER AUSSTELLUNG GEZEIGT: Das ausgestellte Foto tätowierter Arme befindet sich in Andreas Kuhne «*Die sichtbaren Zeichen des Schreckens*», *Süddeutsche Zeitung*, 26. Oktober 1999. Ich danke Professor Knut Walf dafür, dass er mich auf diesen Artikel aufmerksam gemacht hat.

Seite 258 ETWA ZWEITAUSEND VON IHNEN: Die Zahl der zweitausend Zwangsarbeiter in den Lagern bei Mielec steht in Frank Golczewski, «*Polen*», in Wolfgang Benz, Hg., *Dimension des Völkermords: Die Zahl der jüdischen Opfer des Nationalsozialismus* (München: R. Oldenbourg, 1991), S. 144.

Seite 259 NACH AUSCHWITZ GESCHICKT: Die Chronologie folgt Tadeusz Wronski, *Kronika okupowanego Krakowa* (Chronik des besetzten Krakau) (Kraków: Wydawnictwo Literackie, 1974), S. 322, 358-360, 372-373.

Seite 267 «AN ZUVIEL ERINNERN ZU MÜSSEN»: Yosef Hayim Yerushalmi, *Zakhor: Jewish History and Jewish Memory* (New York: Schocken Books, 1989), S. 117.

Seite 270 «WIE ERTRÄUMT»: Dieser Vers stammt von Li Yü (937-978), «Lied der dritten Nachtwache».

Nachwort

Seite 273 «AUSDRUCK DES VORSATZES»: Wallace Fowlie, «On Writing Autobiography», in James Olney, Hg., *Studies in Autobiography* (New York: Oxford University Press, 1988), S. 165.

Seite 274 ENTHAUPTETER JÜDISCHER GEFANGENER: Über das Totenmasken-Exponat wurde von Mariam Niroumand berichtet, *Die Tageszeitung*, 7. August 1997, S. 10. Ich danke Professor Knut Walf, dass er mich darauf aufmerksam gemacht hat.

Seite 274 ERZÄHLT DIE GESCHICHTE: Nach Gershom Scholems Version erzählt. Joseph R. Levenson, *Confucian China and Its Modern Fate: A Trilogy* (Berkeley: University of California Press, 1968), S. 124-125. Martin Buber bietet eine etwas andere Version dieser Geschichte. Vgl. seine *Tales of the Hasidim: The Later Masters* (New York: Schocken Books, 1948), S. 92-93.

Seite 275 «UNSERE EITELKEIT ZU PFLEGEN»: «Always dissatisfaction remains when the end is reached – dare we then be complacent and cherish our conceit?» Englische Übersetzung des Couplets von E.R. Hughes, in *The Art of Letters: Lu Chi's «Wen Fu», A.D. 302* (New York: Pantheon, 1951), S. 106.

Bildnachweis

S. 17, 123, 133, 137, 143, 193, 211, 213, 233, 251, 253 Irene Eber

S. 22, 23, 24 Felicity Bloch, Fotos: Kurt Hippert Bundesarchiv, LB, AR-377/63, Bl. 1196

S. 239 Familie Kanner

S. 243 Giler Lippa Neta